Antología
del
machismo
ilustrado

Marco Litico

Título: Antología del machismo ilustrado
Autor: Marco Litico

1ª Edición, enero 2002
2º Edición, mayo 2013

Edita: Tusitala.

Antología del machismo ilustrado

Zeus y Thetis *(Ingres, 1811)*

Marco Litico

A Dª Concha, Dª Angustias, María Angustias y Tamar.
A Toñeta, Carmen y Maria José.
A Brigitte, Gladys, Marina, Graci y María José R.
A Nani, Cary, Matilde C, Pilar y Maria Ángeles P.
A Esperanza, Mar, Marian y Mercedes.
A la muchacha de las Ramblas, a la autoestopista de Niza.
A María del Mar, Carmen M, Mari Angeles y Mercedes G.
A Eny, Lola, Matilde y Mayca.
A Dympna y Riíta.
A Idania.

Es la mujer del hombre lo más bueno,
y locura decir que lo más malo,
su vida suele ser, y su regalo,
su muerte suele ser y su veneno.

Lope de Vega.

8

Índice

Introducción   13

1. LO MASCULINO Y LO FEMENINO   15
2. EL ORIGEN DE LA MUJER   19
3. DEFINICIONES DE MUJER   23
4. CON ORO SE CONSIGUE A LA MUJER   29
5. EL AMOR ES TODO PARA LA MUJER   35
6. EL AMOR ES LOCURA O ENGAÑO   39
7. LA BELLEZA FEMENINA   43
8. ADORNOS Y VESTIDOS   47
9. ANATOMÍA ES DESTINO   51
10. CULTURA Y CONOCIMIENTOS   55
11. DEBILIDAD, TIENES NOMBRE DE MUJER   61
12. EL MACHO DEBE MANDAR A LA HEMBRA   65
13. ES UN ÁNGEL Y A VECES UNA ARPÍA   73
14. LA VEJEZ ES EL INFIERNO DE LAS MUJERES   77
15. LAS MUJERES SE VIGILAN ENTRE SÍ   81
16. CELOS, ENVIDIA Y VENGANZA   87
17. LAS LENGUAS DE VECINDONAS   91
18. LO FRÍVOLO Y LO COTIDIANO   95
19. ESTÁN HECHAS PARA COQUETEAR   99
20. LA MUJER ELIGIENDO HOMBRE   103
21. EL HOMBRE ELIGIENDO MUJER   109
22. MUJER Y CALLAR SON INCOMPATIBLES   115
23. ANIMAL DESEOSO DE HACER HIJOS   121

24. GUARDAR LA CASA ES SU NATURAL OFICIO   125

25. NUNCA HUBO MUJER CASTA   129

26. LA MUJER HACE DEL HOMBRE LO QUE QUIERE   135

27. MUDABLE COMO PLUMA AL VIENTO   141

28. EL LLANTO ES EL ARMA DE LA MUJER   145

29. LA MALICIA DE LA MUJER   149

30. EL MATRIMONIO ES UNA TRAMPA   153

31. LA MENSTRUACIÓN ALTERA A LA MUJER   165

32. MENTIRA Y DISIMULO   173

33. PUERTA DEL DIABLO Y CABEZA DE PECADO   179

34. LA MÁS DAÑINA DE LAS BESTIAS   183

35. PROPIEDAD Y PLACER DEL HOMBRE   189

36. SEXUALIDAD Y PASIÓN   193

37. SU PAPEL EN LA SOCIEDAD   199

38. CEREBRO DE HOMBRE, CEREBRO DE MUJER   209

39. FUNCIONES MENTALES   213

40. LA PERSONALIDAD FEMENINA   221

41. NO HAY QUIEN LAS ENTIENDA   229

42. EL GENIO SIEMPRE ES VARÓN   235

43. FEMINISMO   239

44. VARIOS   247

Bibliografía y Citas por autor   255

A lo largo de la historia diversos hombres ilustres o famosos han expresado ideas negativas sobre la mujer que hoy se consideran "machistas", equivocadas y obsoletas.

Introducción

Éste es un libro histórico, en el sentido de que muchas de las citas que aquí se recogen expresan ideas que hoy nadie (o casi nadie) sostiene. Conceptos que ahora resultan obseletos e incluso ridículos fueron aceptados y hasta considerados científicos en otras épocas.

Por otro lado, lo que sigue es una antología, es decir una selección de textos, sobre un tema, el machismo tal como lo expresaron distintas personas "ilustradas" o simplemente famosas, la mayoría filósofos, literatos o "científicos" que, de modo gratuito o "razonado" (desde sus supuestos) opinaron sobre la mujer. En tanto que antología, esta obra es sesgada, sólo atiende a los conceptos que pudieron o pueden discriminar a la mujer, igual que podríamos escoger una selección de textos con ideas contrarias, una especie de antología del feminismo ilustrado (obra que pudiéramos emprender algún día).

En cualquier caso, las citas son de otros, y no recogen la opinión del autor o, mejor, editor de la obra; del mismo modo, el que edita un libro que describe los aparatos de tortura de la Inquisición o textos de autores nazis no se identifica con esas ideologías. Nosotros nos hemos limitado a agrupar las citas más curiosas en capítulos que se corresponden con las ideas más tópicas. Al final damos una relación de citas más extensa, por autor, y con datos bibliográficos.

El machismo no sólo impera en los escritos sino en otras muchas obras de escultores o pintores, algunas de las cuales ilustran este libro: El impactante cuadro de Zeus y Thetis en la portada representa el "machismo" institucionalizado y asimilado como religión. El hermoso lienzo de Draper de la contraportada describe el poder de seducción femenino (la sirena) para cambiar (y a veces perder) a los hombres. Y, en páginas interiores, algunas pinturas llevan el mismo espíritu que, acertado o no, falso o no, es recogido en esta antología.

1. LO MASCULINO Y LO FEMENINO.

En la tradición china (I Ching) hay dos principios elemen-
tales: el masculino (Yang) que es activo, fuerte y blanco,
y el femenino (Ying) que es pasivo, débil y negro.

1

LO MASCULINO Y LO FEMENINO

A lo largo de la historia los diversos pueblos han considerado que lo masculino es activo, fuerte, racional y positivo, mientras que lo femenino simboliza lo pasivo, débil, sentimental y negativo. Estos símbolos son comunes a todas las culturas o razas, con contadísimas excepciones, y han impregnado la historia, los comportamientos sociales y las artes.

Para nuestros antepasados no había duda de que, además, los hombres, gobernados por el cerebro, eran más analíticos y objetivos mientras que las mujeres, dependientes del corazón, actuaban por intuición y de modo más subjetivo o emocional.

En todas las culturas y razas, con muy pocas excepciones, se identifica lo masculino con lo activo y lo femenino con lo pasivo. *Helene Deutsch.*

Lo masculino representa el poder (dynamis) y lo femenino la carencia (adynamis). *Aristóteles.*

El varón representa los aspectos positivos de la vida (luz, actividad, inteligencia); la mujer los negativos (oscuridad, pasividad, sentimiento). *Aristóteles.*

"Lo masculino" equivale a objetivo, analítico, activo, inclinado al pensamiento, racional, indómito, entrometido, obstaculizador, independiente, autosuficiente, controlado emocionalmente y seguro de sí mismo. "Lo femenino" corresponde a subjetivo, intuitivo, pasivo, ternura, sensibilidad; es impresionable, dócil, receptivo, empático, dependiente, emocional y conservador. *Silverman.*

La psicología femenina se funda en el principio de *Eros*, el gran ligador y entregador, mientras que una antigua sabiduría adscribió el *Logos* como principio rector del hombre. *Karl G. Jung.*

15

Los hombres se guían por su intelecto y las mujeres sólo por su corazón. *Major Seton Churchill.*

Para la mayoría de los filósofos griegos el varón es hondura, la mujer superficie, el varón es orden creador, la mujer sentimiento. *Pikaza.*

Llamamos esencia del hombre a la rudeza y a la impetuosidad; la impotencia, el dolor, el retirarse y la debilidad, esencia de la mujer. *Kamasutra.*

El varón es voluntad, la mujer es instinto. *Otto Weininger.*

Las mujeres poseen una célula menos en el cerebro y una fibra más en el corazón. *Chamfort.*

Los muchachos presentan tendencias hacia lo objetivo y lo relacionado con las cosas y las niñas hacia lo intuitivo y lo relacionado con la gente. *EH Erikson.*

La mujer parece más ligada a los ritmos naturales, a las tareas materiales de la casa, al nivel de los afectos, sentimientos o deseos inmediatos. El varón está más abierto a las acciones exteriores (creatividad mundana), está mejor capacitado para entrar en la verdad objetiva y superar con su mente los deseos inmediatos de la vida. *Xabier Pikaza.*

Los mismos afectos presentan un ritmo distinto en el hombre y en la mujer. *Nietzsche.*

Al hombre le corresponde ser activo y fuerte; a la mujer, ser pasiva y débil. *Rousseau.*

Las mujeres son como la tierra que se debe mantener siempre en espera, aguardando pacientes la llegada caprichosa, violenta y fecundante del esposo-cielo en la tormenta. *Xabier Pikaza.*

El saber del hombre no es el de la mujer, ni son iguales en el valor o la equidad, que la fuerza del uno estriba en el mando y la de la otra en la sumisión. *Aristóteles.*

Lo femenino es lo no-codificado, lo indeterminado, la resistencia, por tanto, a la sobre-codificación. *Julio Ortega.*

2. EL ORIGEN DE LA MUJER.

La mujer es creada a partir de una parte de Adán, el primer hombre. *Creación de Eva. Miguel Angel, Capilla Sixtina.*

2

EL ORIGEN DE LA MUJER

Sobre el origen de la mujer hay conceptos que se repiten a lo largo de la historia: que la mujer procede de una parte del hombre, o de una materia menos noble; que la mujer es un hombre mutilado o deformado; y que la naturaleza hace mujeres cuando no puede hacer hombres. Este último enunciado tiene algunas corroboraciones científicas actuales: los animales son primariamente hembras y, obtener un macho exige una actividad suplementaria, fundamentalmente la acción de testosterona sobre el embrión. Otros autores insisten en que, respecto al hombre, la mujer está en un escalón evolutivo inferior o anterior, más próxima a otros animales.

Dios modeló a Lilith, la primera mujer, pero, en vez de polvo puro (como con Adán), utilizó suciedad y heces. *Talmud.*

La naturaleza sólo hace mujeres cuando no puede hacer hombres. *Aristóteles.*

La mujer es un ser bastardo formado por la cópula monstruosa de Satán con la especie humana. *Simon Gedicus.*

La mujer no forma parte del género humano. *Acidalius.*

La virtud generativa en cada animal se esfuerza por producir un macho, en tanto éste es lo más perfecto en su género. *Marsilio Ficino.*

La primera intención que tiene la Naturaleza es crear hembras, de tal forma que parece ser necesario un esfuerzo adicional para que el producto consiga alcanzar el fenotipo masculino. Es más compleja esta tarea añadida de hacer hombres. *Hugo Liaño.*

Llegar a convertirse en macho es una aventura larga, inquietante, y arriesgada. Es una especie de forcejeo contra las tendencias intrínsecas que llevan a la feminidad. *Alfred Jost.*

El programa primitivo del cerebro mamífero es de hembra: si no intervienen hormonas masculinas en el momento adecuado el cerebro desarrolla una organización femenina. Esta idea la anticipó Tomás de Aquino cuando declaró la mujer es un "mas occasionatus", un hombre que no ha completado su destino final. *Marek Kohn.*

En la gestación de mamíferos, si faltan los andrógenos, lo que se desarrolla es una hembra. *Doreen Kimura.*

La mujer es un hermoso defecto de la naturaleza. *J. Milton.*

En la mujer, el cuerpo y la mente son filogenéticamente más antiguos y más primitivos que en el hombre. *Stanley G. Hall.*

De los nacidos varones, los cobardes, se transforman en mujeres en la siguiente reencarnación. *Platón.*

En cuanto a su significado en el Universo, las mujeres no tienen existencia ni esencia, no están, no son nada. *Otto Weininger.*

La primera mujer sabía mucho menos que Adán por haberla hecho Dios fría y húmeda, que es el temperamento necesario para ser fecunda y paridera, y el que contradice el saber. Si Dios hubiera hecho a la mujer templada como Adán, fuera sapientísima, pero no pudiera parir ni venirle la regla. *Huarte de San Juan.*

Las religiones principales sostienen que primero fueron creados los hombres y, después, las mujeres, a partir de una pieza de un hombre. *Marvin Harris.*

La mujer es un hombre mutilado, una deformación de nacimiento. *Aristóteles.*

Dios creó la hembra y el hombre ha hecho la mujer: es el resultado de la civilización, es decir, una obra artificiosa. La mujer es un producto del hombre. *Flaubert.*

Las mujeres son todavía como gatas y pajarillos; o, a lo sumo, como vacas. *Nietzsche.*

En un embrión, el cuerpo (soma) procede de la madre mientras que el alma (psyché) y la esencia son originados por el padre. *Aristóteles.*

En la generación, el varón es acto, idea y forma; la mujer, potencia y materia, y al formarse el nuevo ser, sale hembra cuando no alcanza a la debida proporción para que se forme varón. *Aristóteles.*

La concepción en un útero caliente produce un macho y la concepción en un útero frío, una hembra. *Empédocles de Acras.*

Según la Biblia, la mujer es la última cosa que Dios hizo. Debió hacerlo el sábado por la noche; se nota la fatiga. *A. Dumas.*

Todos los psicólogos que han estudiado la inteligencia de las mujeres reconocen que ellas representan las formas más inferiores de la evolución humana, y que están más próximas a los niños y a los salvajes que al hombre adulto civilizado. *Le Bon.*

Podemos concluir que el mayor tamaño, fuerza, agresividad y energía del hombre, en comparación con la mujer, fue adquirido en tiempos primitivos y luego fue aumentando, principalmente porque los machos rivales compiten por la posesión de las hembras. *Darwin.*

Aunque ya no pelean por sus mujeres, los hombres tienen que luchar para mantenerse a sí mismos y a sus familias; y esto tenderá a mantener o aumentar sus poderes mentales, y, en consecuencia, la actual desigualdad entre los sexos. *Darwin.*

Así el hombre se ha ido convirtiendo en superior a la mujer. Y es bueno que en mamíferos prevalezca la ley de que los caracteres se transmitan igual a ambos sexos porque, si no, la dotación mental del hombre habría sido tan superior a la de la mujer, como lo es el decorativo plumaje del pavo real comparado con el de la pava. *Darwin.*

3. DEFINICIONES DE MUJER

Venus de Milo y Venus de Willendorf, dos conceptos
(estéticos e ideológicos) de la mujer.

3

DEFINICIONES DE MUJER

Los hombres han venido haciendo todo tipo de deficiones, obligadamente incompletas, de lo que es la mujer.

Suelen aludir a algunos aspectos de su comportamiento, a su relación con el hombre o a lo que venía considerándose condición femenina. Todas están teñidas de suficiencia y desprecio, de paralelismos con otras hembras o de alusiones al perjuicio que provocan a los hombres.

La mujer es la especie más ampliamente distribuída de todas las bestias de presa; infesta todas las partes habitables del globo, desde las dulces montañas de Groenlandia hasta las virtuosas playas de la India. *Ambrose Bierce.*

Es la mujer un animal inepto y necio pero, por lo demás, complaciente y gracioso. *Erasmo de Rotterdam.*

La mujer es una especie de término medio entre el niño y el hombre, que es el verdadero ser humano. *Arthur Schopenhauer.*

Como individuo, la mujer es un ser endeble y defectuoso. *Santo Tomás de Aquino.*

La mujer es un hombre imperfecto. *Averroes.*

La mujer es un animal vulgar, del que el hombre se ha creado un ideal demasiado bello. *Gustav Flaubert.*

La mujer es un "síntoma" del hombre, de su negativa a creer que no está completo. *Jacques Lacan.*

La "mujer" es una fantasía masculina, muchas veces impuesta, dominante, y acatada por las mujeres. *Julio Ortega.*

La mujer es básicamente una adoradora del falo. *Otto Weinninger.*

El hombre es el Sujeto y la mujer es la Otra. *Simone de Beauvoir.*

La mujer es un ser que existe para otros seres. *Kierkegard.*

La mujer no es un enemigo solo, sino todos en uno. *B. Gracián.*

La mujer es enemiga de la amistad, castigo inevitable, mal necesario, tentación natural, calamidad deseada y peligro doméstico. *San Juan Crisóstomo.*

Una mujer es una variedad rara en el género humano de la que vamos a dar seguidamente los principales caracteres fisiológicos. Esta especie es debida a los cuidados particulares que los hombres hayan podido aplicar a su cultivo, gracias al poder del oro y al calor moral de la civilización. Se la reconoce generalmente por la blancura, finura y suavidad de la piel. *Balzac.*

¿Quién puede realmente confiar en el carácter, en la pureza, en los principios, en el comportamiento, en la sinceridad o en las palabras de las mujeres? Ellas, por naturaleza, tienen una mente corrupta. *Kamasutra.*

Las mujeres son embusteras y pérfidas. Son móviles como la llama del relámpago y su conducta es confusa. *Buda.*

La mujer es una bestia que no es firme ni estable; por ella vino la muerte. *San Agustín.*

Las mujeres son como los grajos, de ingratas y malignas. *Cela.*

Las mujeres son todas naturalmente malignas y suspicaces, indiscretas y mentirosas, y mudables ciertamente, vuelven como hoja al viento. *P. Torredellas.*

La mujer es una propiedad que se adquiere por contrato, y es un mueble, porque la posesión sirve de título; en fin, hablando propiamente, la mujer no es más que un anexo del hombre. *Balzac.*

La mujer mala es tormento de la casa, naufragio del hombre, embarazo del sosiego, cautiverio de la vida, daño continuo, guerra voluntaria, fiera doméstica, disfrazado veneno y mal necesario. *San Maquimo.*

Te contarían de las mujeres sus disimulaciones, su lengua, su engaño, su olvido, su desamor, su ingratitud, su inconstancia, su testimoniar, su negar, su revolver, su presunción, su vanagloria, su abatimiento, su locura, su desdén, su soberbia, su sujeción, su parlería, su golosina, su lujuria y suciedad, su miedo, su atrevimiento, sus hechicerías, sus embaimientos, sus escarniso, su deslenguamiento, su desvergüenza, su alcahuetería. *Fernando de Rojas.*

En el mejor de los casos, la mujer es una contradicción. *Alexander Pope.*

Todas las contradicciones se dan cita en el corazón de las mujeres. *Voltaire.*

La mujer es confusión del hombre. *Ovidio.*

¿Qué es la mujer? Nada más que uno de los disparates agradables de la naturaleza. *Cowley.*

La mujer es un ser indefinible porque es un ser ineducado. *Severo Catalina.*

La mujer no es más que una caja de resonancia que responde a cada diferente nota pulsada sobre ella. *S. Loren.*

El primero que comparó a la mujer con una flor fue un poeta; el segundo, un imbécil. *Voltaire.*

La mujer es la píldora amarga que la naturaleza y el arte han dorado para que el hombre la trague más fácilmente. *Ramón y Cajal.*

Las mujeres: cabellos largos, ideas cortas. *Schopenhauer.*

Hallé que la mujer es más amarga que la muerte, que es lazo de cazador y red su corazón, cadenas sus manos. *Biblia.*

El egoísmo, la ambición, la estupidez, la nulidad en todo: he aquí a las mujeres cuando se muestran tal como son. *Tolstoy.*

Por buena que sea la mujer, al fin y al cabo es mujer. *Plutarco.*

La mujer pertenece a la especie de los gatos, es flexible y grácil en sus movimientos, es omnívora, y puede enseñársele a callar. *Ambrose Bierce.*

Toda mujer debería enrojecerse sólo de pensar que es mujer: ¡avergüenza el reflexionar sobre la naturaleza de la mujer! *San Clemente de Alejandría.*

He preguntado a muchos una definición de la mujer y nadie fue capaz de dármela; lo pregunto al diablo y desvía la conversación para evitar confesar su ignorancia. *Dostoievski.*

Dios hizo a las mujeres diferentes desde un principio. A una la hizo de la peluda cochina, y en su casa anda todo revuelto y rezumando porquería; pero ella, sucia y aposentada en la basura, engorda. Otra, a quien Dios formó de la maligna zorra, lo sabe todo; nada malo se le escapa y tampoco nada bueno. Otra sale a la perra vivaracha, fiel estampa de su madre, que quiere oirlo todo y enterarse, y atisbando se mete en todas partes. A otra la modelaron con barro y salió torpe; no sabe nada, bueno ni malo, no entiende de labores sólo de hincar el diente. Y otra, hecha de la comadreja, es una especie mala y ruin, sin nada amable o bello, nada que satisfaga o se desee; estando loca por ir a la cama, le da náuseas al hombre disponible. Otra sale a la mona, la peor calamidad que Zeus envía al hombre; es muy fea de cara, y cuando cruza el pueblo, a todos les da risa; sabe todos los trucos y maneras, como una mona; no quiere hacer el bien sino que planifica cómo hacer a la gente el mayor daño. *Semonides de Amorgos.*

4. CON ORO SE CONSIGUE A LA MUJER.
Un tópico frecuente insiste en que se puede conseguir
a la mujer con oro y joyaS.

4

CON ORO SE CONSIGUE A LA MUJER

Encontramos como lugar común la teoría del "sexo por recursos": la mujer obtiene dinero y otras ventajas del hombre a cambio de permitirle acceso carnal. Es una variante refinada del ancestral oficio de la prostitución y una constante que repiten casi todos los antiguos con mayor o menor sutileza, con desigual fortuna en las metáforas que escogen. Muchos están preocupados por el perjuicio económico que esa actitud produce al hombre, o denuncian el que la mujer ve "normal" gastarse el dinero que gana el marido.

Algunos insisten en que esto no sólo lo hacen las mujeres sino muchas hembras, obteniendo sus argumentos de la Biología: La hembra de la mosca escorpión rehúsa aparearse con el macho a menos que le traiga un buen regalo, que suele ser un insecto muerto. Mientras la hembra se lo come, el macho copula con ella. Si el regalo es pequeño y se consume antes de terminar, la hembra expulsa al macho sin que haya depositado todo el esperma (Thornhill). Otros apelan a prestigiosas y recientes investigaciones psicológicas: se demuestra que, cuando la mujer elige pareja, se fija mucho en el nivel económico del hombre, o destacan que, en algunos países, el divorcio es una operación lucrativa para las ambiciosas.

Con oro se consigue a la mujer, y el oro paga el amor. *Ovidio.*

Las mujeres no son más que órganos genitales articulados y dotados de la facultad de gastar todo el dinero del marido. *W. Faulkner.*

Con el hombre engorda la mujer. *Shakespeare.*

Toda mujer de mundo y señora de alcurnia, gusta del dinero y de muchas riquezas; yo nunca vi hermosa que quisiese pobreza. *Arcipreste de Hita.*

En el fondo de su corazón, las mujeres se imaginan que los hombres han venido al mundo para ganar dinero y las mujeres para gastarlo. *Schopenhauer.*

Al elegir pareja la mujer da una importancia primordial al nivel económico del hombre (estudiados 10.000 individuos de 37 culturas de los 6 continentes). *DM Buss.*

Sexo por recursos o recursos por sexo se han intercambiado en millones de transacciones a lo largo de los milenios de la existencia humana. Las relaciones sexuales ocasionales también permiten a las mujeres un beneficio adaptativo crucial: la obtención inmediata de recursos. *DM Buss.*

En la historia evolutiva humana, los hombres que no acumulaban recursos no atraían a las mujeres. *David Buss.*

De los animales de rapiña, la mayoría son hembras. *Alfred Hitchcock.*

Los bandidos te piden la bolsa o la vida; las mujeres exigen ambos. *Samuel Buttler (atrib.)*

Las mujeres esperan y exigen de los hombres todo lo que ellas necesitan y apetecen. El hombre, en el fondo, no exige de la mujer más que una sola cosa. *Schopenhauer.*

Las jóvenes que quieren obtener medios de subsistencia por su atractivo, con astucia azuzada por sus listas madres, persiguen el mismo fin que las prostitutas, pero siendo más sagaces y menos honestas. *Nietzsche.*

La mujer adora al hombre igual que el hombre adora a Dios: pidiéndole algo todos los días. *Jardiel Poncela.*

Comprad joyas con que cebarla; que las mujeres suelen ser aficionadas, y más si son hermosas, por más castas que sean, a esto de traerse bien y andar galanas. *Cervantes.*

La mujer para el hombre es un fin; el hombre para la mujer es un medio. *Erasmo**

Una mujer puede ascender de posición social al emparejarse con un hombre prestigioso aunque sólo sea una relación temporal, pues accede durante algún tiempo a un estrato social más elevado donde puede encontrar una pareja permanente. *DM Buss.*

Viuda y rica es el estado perfecto de la mujer. *George Sand.*

La posición social que ocupa un hombre depende de mil consideraciones; para las mujeres, una sola circunstancia decide su posición: el hombre a quien han sabido agradar. *Schopenhauer.*

La obtención inmediata de recursos es un beneficio adaptativo crucial que las mujeres se aseguran mediante las relaciones sexuales ocasionales. *David Buss.*

El divorcio se ha convertido en una operación lucrativa, de sencillo arreglo y fácil olvido, que las hembras ambiciosas pueden repetir cuantas veces gusten, negociando beneficios que alcanzan cifras astronómicas. *Roald Dahl.*

Las mujeres suelen tener relaciones extramatrimoniales con hombres de posición social más elevada que las de sus maridos. *Gangestad SV, Simpson JA.*

Como los caballos desbocados cuanto más corren, tanto van más desapoderados, así la sed de las mujeres crece en ellas, y cuanto más gastan, tanto les aplace más el gastar. *Fray Luis de León.*

Las mujeres saben vender caro lo que no tienen, y lo venden caro para que el precio compense la vulgaridad de lo que dan. *Balzac.*

La prostitución predomina por dos factores interactivos: el deseo masculino de sexo ocasional a bajo coste y el deseo femenino (por elección propia o necesidad económica) de ofrecer servicios sexuales a cambio de ganancias materiales. *DM Buss.*

Dinero dado a mujer es echar hacienda al mar, que él bien se puede aplacar, más no se puede volver. *Lope de Vega.*

La mujer ha perdido la costumbre de ahorrar, y, lo mismo que todo mal pagador, tiene muchos más antojos que escudos, por eso le queda al pobre marido no poco que sufrir. *Goethe.*

Un gran aumento de costes con dudosas mejorías de rendimiento sólo se toleran en caballos de carreras y en mujeres. *Lord Kelvin.*

Las mujeres acaban a sus maridos, porque su primero y principal cuidado es el sacarles algo, y el pelar a los tristes mezquinos. *Fray Luis de León.*

5. EL AMOR ES TODO PARA LA MUJER

Cupido (el dios romano del Amor) ante
Venus (diosa del Amor y la Belleza).

5

EL AMOR ES TODO PARA LA MUJER

Casi todos insisten en que, aunque el amor puede ser importante para el hombre, para la mujer el amor es todo: no le interesan las situaciones en las que no intervienen las relaciones amorosas (y todo lo que de ellas deriva, hogar, hijos, etc.).

La máxima ambición de la mujer sería inspirar amor. Esta idea se ha utilizado para sublimar a la mujer, pero también para redinagrarla, limitando a esto su función social y para reducir sus posibilidades como persona: la mujer que no encuentra el amor es como un hombre sin oficio o profesióno.

Mujer sin amor es como hombre sin trabajo. *C. Chincholle.*

El amor es la historia de la vida de las mujeres, y un episodio en la de los hombres. *Mme. de Staël.*

Para el hombre el amor es sólo una parte del desarrollo de su ser; para la mujer, es el todo de todas las cosas, substancia vital, cielo e infierno. *J. Scherr.*

Como lo único que las mujeres pueden hacer es el amor, le han concedido una ridícula importancia. *S. Maugham.*

La mujer querría creer que el amor lo puede todo; ésta es su propia superstición. *Nietzsche.*

La vida de la mujer puede dividirse en tres fases: sueña el amor, practica el amor y llora el amor. *Junggesellenbrevier.*

¡Pobres mujeres! La que ama languidece, la que no ama padece, y la que dejó de amar se muere. *Madame de Remusat.*

Toda la historia de una mujer es una historia de sus amores. *W. Irving.*

Para las mujeres no existe otro bien en la vida que el amor. *R. Browning.*

El hombre sueña con la fama, mientras que la mujer se despierta para el amor. *Tennyson.*

La mayor ambición de las mujeres es inspirar amor. *Moliere.*

Cuando en la obra teatral no hacen acto de presencia el amor o el odio, la mujer representa muy mal su papel. *Nietzsche.*

Si oís a una mujer maldecir el amor, tened la seguridad de que perdió sus encantos. *Diderot.*

Que el hombre tema a la mujer cuando esta ama. *Nietzsche.*

El amor abarca toda la vida de la mujer; es su cárcel y su reino celestial. *A. Chamiso.*

El amor en la vida del hombre es una cosa aparte; pero en la mujer es toda la vida. *Lord Byron.*

En la mujer, verdaderamente mujer, no hay nada que no esté en relación con su marido, con su hijo o con su amante. *Hebbel.*

La mujer no sirve para la amistad: no conoce más que el amor. *Nietzsche.*

El corazón de la mujer solamente conoce una felicidad en este mundo: amar y ser amada. *M. Beer.*

En su primera pasión la mujer quiere al amante; en todas las demás no quiere más que al amor. *La Rochefoucault.*

En el amor de la mujer hay injusticia y ceguera frente a cuanto en ella no es amor. *Nietzsche.*

Es curiosa la memoria de las mujeres; piensan en el primer amado después de treinta años, pero del segundo se olvidan a los tres. *M. G. Saphir.*

6. EL AMOR ES LOCURA O ENGAÑO

Escena romántica. Grabado 1829,
Biblioteca Nacional de París.

6

EL AMOR ES LOCURA O ENGAÑO

Amantes dementes (Terencio) suena igual en latín que en español, y denota la sinrazón del amor.

En muchas de las citas que hemos encontrado, el enamoramiento aparece como locura, engaño o imbecilidad transitoria. Y no sólo autores antiguos, también afamados filósofos del siglo XX defienden sin ambages esa idea.

En general, con convencimiento o seriedad variable, suele alertarse sobre la fugacidad de este sueño, y sobre la cruda realidad del despertar: el amor es una enfermedad que se cura con el matrimonio.

El enamoramiento es un estado inferior del espíritu, una especie de imbecilidad transitoria. El ama de casa conoce que su criada se ha enamorado cuando empieza a notarla distraída. *Ortega y Gasset.*

La razón y el amor no suelen ir juntos en estos tiempos. *Shakespeare.*

Los amantes son dementes. *Terencio.*

El amor es ciego, pero el matrimonio le devuelve la vista. *G. C. Lichtenberg.*

Los enamorados sólo ven los defectos de sus amadas cuando se disipa su encantamiento. *La Rochefoucault.*

Ningún hombre puede ser sabio a la vez que ama. *Herrick.*

El hombre más sensato se convierte en loco cuando ama; la muchacha más estúpida se hace sensata al amar. *M. G. Saphir.*

Amor de nuestra vida, último engaño. *Leopardi.*

El amor es una locura transitoria que se cura mediante el matrimonio. *Bierce.*

El amor, sobre todo en los hombres, quita el espíritu a los que lo tienen y se lo da a los que no lo tienen. *Abbé de la Roche.*

Quien cree amar a una mujer por amor a ella, se equivoca completamente. *La Rochefoucault.*

Hasta que se cumplen los cuarenta uno se equivoca, no sabe librarse del amor. *A. Malraux.*

En el amor, como en casi todos los negocios humanos, el acuerdo es el resultado de un malentendido. Ese malentendido es el placer. *Baudelaire.*

El amor es un malentendido entre una dama y un caballero: un malentendido que se prolonga. *G. Farrére.*

Cualquier hombre puede llegar a ser feliz con una mujer, con tal de que no la ame. *Oscar Wilde.*

El amor es como un reloj de arena, en el que el corazón se va llenando conforme el cerebro se vacía. *J. Renard.*

Amor es la ilusión de que una mujer se diferencia de otra. *HL Mencken.*

El hombre se enamora por los ojos, la mujer por los oídos. *Barón Wyatt.*

Muchas breves tonterías, a eso llamas amor. *Nietzsche.*

El amor en la mujer está siempre mezclado con una admiración involuntaria, y cesa cuando cree convencerse de que el hombre le es inferior. Hebbel

El amor es el esfuerzo que un hombre realiza para conformarse con una sola mujer. *P. Geraldy.*

40

La pasión se funda en una ilusión de felicidad personal, en provecho de la especie; una vez pagada a ésta el tributo, al decrecer la ilusión tiene que disiparse. *Schopenhauer.*

¡Tanto es lo que le deslumbra (al hombre) esa ilusión que se desvanece en cuanto queda satisfecha su voluntad de la especie y que deja tras de sí para toda la vida una compañera a quien detesta! Sólo así se explica que los hombres razonables y hasta distinguidos se enlacen con arpías y se casen con perdidas y no comprendan cómo han podido hacer tal elección. He aquí por qué los antiguos representaban a Cupido con una venda en los ojos. *Schopenhauer.*

Ha sido breve como amor de mujer. *Shakespeare.*

7. LA BELLEZA FEMENINA.

Afrodita o Venus es el símbolo de la
belleza femeninza.

Boticelli. El nacimiento de Afrodita.

7

LA BELLEZA FEMENINA

La belleza es un arma que la Naturaleza da a la mujer, como los dientes al león o las alas al pájaro, determinando así su destino (la frase funde conceptos de Anacreonte y Freud). La belleza será para muchos la fuerza que la mujer puede emplear contra el hombre hasta perderlo. Y pobre de la mujer que deja de ser bella, dicen.

Zeus concedió los cuernos al toro, los cascos al caballo, las patas ligeras a la liebre, la boca armada de dientes al león, las espinas a los peces, las alas rápidas a los pájaros, y al hombre la razón. Nada le quedó para ser concedido a la mujer. Y entonces le otorgó la belleza, para que dispusiera de ella en lugar de las garras, las alas o cualquier otra cosa. *Anacreonte.*

La Naturaleza ha determinado el destino de la mujer por medio de su belleza, su encanto y su dulzura. *Freud.*

Desgraciada la mujer que deja de agradar. *Marquesa de Lambert.*

La mayor preocupación de las mujeres es la apariencia y la belleza. *Nietzsche.*

Como las mujeres han sido seleccionadas por su belleza durante mucho tiempo, algunas de sus variaciones sucesivas han podido transmitirse exclusivamente al mismo sexo, a sus hijas más que a sus hijos; y, de ese modo, las mujeres se han hecho más bellas que los hombres. *Darwin.*

A causa de la belleza de una mujer han perecido muchos. *Biblia.*

Una mujer que no es hermosa es siempre más fea que un hombre que no es hermoso. *T. Gautier.*

Mucho falta a la mujer que carece de belleza. *Castiglione.*

Siempre he creído que la bondad de las mujeres es todavía más efímera que su hermosura. *Valleinclán.*

La belleza es la clave de los corazones; la coquetería es la ganzúa. *P. Masson.*

No sirve de nada ser joven sin ser bella, ni ser bella sin ser joven. *La Rochefoucault.*

Una mujer que no ha sido hermosa no ha sido nunca joven. *Madame Swetchine.*

¡Mal haya el humilde, amén, que busca mujer hermosa! *Lope de Vega.*

Las mujeres, viendo que sus maridos sólo las consideran por el placer que les dan, sólo se dedican a arreglarse para agradar, y ponen toda su confianza y esperanzas en sus adornos. *Epicteto.*

Mujer hermosa no espero / encontrar sin tacha humana: / Eva tuvo su manzana / las demás tienen su pero. *Juan de Iriarte.*

Aquel que para sí pretenda la más bella mujer, hábil ante todo, con prudente acuerdo trate de procurarse armas. *Goethe*

La mujer juega con su belleza como los niños con el cuchillo, y se lastima. *Victor Hugo.*

La belleza no necesita defensores a los ojos de los hombres; persuade por sí misma. *Shakespeare.*

La belleza femenina es la verdadera reina de la mujer; donde aparece domina y domina tan sólo porque se muestra. *Schiller.*

Belleza: un poder por el que la mujer encanta a su amante y aterroriza a su marido. *Bierce.*

La belleza sin gracia es un anzuelo sin cebo. *Emerson.*

Como joya de oro en hocico de cerdo, así es la mujer hermosa sin criterio. *Proverbios.*

Una mujer bella es el paraíso de los ojos, el infierno del alma y el purgatorio del bolsillo. *Fontenelle.*

No hay fuerza en el mundo capaz de resistir la dulce fuerza de la verdadera belleza femenina. *Lenau.*

Preciso ha sido que el entendimiento del hombre se oscureciese por el amor para llamar bello a ese sexo de corta estatura, estrechos hombros, anchas caderas y piernas cortas. Toda su belleza reside en el instinto de amor que nos empuja a ellas. *Schopenhauer.*

Las mujeres demasiado bellas sorprenden menos el segundo día. *Stendhal.*

La razón de la mujer está en su belleza y la belleza del hombre está en su razón. *Ibn' Abd Al-Barr.*

Cuando una mujer no es bella, la gente le dice siempre: "tienes unos ojos preciosos, tienes un pelo bonito". *Chejov.*

La mujer fea daña la vista, y la hermosa ofende el juicio y la razón. *Bión.*

La belleza atrae a los ladrones más que el oro. *Shakespeare.*

Quisiera que fueses menos hermosa o menos perversa. *Ovidio.*

Sois demasiado hermosa para ser mujer honrada. *Balzac.*

La mujer hermosa es un peligro. La mujer fea, un peligro y una desgracia. *S. Rusinyol.*

8. ADORNOS Y VESTIDOS

Ha sido un lugar común insistir en la especial
predisposición femenina a adornos y vestidos.
Velázquez: La infanta Margarita de Austria.

8

ADORNOS y VESTIDOS

Los adornos y vestidos serían fundamentales para la mujer porque su fuerza viene del poder de atraer al hombre. Esto lo piensan tanto los hombres como las mujeres. El adorno en la mujer tiene bases biológicas evolutivas y en esa apreciación coinciden muchos filósofos, científicos y artistas. La dependencia de la moda y el gasto que eso supone es otra crítica frecuente a las mujeres.

Adornarse es propio del eterno femenino. *Nietzsche.*

Todas las mujeres son fetichistas del vestido. *Freud.*

El vestido es la mujer. *C. Dosis.*

En todas partes tienen las mujeres conciencia del valor de su belleza, y cuando tienen a mano los medios ponen sumo deleite en decorarse y engalanarse con toda clase de adornos. *Darwin.*

Excitar deseos es el fin de todos los gestos de la mujer. *Balzac.*

Los gatos, las moscas y las mujeres son los animales que más tiempo pierden en acicalarse. *C. Nodier.*

Los atavíos hacen la mujer hermosa aunque no lo sea; tornan la vieja moza, y la moza, más. *Fernando de Rojas.*

El vestido ha cubierto los signos externos sexuales, pero la mujer, a quien sabemos que está encargada desde hace milenios la misión de exhibirse para resultar atractiva al hombre, se ajusta la ropa a las nalgas y caderas, se acondiciona y resalta el volumen de las mamas, y en sustitución de lo oculto toma las medidas para realzar un nuevo órgano sexual, la boca, con afeites que aumentan y abrillantan la mucosa de los labios. *Hugo Liaño.*

¿Qué otra cosa ambicionan más las mujeres en la vida que agradar mucho a los hombres? ¿No tienden a este fin sus adornos, sus tintes, sus baños, sus peinados, sus afeites, sus perfumes y cuantos artificios emplean para componerse, pintarse y fingir el rostro, los ojos y el cutis? *Erasmo de Rótterdam.*

Las mujeres son felices en cuanto encuentran un pretexto para hacerse ropa. *Ros.*

Para la mujer, la moda compensa, en cierto modo, su falta de posición profesional, dándole una sensación de solidaridad con un grupo más amplio. *Georg Simmel.*

Las mujeres que piensan que, a fuerza de posturas y vestidos, han de hacerse hermosas, viven muy engañadas; porque la que lo es, revuelta lo es; y la que no, de ninguna manera lo es, ni lo parece, y cuando más se atavía es más fea. *Fray Luis de León.*

Hay dos tipos de mujeres: las feas y las que se pintan. *Oscar Wilde.*

No hay mujeres feas, sólo perezosas. *H. Rubinstein.*

Los hombres admiran la virtud femenina, pero es la coquetería lo que les subyuga. *Madame d' Arconville.*

La Naturaleza os dió una cara, y vosotras las mujeres os fabricáis otra distinta. Andáis dando saltitos, os contoneáis, habláis ceceando, y motejáis a todo ser viviente, haciendo pasar vuestra liviandad por candidez. *Shakespeare.*

Las mujeres saben muy bien que lo que llamamos amor sublime y romántico depende, no de sus cualidades morales, sino de su manera de peinarse y del color y corte de sus vestidos. *Tolstoy.*

Las mujeres necias siguen la moda, las pretenciosas la exageran; pero las mujeres de buen gusto pactan con ella. *Madame de Châtelet.*

La mujer no busca la verdad. ¿Qué le importa a ella la verdad? Desde el principio de los tiempos, no hay nada más ajeno, odioso y contrario a la naturaleza de la mujer que la verdad; su gran arte es la mentira; su mayor preocupación es la apariencia y la belleza. *Nietzsche.*

Que las mujeres se vistan decentemente, y su aderezo sea modesto y templado. *San Pablo.*

Bien huele la mujer que a nada huele. *Plauto.*

La mujer, como de peor condición que las bestias, se tiene a sí misma en tanto grado por fea, que ha menester hermosura postiza, comprada y sobrepuesta. *Fray Luis León.*

El tipo y porte de una mujer es más apreciado que su verdadero mérito. *Stephan Zweig.*

La mujer no tendría el genio del adorno si no poseyera también el instinto de desempeñar el papel secundario. *Nietzsche.*

Cuando se trata de una moda, las mujeres, según se sabe, están siempre dispuestas a todo sacrificio. *Stephan Zweig.*

La mujer no debe engalanarse mas que si lo desea el marido que la posee, el único al que atañe su belleza. *Moliere.*

El darse al afeite, de ramera es y no de buena mujer. *Fray Luis de León.*

La mujer es una naturaleza ruda pintada con bellos colores. *San Juan Crisóstomo.*

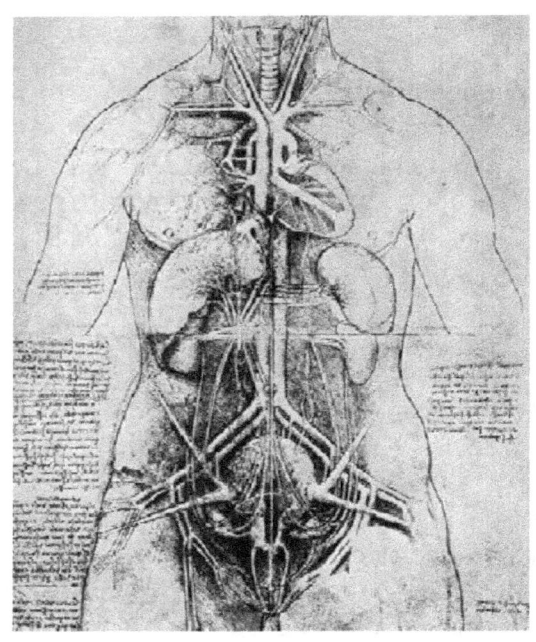

9. ANATOMÍA ES DESTINO

La anatomía condiciona el destino de la mujer,
según Freud y otros.
Leonardo da Vinci. Disección de una mujer.

9

ANATOMÍA ES DESTINO

El destino de la mujer viene marcado por su anatomía según muchos ilustrados. Aunque unos insistirán más en las diferencias de genitales, otros en las variaciones de constitución ósteo-muscular, del cerebro (que analizamos por separado en otro capítulo) o de otras partes del cuerpo. Algunos defienden causas culturales pero para otros es la naturaleza la responsable, y ofrecen ejemplos de paralelismo con otras hembras.

La anatomía es el destino. Las niñas sufren toda la vida el trauma de la envidia del pene tras descubrir que están anatómicamente incompletas. *Freud.*

Nadie discute que, en temperamento, el toro difiere de la vaca, el verraco de la cerda, el semental de la yegua y los monos machos de sus hembras. La mujer parece diferenciarse del hombre en cuanto a disposición mental. *Darwin.*

El hombre se diferencia de la mujer en tamaño, fuerza, cabellera, etc, y también en la mente, de la misma manera que eso ocurre en los dos sexos de muchos mamíferos. *Darwin.*

Los hombres gozan de una ventaja física sobre las mujeres en lo que atañe a la fuerza con que pueden manejar una maza, la distancia a que pueden arrojar una lanza, disparar una flecha o tirar una piedra, y la velocidad con que pueden recorrer distancias. *Mavin Harris.*

El hombre es más poderoso en cuerpo y mente que la mujer y, en estado salvaje, la esclaviza más que cualquier macho a su hembra; por eso, no sorprende que haya obtenido las ventajas de la selección evolutiva. *Darwin.*

Al evolucionar las razas aumentan las diferencias de volumen craneal entre sexos: el cráneo del macho europeo es mucho más amplio que el de su hembra, superando la diferencia del negro con la negra. *Vogt.*

Hay una tragedia anatómica en la mujer, que es una criatura castrada, lisiada, mutilada. *Freud.*

Sólo el aspecto de la mujer revela que no está destinada ni a los grandes trabajos de la inteligencia ni a los grandes trabajos materiales. *Schopenhauer.*

La mujer madura es su cuerpo: éste es el medio con que atrae a los hombres, los maneja, les ama, obtiene su amor y satisface sus necesidades sexuales y reproductoras. *JM Bardwick.*

Los hombres que son ricos por primogenitura pueden seleccionar generación tras generación a las mujeres más bellas y encantadoras; y éstas generalmente serán sanas de cuerpo y activas de mente. *Darwin.*

La mujer es lo que es a causa del útero. *Desconocido.*

Las mujeres son organismos en los que el corazón predomina sobre la cabeza. Y gracias a ese órgano peculiar que es el útero pueden saltar las barreras del tiempo y ser pitonisas. *Diderot.*

En cualquier tipo de animal, siempre la hembra es de carácter más débil, más maliciosa, menos simple, más impulsiva y más atenta a ayudar a las crías. *Aristóteles.*

El hecho de que a las niñas les guste jugar a mamás, cuiden y acunen muñecos, se disfracen de princesas o utilicen cocinas y pucheros no constituye solamente una consecuencia de la educación y de una determinada cultura. Las hembras de chimpancé y de gorila, estudiadas en cautividad, arropan y cuidan muñecas. *Hugo Liaño.*

Por herencia y organización fisiológica en la mujer priman tres condiciones: espíritu de conservación, irritabilidad y aptitud para el fraude. *Carlos O. Bunge.*

52

Todos los mamíferos machos tienen mayor tendencia a la lucha, y a juegos de lucha, y esa es una característica que aparece alrededor del nacimiento (y por tanto no influenciada culturalmente). *Pellis SM et al.*

Las diferencias entre sexos en anatomía y función del cerebro se producen por la acción de hormonas gonadales (esteroides) durante la vida embrionaria y neonatal. Pero también hay un control genético directo, no hormonal de la diferenciación sexual. *AP Arnold.*

La condición sexual básica o primaria del ser humano es la femenina, de tal forma que lo masculino es un hecho diferencial que supone un esfuerzo de la naturaleza. *Hugo Liaño.*

Las diferencias psicológicas entre los sexos se basan, en parte, en las diferencias genitales. *JM Bardwick.*

Todas las mujeres verdaderamente famosas o de notable apacidad mental muestra, a primera vista, algunas características anatómicas del macho, algún parecido corporal con el hombre. Las denominadas "mujeres" admiradas en el pasado y en el presente como ejemplo de lo que las mujeres pueden ser, han sido, casi sin exepción, lo que yo he descrito como formas sexualmente intermedias. *Otto Weininger.*

No puede estar de acuerdo con que las mujeres de gran capacidad sean especímenes mórbidos. Moralmente, uno debería alegrarse de reconocer en estas mujeres (que son siempre más masculinas que las otras) justamente lo contrario de una degeneración, es decir, que hay que reconocer que han subido un escalón y han triunfado sobre sí mismas. *Otto Weininger.*

Las diferencias constitucionales entre niños y niñas les llevan a percibir y sufrir el mundo que les rodea de modo diferente. *JM Bardwick.*

10. CULTURA Y CONOCIMIENTOS.

Mujer escribiendo (c. 1655). Gerard Ter Borch ,
Maurithuis, The Hague.

10

CULTURA Y CONOCIMIENTOS

Durante muchos siglos se ha venido criticando que la mujer tenga cultura y conocimientos, no sólo porque le resulte más difícil obtenerlos sino porque eso no es "natural" y puede resultarle perjudicial, a ella, a su marido o a la sociedad. Cosas de nuestros antepasados, algunos de los cuales llegaban a decir que "cuando una mujer tiene tendencias intelectuales es porque su sexualidad no marcha bien".

El fuerte de la mujer no es saber sino sentir. Saber las cosas es tener conceptos y definiciones, y esto es obra del varón. *Ortega y Gasset.*

A las niñas no les gusta aprender a leer y escribir y, sin embargo, siempre están dispuestas para aprender a coser. *Rousseau.*

Cuando una mujer tiene inclinaciones doctas, de ordinario hay algo en su sexualidad que no marcha bien. *Nietzsche.*

Al seguir una vocación masculina, estudiar y trabajar como un hombre, la mujer hace algo que no corresponde del todo con su naturaleza femenina, sino que es perjudicial. *Karl G. Jung.*

Aborrezco a la mujer sabia. Que no viva bajo mi techo la que sepa más que yo, y más de lo que conviene a una mujer. Porque Venus hace a las doctas las más depravadas. *Eurípides.*

La diferencia entre el hombre y la mujer es que la mujer tiene mala ortografía. *Alfonso Reyes.*

Sepa una mujer hilar, coser y echar un remiendo, que no ha menester saber gramática, ni hacer versos. *Calderón de la Barca.*

La mujer no necesita escritorio, tinta, papel ni plumas. Entre gente de buenas costumbres, el único que debe escribir en la casa es el marido. *Moliere.*

En una palabra, deseo que mi mujer sea de una ignorancia extrema. Bastante tiene con saber hablar, rezar, amarme y coser. *Moliere.*

En la educación de las muchachas hay que insistir sobre todo en el adiestramiento físico, luego en la promoción de los valores espirituales y, en último lugar, de los intelectuales. *Adolf Hitler.*

Toda mujer literata se quedará soltera en tanto haya hombres sensatos sobre la tierra. *J. Joubert.*

La educación de las mujeres debe estar totalmente dirigida a sus relaciones con los hombres: complacerles, serles útiles, ganarse su amor y estima, adiestrarlos en su infancia, cuidarles cuando son adultos. Tales son las tareas de las mujeres en todas las épocas, y para llevarlas a cabo deben ser adiestradas desde su infancia. *Rousseau.*

Yo no quiero que tenga un espíritu elevado, ni mujer que componga versos ni que sepa más de lo preciso. Yo pretendo que la mía, poco sublime en conocimientos, no sepa ni siquiere lo que es una rima. *Moliere.*

La mujer tiene flaqueza y poco saber y ánimo menudo. *Fray Luis León.*

Casarse con una tonta es no ser tonto. Una mujer hábil es un mal presagio. *Moliere.*

Unas horas de romance le bastan a una mujer. Bordar, labrar y coser sepa sólo; deje al hombre el estudio. *Calderón de la Barca.*

En toda mujer de letras hay un hombre fracasado. *Baudelaire.*

Las esposas no deben intentar ser oradores públicos ni utlizar ardides retóricos, ni leer a todos los clásicos: deben existir algunas cosas que las mujeres no comprendan. *Juvenal.*

Todas las mujeres que lo son de veras experimentan una especie de pudor ante la ciencia: experimentan la sensación de que les miran debajo de la piel o de sus vestidos. *Nietzsche.*

La educación conjunta es falsa y nociva; es ajena a la Naturaleza, la cual forma a los totalmente distintos en organismos, temperamentos, capacidades, y nada sugiere que pueda o deba haber promiscuidad, y mucho menos igualdad, en el adiestramiento de los dos sexos. *Pío XI.*

La naturaleza no hizo a la mujer para el estudio de las ciencias, ni para los negocios de dificultades, sino para un solo oficio simple y doméstico. Fray Luis de León.

Una mujer amablemente estúpida es una bendición del cielo. *Voltaire.*

Si, por ventura, alguna mujer quisiera aparecer como sabia, únicamente lograría ser dos veces necia: sería como intentar llevar un buey al gimnasio. *Erasmo de Rótterdam.*

Abrimos un libro de mujer y pronto suspiramos: "otra desdichada cocinera". Nietzsche.

Cuando en la tierra sólo haya hombres sensatos, toda muchacha letrada quedará doncella toda la vida. Rousseau.

La mujer ha de tener / un ingenio moderado, / no agudo, libre, alterado, / atrevido y bachiller; / que en siendo por este modo, / no se puede tolerar, / quieren luego mandar / y ser cabeza de todo. *Lope de Vega.*

El hombre inteligente siente un poco de repugnancia por la mujer talentuda. La mujer demasiado racional le huele a hombre y, en vez de amor, siente por ella, amistad y admiración. *Ortega y Gasset.*

Debéis retrasar lo más que os sea posible el momento en que vuestra mujer os pida un libro. *Balzac.*

La actual desigualdad de poder mental entre los sexos no desaparecería con una educación temprana similar; ni puede haber sido producida por diferencias en esa educación. *Darwin.*

Las mujeres no entienden de poesía más de lo que puedan entender las coliflores o las rosas. Téophile Gautier.

Disgregación de los instintos femeninos (...): Perder el olfato para percibir el terreno en que es más fácil vencer, dejar de ejercitarse en sus armas más genuínas, abandonarse a sí misma en presencia del hombre, entregarse "incluso a los libros". Nietzsche.

Una mujer que piensa es tan estúpida como un hombre que se da colorete. *Lessing.*

Lo que los hombres queremos es que la mujer no siga desacreditándose con el estudio. *Nietzsche.*

Tratan de rebajar a la mujer al nivel de la "cultura general", queriendo incluso que lea los periódicos y que intervenga en política. *Nietzsche.*

Es justo que las mujeres se precien de callar todas, así aquellas a quien les conviene encubrir su poco saber, como aquellas que pueden sin vergüenza descubrir lo que saben. *Fray Luis de León.*

¿Cómo te crees que somos las mujeres? Lo único que queremos que nos digan es lo que ya sabemos; lo que no sabemos es que no nos importa. *Antonio Gala.*

Mujer, escucha tu corazón, no leas otro libro. *Victor Hugo.*

¿Qué irán a sacar a luz esos torpes intentos femeninos de ser científicas y de mostrarse al desnudo, con la cantidad de motivos que tiene la mujer para ser vergonzosa y la pedantería, superficialidad, dogmatismo y presunción, desenfreno e inmodestia mezquinos que se esconden en su interior? *Nietzsche.*

En los primeros años de colegio, la niña está más capacitada para dar el máximo de sí al mundo "puro" de los estudios, porque se encuentra menos preocupada por el control y la expresión de sus impulsos prohibidos. Esto permite a las niñas aprender más rápidamente que los varones en los primeros años estudiantiles, especialmente cuando se pone énfasis en estudios memorísticos que no requieren conceptos abstractos, independientes. *JM Bardwick.*

Las mujeres investigadoras publican, a lo largo de toda su carrera, menos que los hombres con edades, puestos de trabajo y campos de interés comparables. *Cole JR, Zuckermann H.*

11. DEBILIDAD, TIENES NOMBRE DE MUJER.

El mito del sexo débil y frágil ha sido muy usado
desde la antigüedad hasta tiempos recientes.
Maillol: Retrato de una jovencita (1895).

11

DEBILIDAD, TIENES NOMBRE DE MUJER

En nuestros días lo de sexo débil es un tópico más o menos enmascarado, pero en siglos o años anteriores era para la mayoría un hecho indiscutible, un rasgo característico y esencial de la naturaleza femenina.

Debilidad, tienes nombre de mujer. *Shakespeare.*

Mujer fuerte ¿quién la hallará? *Biblia.*

La mayoría de las mujeres se entregan más por debilidad que por pasión. *La Rochefoucault.*

La mujer pertenece al sexo débil. *Kierkegard.*

La mujer, la mitad de la Humanidad, es débil, está crónicamente enferma, es mudable y tornadiza. *Nietzsche.*

La mujer es un animal débil y enfermo por naturaleza. *Abate Galiani.*

Debilidad: ciertos poderes primarios de la mujer tirana por los cuales mantiene el dominio sobre el macho de su especie, para someterlo al servicio de su voluntad y paralizar sus ímpetus rebeldes. *Bierce.*

No cabe la menor duda que el tamaño mayor y fuerzas del hombre, comparados con los de la mujer, juntamente con sus espaldas más anchas, sus músculos más desarrollados y formas más angulosas, y su mayor valor y ardimientos belicosos, se deben principalmente a herencia de sus antecesores machos semihumanos. *Darwin.*

Mujeres, seres débiles. *Shakespeare.*

Las mujeres son el "sexus sequior", el sexo segundo, desde todos los puntos de vista, hecho para estar a un lado y en segundo término. Cierto que se deben tener consideraciones a su debilidad; pero es ridículo rendirles homenaje. *Schopenhauer.*

La misma debilidad de los órganos que da mayor vivacidad a la imaginación de las mujeres hace que su mente tenga menos capacidad de reflexión. *Diderot.*

La mujer es también más débil, más retraída, más difícil de mover a la acción, y requiere menor cantidad de alimento. *Aristóteles.*

La mujer es de natural flaca y deleznable, más que ningún otro animal. *Fray Luis de León.*

Las mujeres nunca son más fuertes que cuando se arman de su propia debilidad. *Madame Du Deffand.*

Te repruebo que sometes la dignidad del hombre a la imperfección de la flaca mujer. *Fernando de Rojas.*

12. EL MACHO DEBE MANDAR A LA HEMBRA.

Dominar o maltratar a la mujer son conceptos felizmente
superados en nuestro medio pero que aún permanecen
en el inconsciente de algunos grupos y culturas.

12

EL MACHO DEBE MANDAR A LA HEMBRA

Muchas religiones (incluída la cristiana y, de alguna otra, qué vamos a decir) y teorías se basan en el principio de que la mujer debe obedecer y ser gobernada por el macho en sus distintas variantes (padre, hermano o marido). Y este dominio sería para la mayoría de origen "natural". Pero lo peor es que esas ideas justificaban los maltratos físicos o psíquicos.

El macho debe mandar a la hembra; es éste un orden natural que no puede quebrantarse. *Aristóteles.*

La mujer deseará al marido y él la dominará. *Biblia.*

La mujer está sometida a tres obediencias: cuando es joven ha de obedecer a sus padres; una vez casada, al marido; y cuando enviuda, al hijo. *Mencio.*

La vida de toda mujer, a pesar de lo que ella diga, no es más que un eterno deseo de encontrar a quien someterse. *Dostoievski.*

La Naturaleza ha creado a unos seres para mandar y a otros para obedecer. Ha querido que el ser dotado de razón y de previsión mande como dueño. La naturaleza ha fijado, por consiguiente, la condición especial de la mujer y la del esclavo. *Aristóteles.*

Es orden natural entre los humanos que las mujeres estén sometidas al hombre, porque es de justicia que la razón más débil se someta a la más fuerte. *San Agustín.*

De la necesidad de pegar a las mujeres. *Baudelaire.*

Si vas con mujeres, no olvides el látigo. *Nietzsche.*

A algunas mujeres habría que pegarles con regularidad, como a un gong. *Noel Coward.*

Reprenderéis a aquéllas cuya desobediencia temáis; las relegaréis en lechos aparte, las azotaréis; pero, tan pronto como ellas os obedezcan, no les busquéis camorra. Dios es elevado y grande. *El Corán.*

Tanto la mujer buena como la mala precisan de la estaca. *Sachetti.*

La buena mujer estaba obligada a no dar ocasión a su marido a que riñese, sino a quitarle todas aquellas que le fuese posible. *Cervantes.*

Docilidad, obediencia, humildad, y el profundo respeto que la mujer debe tener a su marido, su jefe, su señor y su amo. *Moliere.*

El nogal, el asno y la mujer está regidos por ley semejante: ninguno de los tres hará nada si cesan los golpes. *Desconocido.*

Los hombres siempre han sido los líderes en asuntos públicos y la autoridad decisiva en el hogar. *Margaret Mead.*

La mujer debe oir la instrucción en silencio, con toda sumisión. No permito que la mujer enseñe ni que domine al varón. Porque Adán fue formado primero y Eva en segundo lugar. *San Pablo.*

Cuando el esposo está de viaje, la mujer sólo debe ponerse adornos de buen augurio, dedicarse a ayunos para que los dioses sean propicios, buscar noticias sobre él y ocuparse de la casa. Duerma muy cerca de sus suegros. Realice todo con su aprobación y procure reparar las cosas que le gustan a su esposo. *Kamasutra.*

Una mujer virtuosa gobierna a su marido obedeciéndolo. *Publio Siro.*

Por más áspero y de más fieras condiciones que el marido sea, es necesario que la mujer le soporte. *Fray Luis de León.*

El hombre con la cabeza, y la mujer con el corazón; el hombre para mandar y la mujer para obedecer; todo lo demás es confusión. *Tennyson.*

La mujer está hecha para ceder ante el hombre, e incluso para soportar su injusticia. *Rousseau.*

Hay diferencias de consideración en el afecto del padre por el hijo, que es relación de bienhechor a favorecido, y en la del marido por la mujer, que es relación de jefe a súbdito. *Aristóteles.*

Hay una relación en la desigualdad que es la que une al soberano con el súbdito, al superior con el inferior, al marido con la mujer y, en general, que existe respecto de todos los seres entre quienes se da relación de superior a subordinado. *Aristóteles.*

Las mujeres virtuosas son obedientes y sumisas: conservan cuidadosamente, durante la ausencia de sus maridos, lo que Dios ha ordenado que se conserve intacto. *El Corán.*

La mujer, sin duda, es inferior al hombre, pero su relación con éste es más íntima que la del hijo y la del esclavo. *Aristóteles.*

La prudencia, la fuerza y la injusticia en el hombre tendrán siempre el sello del mando; en la mujer, el de la obediencia. *Aristóteles.*

La mujer, durante su infancia, depende de sus padres; durante su juventud, del marido; cuando viuda, de sus hijos; y si no los tiene, de los parientes más próximos del marido; y si no los tuviera, del soberano, porque la mujer jamás debe gobernarse por sí misma. *Leyes de Manú.*

La mujer es, por naturaleza, sumisa al varón; porque el varón, por naturaleza, tiene una razón con mayor discernimiento. *Santo Tomás de Aquino.*

El dominio masculino es indispensable para que los hombres puedan apropiarse del producto de la fecundidad femenina. *El Corán.*

A toda cosa brava el mucho tiempo amansa: la cabra montés muy perseguida se cansa, el cazador que la sigue la coge cuando descansa: la esposa muy brava se amansa usándola. *Arcipreste de Hita.*

La mujer debe a su marido sumisión y obediencia en todo lo concerniente al buen orden doméstico. *Balmes.*

La mujer no ha de traspasar la ley del marido, y en todo le ha de obedecer y servir. *Fray Luis León.*

La servidumbre de las mujeres se explica por el poder soberano, y recibido con absoluto beneplácito, que ejerce sobre ellas el falo. *Otto Weinninger.*

El lugar correcto y natural de la mujer es el de un ser subordinado. *Schopenhauer.*

La mujer debe aprender a ser sumisa ante la injusticia, y a sufrir sin quejarse los males que su marido le inflija; la amargura y la obstinación no hacen más que multiplicar los sufrimientos de la esposa y los malos tratos del marido. *Rousseau.*

Debe acostumbrarse a las mujeres a soportar el yugo desde el principio, pues de este modo lo sentirán menos. *Rousseau.*

El marido es cabeza de la mujer como Cristo es cabeza de la Iglesia. *San Pablo.*

Es preferible ser impetuoso y no cauto, porque la fortuna es mujer y se hace preciso, si se la quiere tener sumisa, golpearla y zaherirla. Y se ve que se deja dominar por éstos antes que por los que actúan con tibieza. *Maquiavelo.*

Es culpa del varón si la mujer se sale de sus límites. *Tácito.*

Aunque el hombre y la mujer sean dos mitades, estas dos mitades no son ni pueden ser iguales. Hay una mitad principal y otra subalterna; la primera manda y la segunda obedece. *Molière.*

El esposo es el dios de las mujeres. *Kamasutra.*

No consiento que la mujer enseñe ni domine al marido, sino que debe mantenerse en silencio. *San Pablo.*

La mujer que se olvida de "tener miedo" al hombre pierde sus instintos más femeninos. La mujer se vuelve atrevida cuando el hombre no busca ni cultiva lo que éste tiene de temible, más en concreto, lo que tiene de viril; lo más difícil de ver es que, por ello mismo, la mujer degenera. *Nietzsche.*

Hay una guerra entre el hombre y la mujer. *Leonard Cohen.*

Las mujeres desean ser gobernadas por hombres, aunque se odian a sí mismas por ello. Se mienten a sí mismas; hablan de libertad y sueñan con ser cautivas. *Ian McEwan.*

¿Acaso lo esencial no es que seamos dueños de nosotros mismos, y, también, señores de las mujeres y del amor? *André Bretón.*

Las mujeres estén sometidas a sus maridos. *San Pablo.*

Mujer, hacia tu marido irá tu apetencia, y él te dominará. *Biblia.*

Las mujeres que ejercen como reinas en Europa lo hacen como detentadoras temporales del poder que pertenece a los hombres de su linaje. *Mervin Harris.*

Hasta ahora hemos sido muy corteses con las mujeres, pero llegará un tiempo en que, para hablar con una mujer, primero habrá que pegarle en la boca. *Nietzsche.*

Las mujeres nacieron para sujeción y humildad, por ello, en su linaje, el dar larga rienda al vano y no necesario deseo, es mucho más vicioso y vituperable. *Fray Luis de León.*

La mujer que enviuda o que es abandonada por su marido (que para el caso es lo mismo) debe volverse a su pueblo, con su madre, ir a visitar la ermita aunque no sea cristiana, y quedarse con su gente de antes, porque si no, va por ahí como vaca sin cencerro. *Almodóvar.*

Una mujer sin dote permanece bajo la autoridad del marido; las que llevan dote gratifican a los maridos en daños y perjuicios. *Plauto.*

La mujer, por rica que sea, no vale nada si no imita las costumbres del marido. *P. Aretino.*

El que puede gobernar a una mujer, puede gobernar una nación. *Balzac.*

Libres vivimos de la amarga pestilencia de los celos entre nosotros: aunque hay muchos incestos, no hay ningun adulterio, y, cuando le hay en la mujer propia o alguna bellaquería en la amiga, no vamos a la justicia a pedir castigo; nosotros somos los jueces y los verdugos de nuestras esposas o amigas; con la misma facilidad las matamos y las enterramos por las montañas y desiertos, como si fueran animales nocivos. *Cervantes.*

13. ES UN ÁNGEL Y A VECES UNA ARPÍA.

La dualidad de la mujer (desde la perspectiva del
hombre): en ocasiones buena y otras mala,
o las dos cosas a la vez.

13

ES UN ÁNGEL Y A VECES UNA ARPÍA

La mujer como ángel de bondad y, a la vez o alternativamente, como dañina arpía es un lugar frecuente en antiguos "ilustrados". Aunque suene "machista", esa dualidad de la mujer (que produce beneficio y, a veces daño) es un pequeño avance sobre los que simplemente la denostan. A veces esa ambivalencia fue fuente impiradora con poemas, de contenido discutible pero de correcta factura.

Es la mujer del hombre lo más bueno, y locura decir que lo más malo, su vida suele ser y su regalo, su muerte suele ser y su veneno. *Lope de Vega.*

Mujer, ¡hermoso tirano, demonio angelical! *Shakespeare.*

La mujer es paraíso de los ojos, infierno de las almas, purgatorio de las bolsas y limbo del pensamiento. *M. de Santa Cruz.*

Hijo mío, huye del amor de la mujer, huye de esa dicha, de ese veneno. *Turguéniev.*

La mujer es un mal, pero un mal necesario. *Aulio Gelio.*

Ella nos da su sangre, ella nos cría, no ha hecho el cielo cosa más ingrata; es un ángel, y a veces una arpía. *Lope de Vega.*

La mujer es un templo levantado sobre una cloaca. *Boecio.*

Angel: la mujer soñada. Demonio: la mujer que se tiene. *A. Decourcelle.*

La mujer: ¡Quién pudiera caer en sus brazos sin caer en sus manos! *Bierce.*

¡Oh mujer, extraño objeto de alegría y tortura! Misterioso altar en el que, unas veces se reza y otras se blasfema. *Alfred Musset.*

¡Oh mujer!, mamífero con moño, ¡oh fetiche! Te absolvemos, porque es un Dios el que nos engaña a través de tus ojos. *Jules Laforgue.*

Quiere, aborrece, trata bien, maltrata,/y es la mujer, al fin, como sangría,/que a veces da salud y a veces mata. *Lope de Vega.*

El encanto es una especie de flor de la mujer. Si lo tiene, no necesita nada más, y si no lo tiene, no importa qué otra cosa tenga. *JM Barrie.*

Las mujeres... Tengo una que me quiere y otra a quien quiero yo. *Manuel Machado.*

El verdadero hombre quiere dos cosas: el peligro y el juego. Por eso ama a la mujer: el más peligroso de los juegos. *Nietzsche.*

Sin mujeres, el principio de nuestra vida estaría privado de cuidados; el medio, de placeres; y el final, de consuelo. *Jouy.*

Las mujeres malas tienen algo que las buenas no lo tienen; y las buenas no saben bien lo que es, pero lo envidian. *Alfred E. Green.*

Si la mujer es un mal, convengamos en que es un mal necesario. *Ramón y Cajal.*

El oro es como las mujeres, que todos dicen mal de ellas y todos las desean. *Lope de Vega.*

Para una vez, no hay mujer mala, ni comedia, como ni para dos veces comedia ni mujer buena. *Calderón de la Barca.*

¡Oh, tú, mujer maldita, querida y destructora! *W. Congreve.*

La mujer es un manjar digno de los dioses, a veces guisado por el diablo. *Shakespeare.*

La mujer es un monstruo adorable, pero un monstruo. *Gerard de Nerval.*

Las mujeres sois un secreto y un pecado. Soñamos en vosotras y nos condenamos por vosotras. *Anatole France.*

Es la mujer ángel caído, o mujer nada más y lodo inmundo. *Espronceda.*

Mis únicos libros fueron los ojos de las mujeres; pero solamente me enseñaron locuras. *T. Moore.*

Los labios de una mujer desconocida gotean como un panal de miel, y su boca es más suave que el aceite: pero al final es amarga como el ajenjo y corta como una espada de doble filo. *Proverbios (A. Testamento).*

La mujer más dulce y noble posee por lo menos una paletada de carbón infernal. *Ludwig Börne.*

Ninguno que llegue a conocer a las mujeres, podrá vivir con ellas ni sin ellas. *Jovellanos.*

Y así, quien con ellas / cauto y cortés seguir intenta, / seguro rumbo, negado / a fatales inclemencias, / ni extremo sea en amarlas,/ ni extremo en aborrecerlas, / ni viva con ellas mucho, / ni viva mucho sin ellas. *F. Leiva Ramírez de Arellano.*

Cuerpo de mujer, fuente de llanto donde, después de tanta luz, de tanto tacto sutil, de Tántalo es la pena. *Blas de Otero.*

Las mujeres son diablos necesarios. *Whiting.*

Hay dos tipos de mujeres: diosas y porteras. *Picasso.*

Las mujeres, donde están sobran; y donde no están, faltan. *Proverbio portugués.*

En la religión persa (zoroastrismo), el hombre originario, Gayomard, es sólo bueno y tiene forma de varón. Sin embargo, la mujer originaria se presenta, a la vez como buena y como mala: es la Madre Tierra positiva, acogedora, y, al mismo tiempo, Prostituta terrible que utiliza y destruye a los humanos. *Gathas y Yhast.*

14. LA VEJEZ ES EL INFIERNO DE LAS MUJERES.

Suele considerarse que para las mujeres resulta
aún más dañino el inexorable paso del tiempo.
Strozzi: Vieja ante el espejo, c.1660.

14

LA VEJEZ ES EL INFIERNO DE LAS MUJERES

El paso del tiempo es especialmente perjudicial para las mujeres por el cometido social que se le ha venido dando, en el que su capacidad para atraer al hombre depende de su juventud o de su poder de engendrar. Los machistas ilustrados toman a veces sus argumentos de la Naturaleza que limita biológicamente lo que se conoce como vida post-reproductiva, los años fecundos de la mujer (menos de la mitad que el hombre, en los tiempos que corren). El "valor" que el hombre da a su esposa va disminuyendo con los años, y algunos son especialmente crueles con la mujer vieja que "deja de pertenecer al amor".

La edad en que se casan las mujeres es, por término medio, la de veinte años; a los cuarenta ya no pertenecen al amor. *Balzac.*

A una mujer de dieciocho años le quedan cinco o seis años para ser amada, ocho o diez para amarse a sí misma, y el resto para rezar a Dios. *A. Musset.*

Hasta la edad de treinta años, el rostro de una mujer es un libro escrito en lengua extranjera y que aún se puede traducir. Pero, cuando pasa de los cuarenta años, una mujer se convierte en un jeroglífico indescifrable, y sólo una vieja puede adivinar lo que piensa otra vieja. *Honoré de Balzac.*

Un hombre es tan viejo como la mujer que ama. *Groucho Marx (atrib.)*

No conviene a un hombre viejo casarse con mujer joven, pues no obedece al timón; igual que una barca ligera se desprende de sus amarras con frecuencia y por las noches encuentra otro puerto. *Teognis.*

A la mujer de cuarenta años un amante le parece una protesta contra su partida de nacimiento. *E. y J. Goncourt.*

Una mujer que a los veinte años no ha tenido otro motivo que su belleza para ser amada, será detestada a los cuarenta. *A. Graf.*

Vamos a comprar cartas de juego, buen vino, agujas de hacer punto, todas las menudencias necesarias para tapar una gran carencia, para disimular al monstruo: la mujer vieja. *Colette.*

Lo que la mujer joven es en realidad: una pequeña tonta y una pequeña puerca; la más grande imbecilidad unida a la depravación más grande. *Baudelaire.*

La mujer doncella es joven, pertenece al sexo desagradable, su conducta es imprevisible y tienen opiniones que incitan al crimen. *Ambrose Bierce.*

El valor de una mujer depende de la edad, por lo que el hombre dedica menos esfuerzos a conservar a una esposa mayor que a una joven. *David Buss.*

El intento de los hombres, a medida que envejecen, de emparejarse con mujeres más jóvenes, no se debe a inmadurez psicosexual, sino que refleja un deseo universal con una larga historia evolutiva. *David Buss.*

Ya sabéis que las mujeres no duran como los hombres. La hermosura es una primavera alegre de 15 a 25, un verano agradable de 25 a 35, y un estío seco de 35 a 45. Pues desde allí, ¿para qué será bueno el invierno? *Lope de Vega.*

Las mujeres viejas, en el fondo de su corazón, son más escépticas que todos los hombres. Creen en el lado superficial de la vida como si fuese la esencia misma de la vida, y toda virtud o profundidad no es más que una envoltura, un velo necesario que oculta esta "verdad". *Nietzsche.*

La vejez es el infierno de las mujeres. *La Rochefoucault.*

¿Porqué las mujeres después de cinquenta años no tienen menstruos? Responde porque entonces son mañeras. O en otra manera y mejor /

porque la natura está entonces tan debilitada / que no los puede expellir, & porende congregan en sí aquella materia mala / en tanto que con su aliento infecionan los mochachos & habundan en ellas romadizos & tos las mas vezes. Dévese el hombre porende, por consejo de los phísicos, guardarse de la comunicacion de las viejas. *Compendio de la humana salud.*

Cuando el diablo no puede ir, manda a una vieja. *Proverbio alemán.*

La mujer joven es una caverna florida. La vieja, una caverna de la que surge un dragón. *Nietzsche.*

Mientras una mujer pueda parecer diez años más joven que su hija, es completamente feliz. *Oscar Wilde.*

Procura que no se te escape una sola palabra sobre su experiencia, porque la experiencia implica edad, y la sospecha de una edad avanzada no la perdona jamás ninguna mujer, por vieja que sea. *Chesterfield.*

Las viejas que aun tienen sus reglas y algunas que ya no la tienen regularmente, si miran a los niños pequeños acostados en su cuna les inoculan veneno por la vista. Es porque la retención de la menstruación engendra malos humores, y que siendo ya de bastantes años, no tienen casi calor natural para consumir y digerir dicha materia, y sobre todo las pobres, que no viven más que de carnes malas, que contribuyen mucho. Estas son más venenosas que las otras. *San Alberto el Grande.*

La hermosura es una primavera alegre de quince a veinticinco, un verano agradable de veinticinco a treinta y cinco, y un estío seco de treinta y cinco a cuarenta y cinco. Pues desde allí, ¿para qué será bueno el invierno? Pues ya sabéis que las mujeres no duran como los hombres. *Lope de Vega.*

15. LAS MUJERES SE VIGILAN ENTRE SÍ.

El tópico dice que las mujeres, sintiéndose rivales
en reuniones sociales, se observan unas a otras,
en especial vestidos y maneras.

15

LAS MUJERES SE VIGILAN ENTRE SÍ

Algunas mujeres llegan a reconocer que, entre ellas, existe una rivalidad intensa, despiadada. Muchos sesudos varones van más allá, argumentando que las mujeres compiten pcr un mismo territorio, el varón. Y al tener el mismo objetivo, pero disputado, les lleva a la paradoja de pelear entre sí por el hombre, pero defender como un gremio o sindicato las reglas del juego, y, fundamentalmente, la normativa social. Lo decía Balzac: existe un lazo secreto entre las mujeres, como entre todos los sacerdotes de una misma religión; se odian pero se protegen.

Los hombres miran a las mujeres. Las mujeres que están siendo miradas se vigilan entre sí. *J. Berger.*

Tengo experiencia de lo que son muchas mujeres juntas, ¡Dios nos libre! *Santa Teresa de Jesús.*

Para saber hasta dónde llega la crueldad de esos encantadores seres que tanto nos apasionan, es preciso ver a las mujeres entre ellas. *Balzac.*

Una mujer embarazada tendrá buen aspecto si el niño es varón, y malo si el niño es una hembra. *Hipócrates.*

Dos mujeres, cuando han pasado una hora hablando mal de una tercera, se imaginan seriamente que son amigas hasta la muerte. *P. Courty.*

La amistad de dos mujeres es siempre un complot contra una tercera. *A. Karr.*

Los años que se quita una mujer nunca se pierden: van a parar a cualquiera de sus amigas. *Proverbio chino.*

Nada es más intransigente que una vieja hablando de las pasiones de una joven. *M. G. Saphir.*

Las mujeres de cierta edad que antes tuvieron muchos amantes piensan reparar su reputación mostrándose exageradamente severas con las jóvenes cuando caen en los errores que ellas ya no pueden cometer. *Stendhal.*

Las mujeres no simpatizan entre sí por los mismos motivos que agradan a los hombres. *La Bruyére*

A ninguna mujer le gusta escuchar que elogian a otra mujer; en esos casos, se reservan su opinión para agriar un poco la alabanza. *Balzac.*

Las mujeres son como las moscas: se posan en el azúcar o en la mierda. *Truman Capote.*

La guerra es natural en las mujeres... por lo menos contra el propio sexo. *Sydney Smith.*

Los pasos de una mujer joven y hermosa no son observados con tanta atención y severidad por nadie, como por las feas. *Junggesellenbrevier.*

Por muy malicioso que sea un hombre, nunca dirá de las mujeres tantas cosas malas o buenas como las que ellas piensan de sí. *Balzac.*

Por mal que un hombre pueda pensar de las mujeres, no hay mujer que no piense todavía de ellas mucho peor. *Chamfort.*

En el fondo de toda su vanidad personal, las propias mujeres mantienen siempre un desprecio impersonal por "la mujer". *Nietzsche.*

¿Ha admitido alguna vez una mujer que el cerebro de otra mujer es profundo o que su corazón es justo? ¿No es cierto que, por lo general, no hay nadie que haya valorado menos a "la mujer" que la mujer? *Nietzsche.*

En todas las mujeres hay siempre una sola mujer; y en cada una de ellas hay siempre muchas mujeres. *H. Regnier.*

Ante todo lo que escriba una mujer sobre "la mujer", siempre cabe hacer la reserva de si la mujer desea realmente aclararse, y si "puede" desearlo. *Nietzsche.*

El principio del honor de las mujeres es un "espíritu de cuerpo" útil, indispensable, pero bien calculado y fundado en el interés. *Schopenhauer.*

Hay menos unión entre las mujeres que entre los hombres porque las primeras sólo tienen una finalidad. *Diderot.*

La competencia entre mujeres impregna los sistemas de emparejamiento humano. Cuando las mujeres se besan, siempre nos recuerdan a los boxeadores al saludarse antes del combate. *Mencken.*

Las mujeres no se limitan en mejorar su apariencia, también critican el aspecto de las demás; afirman que sus rivales son gordas, feas y carecen de atractivo físico, descalificándolas ante el hombre deseado. *David Buss.*

Los hombres son naturalmente indiferentes entre sí; las mujeres son enemigas por naturaleza. Esto debe depender de que el "odium figulinum", la rivalidad, que está restringida entre los hombres a los de cada oficio, abarca en las mujeres a toda la especie, porque todas ellas no tienen más que un mismo oficio y un mismo negocio. *Schopenhauer.*

Existe un lazo secreto entre las mujeres, como entre todos los sacerdotes de una misma religión. Se odian pero se protegen. *Balzac.*

Para intentar descubrir las intenciones de alguien que sale con ellas, las mujeres pasan horas hablando con sus amigas de los detalles de la interacción que tienen con su pareja o con su posible pareja. Se cuentan las conversaciones y las analizan en sus más mínimos detalles. *David Buss.*

El más hondo destino de la mujer es ser compañera del hombre: en cambio, si se acostumbra a estar demasiado tiempo con personas del mismo sexo, se convierte en dama de compañía. La doncella ideal no debería tener amigas. *Kierkegard.*

La mujer se viste sobre todo para las demás mujeres. *Unamuno.*

La suegra y la nuera son una tempestad y una tormenta de granizo. *Whiting.*

Recuerdo haber oído hablar de dos mujeres que se querían sinceramente y vivían en paz sin maldecirse recíprocamente a pesar de ser ambas jóvenes: la una era sorda y la otra ciega. *Auguez.*

A ninguna mujer le complace que se alabe a otra mujer en su presencia; todas se reservan en tal caso para decir la palabra final que pueda avinagrar la alabanza. *Balzac.*

Un marido no debe dejar nunca que su mujer vaya sola a casa de su madre. *Balzac.*

Nunca jamás, el cuerdo casado consentirá que entren cualesquiera mujeres a conversar con la suya, porque siempre hacen mil daños. *Fray Luis de León.*

Decía él, y decía bien, que el casado a quien el cielo había concedido mujer hermosa tanto cuidado había de tener qué amigos llevaba a su casa, como en mirar con qué amigas su mujer conversaba, porque lo que no se hace ni concierta en las plazas, ni en los templos, ni en las fiestas públicas, ni estaciones, cosas que no todas veces las han de negar los maridos a sus mujeres, se concierta y facilita en casa de la amiga o la parienta de quien más satisfacción se tiene. *Cervantes.*

Para el hombre la amistad es un intento de coincidencia con otros que se esfuerzan en ideas similares. La amistad de la mujer es una conjunción con el propósito de emparejamientos. Ésta es la única relación íntima y sin reservas posible entre mujeres. *Otto Weininger.*

Poco difiere una mujer de otra. *Platón.*

Las mujeres gustan de vencerse entre sí unas a otras aun en cosas menudas y de niñería. *Fray Luis León.*

Los hombres desean lo que no tienen; las mujeres sólo desean las cosas que las demás mujeres poseen. *LA Pétiet.*

Estos bellos seres, aunque tanto se ocupan de los hombres, se ocupan mucho más de las mujeres. *Campoamor.*

Sólo hay un medio de hacer un buen elogio de una mujer, es hablar mal de su rival. *Mme. Girardin.*

Cuando una mujer tiene miedo de su rival está perdida. *Condesa du Berry.*

Donde no mora un hombre, la casa poco vale. Así estáis, hija, viuda o soltera, solas, sin compañero, como la tortolilla: por eso creo que estáis amarillas y flacas, pues donde sólo hay mujeres, nunca faltan rencillas. *Arcipreste de Hita.*

16. CELOS, ENVIDIA Y VENGANZA.

Este cuadro de Delacroix muestra a Medea, prototipo de mujer celosa que, para vengarse de la infidelidad de su marido, llega al extremo de matar a sus propios hijos.

16

CELOS, ENVIDIA Y VENGANZA

Los celos de la mujer pueden ser un arma para asegurar o reprender al hombre, o convertirse en una explosión de furia al sentirse rechazada. Eso dicen muchos que hablan de los celos, considerados en sí mismos o en el contexto de la envidia. Y muchos clásicos tiemblan ante el odio de una mujer despechada.

La mujer aprende a odiar en la medida en que va dejando de atraer. *Nietzsche.*

No hay en los cielos cólera como la del amor que se convirtió en odio, ni conocen los infiernos furia como la de una mujer despechada. *Congreve.*

Una mujer despreciada no conoce límites para su cólera. *Vanburgh.*

En el infierno no hay tanta furia como en una mujer despechada. *Simpson.*

Víbora, cocodrilo, caimán fiero, es la mujer, si el hombre la desecha. *Quevedo.*

La mujer es audaz en todo cuanto concierne a su amor o a su odio, y tiene muchas artimañas para hacer daño cuando quiere. *Maximo Valerio.*

No hay peor ira que la de la mujer. *Eclesiastés.*

No se encontraría ningún demonio en los infiernos capaz de afrontar la furia de una mujer burlada. *C. Ciber.*

La venganza es dulce, especialmente para las mujeres. *Lord Byron.*

Las mujeres son vengativas. La venganza, que es el acto de un poder momentáneo, es una prueba de debilidad. Las más débiles y las más tímidas deben ser crueles. *Diderot.*

Lo malo de una mujer con el corazón roto es que empieza a repartir los pedazos. *Anónimo.*

En la venganza y en el amor, la mujer es más salvaje que el hombre. *Nietzsche.*

Es una furia infernal, / aunque de angel tiene nombre;/ es un ingrato animal / que cuando no puede al hombre / a sí misma se hace mal. *Lope de Vega.*

Tema el hombre a la mujer cuando esta odia; pues en el fondo del alma, el hombre es sólo malo: pero la mujer es perversa. *Nietzsche.*

No hay furia como la de la mujer que busca un nuevo amante. *Connolly.*

La mujer, o ama u odia, no conoce término medio. *Publio Siro.*

La cólera de la mujer no tiene límite. *Cervantes.*

Las mujeres no son del todo crueles si no odian. *La Rochefoucault.*

La mujer es más celosa, más quisquillosa, más apta para reprender y zaherir. *Aristóteles.*

La mujer celosa es dolor de corazón y llanto contínuo. *Eclesiastés.*

El hombre siente celos si ama, la mujer también sin amar. *Kant.*

Las coquetas tienen a gala estar celosas de sus enamorados para ocultar que sienten envidia de las demás mujeres. *La Rochefoucault.*

Aunque la rabia de celos / es tan fuerte y rigurosa,/ si los pide una hermosa, / no son celos, sino cielos. *Cervantes.*

En la mujer, la única esperanza de superar la envidia del pene estriba en aceptar un papel secundario en la vida, desarrollar su encanto y atractivo sexual, casarse y tener niños. *Freud.*

Es mejor caer en manos de asesinos que en los ensueños de una mujer celosa. *Nietzsche.*

Alabo el engaño con que las mujeres nos hacen creer lo que quieren y la cautela con que, viendo que un amante resfría, le ponen una espuela de celos con que vuelve por la posta, a caminar en un día lo que descansó en dos meses. *Lope de Vega.*

La mujer raramente nos perdona ser celosos pero, si no lo fuésemos, no nos lo perdonaría nunca. *PJ Toulet.*

Las mujeres provocan celos como táctica para obtener información sobre el nivel de compromiso de los hombres, y para elevarlo. *David Buss.*

Tres cosas alimentan los celos: una buena posición, un gran tesoro y una esposa bella. *Whiting.*

Si el pobre a su mujer bella / le da licencia que vaya / a pedir sobre la saya, / y le dan debajo della, / ¿qué gruñe? ¿qué se querella / que se burlan de él los ecos? *Góngora.*

Los celos fueron una estrategia evolutiva desarrollada para combatir la infidelidad. Una mujer a cuyo marido le ustarse flirtear corría el peligro de perder los recursos, el compromiso y la inversión en los hijos. *David Buss.*

Las mujeres que aman perdonan más fácilmente las grandes indiscreciones que las pequeñas infidelidades. *La Rochefoucault.*

Hay una evidente dependencia de la mujer con relación a terceros, como génesis de su autoestimación, y ésta es una diferencia fundamental. La persona madura depende menos de cómo se ve reflejada en los demás. *JM Bardwick.*

17. LAS LENGUAS DE VECINDONA.

Algunos piensan que las mujerestienen especial afición
a hablar de sus vecinos y otras personas, creando la
opinión pública.   *Majas en el balcón. Goya.*

17

LAS LENGUAS DE VECINDONAS

Las mujeres son las que crean la opinión pública, según Tolstoy. Y lo hacen hablando entre ellas, en la calle o con su vecina (las "lenguas de vecindonas" de la canción de Concha Piquer). Su capacidad de murmurar, y de levantar o hundir una fama es proverbial, y sobre eso hay pocos discrepantes entre los citados.

Las mujeres son las que crean la opinión pública. *Tolstoy.*

La mujer, ser murmurante y detractora; que si con mil habla, de mil habla: cómo van, cómo están, cuál es su estado, cuál es su vida, cuál su manera. *Arcipreste de Talavera.*

El mayor defecto de las mujeres, el más ofensivo de todos, es su preocupación de la opinión pública. *Stendhal.*

La niña seguirá teniendo a lo largo de su existencia una gran necesidad de aprobación por parte de otras personas. *JM Bardwick.*

Las mujeres siempre tienen a conservar las viejas costumbres y los antiguos modos de pensar. *Stanley G. Hall.*

La mujer expresa su enojo mediante las palabras y la manipulación interpersonal. *JM Bardwick.*

Las mujeres se interesan por la gente y los hombres por las cosas. *D. Morris.*

¿Quién iguala a las mujeres en el arte de hacer que los demás se formen una buena opinión de nosotros para luego creerse a pies juntillas esa buena opinión? *Nietzsche.*

Las mujeres guardan en secreto todo lo que saben de sí mismas. De lo que conocen de otros son menos discretas. *H. Regnier.*

Durante toda su vida las mujeres estarán sometidas a las duras e incesantes restricciones impuestas por las buenas maneras. *Rousseau.*

Si los hombres supiesen lo que las mujeres hablan de ellos cuando están solas, la raza humana dejaría de existir. *WH Auden.*

Las mujeres, como todos los grupos en situación débil, tienden a adherirse firmemente a la "costumbre apropiada" y evitan la individualidad. Por ello, tienden a seguir la "moda", un campo ideal para individuos de naturaleza dependiente. *Georg Simmel.*

El bello sexo gusta sobremanera de toda especie de fama. *Larra.*

A la noche putas, y a la mañana comadres. *Refranero popular.*

Todo el honor de las mujeres consiste en la opinión buena que de ellas se tiene. *Cervantes.*

Las conversaciones entre mujeres suelen ser sobre personas, en proporción mucho mayor que cuando hablan hombres. *I. Watt.*

Es frecuente encontrarse con mujeres cuya estima hacia sí mismas depende totalmente de las reacciones de los demás, y esto es síntoma de indigencia y vulnerabilidad. *JM Bardwick.*

18. LO FRÍVOLO Y LO COTIDIANO.

El interés de las mujeres por frivolidades y tareas
cotidianas o sin importancia son acusaciones frecuente.
El columpio. Fragonard.

18

LO FRÍVOLO Y LO COTIDIANO

La frivolidad o superficialidad es un atributo típicamente tenido por femenino durante muchos siglos. Huye de profundidades y se apegan a lo cotidiano, a lo concreto de cada día despreciando los ideales lejanos. Se ha criticado su simplicidad e incapacidad de planteamientos serios, otorgando a veces a su ingenuidad cierto atractivo para los hombres tan cansados de pensar en cosas complicadas.

¡Qué frívolas son las mujeres! Un vestido bien cortado ejerce sobre ellas más atractivo que una conversación substanciosa. *F. Miomandre.*

El hombre va a la mujer como a una fiesta y a un frenesí, como a un éxtasis que rompa la monotonía de la existencia. Y encuentra casi siempre un ser que sólo es feliz ocupado en faenas cotidianas, sea en zurcir la ropa blanca, sea en acudir al *dancing*. *Ortega y Gasset.*

No hay carga más pesada que la mujer liviana. *Cervantes.*

Los hombres vivimos llenos de problemas y, para que nos alivien de ellos, nos acercamos a esas criaturas (las mujeres) cuyas manos, miradas y tiernas insensateces hacen que nuestra seriedad y nuestra profundidad nos parezcan en cierto modo una insensatez más. *Nietzsche.*

Todo lo que ocupa a aquellos cerebros de colibrí, lo que llena aquellas cabezas de mujer, en general vacías, tiene que ser anunciado por el peinado. *Stephan Zweig.*

El alma femenina es de una simplicidad que los hombres no pueden ni imaginar. *Pierre Louis.*

El hombre distinguido siente complacencia en las mujeres, como en seres de especie menor acaso, pero más fina y ligera. ¡Qué delicia encontrar criaturas que tienen la cabeza llena siempre de danza y caprichos y trapos! Son el encanto de todas las almas varoniles, demasiado tensas y profundas, cargadas de enormes responsabilidades. *Ortega y Gasset.*

Las mujeres siempre están en primera fila allí donde hay algo con que embobarse o alguna golosina que comer. *Goethe.*

Las mujeres se hallan gobernadas por la imaginación. Como no se les ocupa en nada sólido y, más tarde, no están encargadas ni del cuidado de su fortuna ni de sus negocios, sólo están libradas a sus placeres. Espectáculos, ropa, novelas y sentimientos pertenecen al reino de la imaginación. *Marquesa de Lambert.*

El pudor procede de las coqueterías necesarias que todas las hembras despliegan para el macho. *Rousseau.*

Las mujeres no tienen un interior, por mucho que se busque en ellas, sólo son máscaras. Hay que compadecer al hombre que se abandona a estos seres fantasmales. *Nietzsche.*

Sería más fácil encontrar un gato con cuernos o una chocha blanca que una mujer constante. *Chejov.*

Hablo de la ligereza de las mujeres, de su inconstancia, de su doble trato, de sus promesas muertas, de su fe rompida y, finalmente, del poco discurso que tienen en saber colocar sus pensamientos e intenciones. *Miguel de Cervantes.*

Superficie es el ánimo de la mujer; una flotante película de agua en un estanque. *Nietzsche.*

Lo que hace a las mujeres particularmente aptas para cuidarnos y educarnos en la primera infancia, es que ellas continúan siendo pueriles, fútiles y limitadas de inteligencia. *Schopenhauer.*

Puesto que las mujeres no son para las cosas de seso y peso, forzoso es que se ocupen en lo que es perdido y liviano. *Fray Luis de León.*

En el centro de toda auténtica y verdadera comedia se encuentra siempre una mujer. *Stephan Zweig.*

Siempre y en todas partes, la mujer joven siente que se aprueba su alegre ociosidad. *Stephan Zweig.*

Puesto que las mujeres no tienen saber para los negocios de substancia, si salen de casa, tratarán de poquedades y menudencias. *Fray Luis de León.*

¡Considera (en las mujeres) qué sesito está debajo de aquellas grandes y delgadas tocas! ¡Qué pensamientos so aquellas gorgueras, so aquel fausto, so aquellas largas y autorizantes ropas! *Fernando de Rojas.*

A las mujeres hay algo que nos gusta más que ver el mar, y es ver escaparates. *José Luis Garci.*

Cosa de tan poco ser como es esto que llamamos mujer, nunca ni emprende ni alcanza cosa de valor. *Fray Luis de León.*

El mundo es como una mujer vana: vana es su pompa y vana es su gloria; dulces son sus palabras, y, sin embargo, cubren siempre el engaño o la celada. *Moisés Ibn Ezra.*

19. ESTÁN HECHAS PARA COQUETEAR.

En muchas de las citas se alude al coqueteo como
rasgo típicamente femenino.

19

ESTÁN HECHAS PARA COQUETEAR

La coquetería, ese arte de gustar a todos, es otra característica del alma femenina y casi obligada profesión para las mujeres, según opinaban los autores que citamos. Incluye la denostada actitud en mujeres que inspiran deseos a sabiendas de no poder o querer satisfacerlos.

Las mujeres están hechas para coquetear. *Moliere.*

El destino de la mujer y su única gloria es hacer latir el corazón de los hombres. *Balzac.*

La mujer que quiere mantener el amor, debe despreciar a su enamorado. *Ovidio.*

Cuando ella ve que me enfrío, se abrasa de vivo fuego, y cuando ve que me abraso, se hiela de puro hielo. *Lope de Vega.*

La mujer tiene un instinto que le impulsa a jugar con su presa como el gato juega con un ratón. *Balzac.*

La mujer "llama" al varón, hasta lo provoca, pero se retira y esconde, se encierra, y el hombre tiene que llamar a su puerta, con la esperanza de que la mujer le abra y lo deje entrar. *Julián Marías.*

Aunque ella también arda en deseos, se complace en atormentar a su amante. *Juvenal.*

Muchas mujeres coquetean con un hombre porque es inofensivo, y por la misma razón se cansan de él. *G. B. Shaw.*

El arte de gustar, ese deseo de gustar a todos, esas ganas de gustar más que otra, ese silencio del corazón, esa alteración del intelecto, esa mentira continua llamada coquetería parece ser un carácter básico de las mujeres, nacido de su condición naturalmente subordinada. *Diderot.*

El arte de gustar, ese deseo de gustar a todos, esas ganas de gustar más que otra, ese silencio del corazón, esa alteración del intelecto, esa mentira continua llamada coquetería parece ser un carácter básico de las mujeres, nacido de su condición naturalmente subordinada. *Diderot.*

Cuando una mujer te ha engañado, procura amar inmediatamente a otra. *Heine.*

El primer síntoma del verdadero amor en un hombre joven es la timidez, y en una muchacha, la audacia. *Victor Hugo.*

A las mujeres se les tiene en los brazos, después un día sobre los brazos, y pronto sobre las espaldas. *Sacha Guitry.*

Una mujer puede llegar a ser amiga de un hombre sólo en las siguientes etapas: primero conocerle, luego ser su amante, y sólo entonces ser su amiga. *Chejov.*

El pudor proporciona a las mujeres una atracción invencible. *Anatole France.*

Sus madres, sus institutrices, les repiten con voz infatigable que toda la ciencia de una mujer consiste en la manera como sepa manejar esa hoja de higuera (vestidos) con que se tapó nuestra madre Eva. *Balzac.*

A las mujeres les seduce que se las seduzca. *Jardiel Poncela.*

La mujer cortejada se ciega: pierde el seso y el buen sentido. *Arcipreste de Hita.*

La mujer que gusta de domar caballos, despídase de enamorar corazones: toda acción de fuerza es extraña en ellas. *Fdez. Moratín.*

Las mujeres inspiran tantos más deseos cuanto menos pueden satisfacerlos. *Anatole France.*

100

Los hombres miran a las mujeres para verlas; las mujeres miran a los hombres para ser vistas. *J. Normand.*

En cuanto un hombre se postra a vuestros pies (de las mujeres), se esfuma vuestro más largo aburrimiento. *Nietzsche.*

Las mujeres empeñadas en lucir la última creación de la moda son justamente las que no deberían hacerlo. *Yves Saint-Laurent.*

La coquetería es el fondo del talante de la mujer; pero no todas lo ponen en práctica. La coquetería de algunas está contenida por el miedo o por la razón. *La Rochefoucault.*

Las mujeres no conocen toda la extensión de su coquetería. *La Rochefoucault.*

A una mujer le es más difícil dominar su coquetería que su pasión. *La Rochefoucault.*

20. LA MUJER ELIGIENDO HOMBRE

Algunos dicen que la mujer se enamora de un hombre
(aventurero o inteligente) y se casa con otro: el probo
y fiel empleado que le da seguridad.

20

LA MUJER ELIGIENDO HOMBRE

Dicen que la mujer elige mal, por motivos aparentemente contradictorios. Elige mal cuando se enamora del malo (siempre es el malo el que hace latir de prisa su corazón), cuando huye de los inteligentes o desprecia a los que la quieren de verdad. Pero también critican lo contrario, que se decida finalmente por los que tienen más recursos económicos o los que les aseguran más tiempo juntos. Quizá – según deducimos de las citas- las mujeres se enamoran de unos hombres y se casan con otros.

Siempre es el malo el que hace latir de prisa el corazón de una chica. *Desconocido.*

A las mujeres les gusta especialmente salvar a quienes las pierden. *Victor Hugo.*

Frecuentemente, la mujer escoge al hombre que le ha de escoger a ella. *Le Févre.*

La elección femenina se basa posiblemente en la evolución de las preferencias de la hembra por el macho que le ofrece recursos en el reino animal. Dondequiera que la hembra muestra preferencias por un compañero, su criterio clave son los recursos del mismo. *DM Buss.*

Siempre escogen las mujeres / aquello que vale menos / porque excede su mal gusto / a cualquier merecimiento. *Cervantes.*

Las cualidades del hombre que enamoran a la mujer son las menos fértiles para la perfección general de la especie. La mujer nada a gusto, como en su elemento, cuando circula entre hombres mediocres. *Ortega y Gasset.*

Las mujeres se inclinan, por no se sabe qué, a ver sólo los defectos en un hombre de talento, y las cualidadades en un tonto. *Barbusse.*

Es natural condición de las mujeres desdeñar a quien las quiere y amar a quien las aborrece. *Cervantes.*

Zoológicamente, la tendencia general de los fervores femeninos parece resuelta a mantener la especie dentro de límites mediocres, a evitar la selección en el sentido de lo óptimo, a procurar que el hombre no llegue nunca a ser semidiós o arcángel. *Ortega y Gasset.*

Las mujeres aceptan la parte material del hombre más fácilmente que su lado espiritual. A los ojos de Laura, lo que perjudicó a Petrarca fueron sus sonetos. *Eça de Queiroz.*

La mujer presiente el vigor del hombre, pero no lo comprende. *Nietzsche.*

A la mujer no le han interesado nunca los genios. ¿Quieren decirme qué le importa a una mujer que un hombre sea un gran matemático, un gran físico, un gran político? Diríase que el genio horripila a la mujer. *Ortega y Gasset.*

A las mujeres no les gustan los hombres contemplativos y prefieren a los que ponen sus ideas en acción. *T. Gautier.*

Lo inaguantable de las mujeres es que nos quieran convertir: les agrada conocernos malos y, en cuanto nos convierten en buenos, nos dejan. *Oscar Wilde.*

La mujer quiere la monogamia y el hombre disfruta con la novedad. *D. Parker.*

El que impera indiscutiblemente en el corazón de una coqueta es todo un héroe. *Washington Irving.*

Primero un beso y después las uñas: así lo hacen todas. *Anónimo.*

A lo largo de miles de generaciones, en las mujeres se desarrolló la preferencia por hombres que dieran señales de estar dispuestos a comprometerse con ellas. *D. Buss.*

104

La mujer escoge al hombre en parte por sus recursos externos. Una vez casados, ella es la que más se queja de que dichos recursos son insuficientes. *DM Buss.*

El peor aburrimiento que pueda tener una mujer se disipa cuando un hombre se arroja a sus pies. *Nietzsche.*

La mayoría de las mujeres no estiman a los hombres más que por su fortaleza física y su debilidad moral. *Lemesle.*

Cuando la mujer busca una relación de compromiso impone costes de noviazgo, exigiendo tiempo prolongado, energía y compromiso antes de consentir en tener relaciones sexuales. *DM Buss.*

La mujer desdeña al grande hombre concienzudamente, y no por azar o descuido. Tiende a eliminar a los individuos mejores, masculinamente hablando, a los que innovan y emprenden altas empresas, y manifiesta un decidido entusiasmo por la mediocridad. *Ortega y Gasset.*

Cuando una mujer tiene relaciones con uno u otro debe buscar sacar ventajas de cada uno por la rivalidad que los separa. *Kamasutra.*

Cuando la mujer ve al hombre amado y éste no advierte su presencia, no piensa "le he visto", sino "no me ha visto". *Azorín.*

Raptar mujeres es acción de hombres injustos; esforzarse en después vengarlas, es de insensatos; y el no preocuparse de que las hayan raptado es de sabios, pues es evidente que, si ellas no quisieran, no serían raptadas. *Herodoto.*

La mujer no se enamora de un hombre sino de una idea, ése es su gran error. Después ha de pasar el resto de su vida adaptándose a la realidad. *Moldenhauer, JF.*

Lo único que cuenta para una mujer, es saber si se la abandona o si es ella la que se va. *A. Roussin.*

Tanto las mujeres que conceden como las que niegan, todas disfrutan con ser solicitadas. *Ovidio.*

Las mujeres, al igual que algunos pájaros, prefieren hombres con "nidos" deseables.*David Buss.*

A quien más quieren (las mujeres), peor le hablan. *Fernando de Rojas.*

Mujer muy pretendida olvida la cordura. *Arcipreste de Hita.*

La timidez del hombre hace ser algo más atrevidas a las mujeres. *Benavente.*

Cuando pasa el tiempo, la mujer acaba dedicándose al primero que se ofreció, sin interrumpir la reconciliación, pero sin abandonar al amante que le es fiel. *Kamasutra.*

La mujer que es realmente amable con los perros es siempre la que no ha podido inspirar simpatía en los hombres. *Max Beerbohm.*

Muchas mujeres desean a quien las huye y rechazan a quien las acosa. *Ovidio.*

La mujer no se enamora de un hombre sino de una idea, ése es su gran error. Después ha de pasar el resto de su vida adaptándose a la realidad. *Moldenhauer, JF.*

La mujer exige del hombre ciertas atenciones, y una de las atenciones que exige es que, llegado el caso, le pierda el respeto. *André Maurois.*

Lo que les agrada, muchas veces las mujeres querrían haberlo concedido como a la fuerza. *Ovidio.*

Ése es el problema: que a las mujeres nunca os atraen las buenas personas. *José Luis Garci.*

La mujer espera al hombre como la araña espera a la mosca. *G. B. Shaw.*

106

21. EL HOMBRE ELIGIENDO MUJER.

El troyano Paris hubo de elegir entre las diosas del
poder (Hera), la sabiduría (Atenea) y el amor (Afrodita).
Rubens. El Juicio de Paris.

21

EL HOMBRE ELIGIENDO MUJER

Para muchos de nuestros ilustres antepasados, el hombre escoge mujer como el que compra en un mercado, y que corre grave peligro de equivocarse en su elección. También insisten en que lo que busca es fundamentalmente sexo y, a ser posible variado: en tanto que macho, todo hombre sería promiscuo si no hubiese constricciones sociales. Y sobre esta tendencia "natural" del hombre a la poligamia hay algunas contribuciones de psicólogos contemporáneos.

"Señorita" es el título con que marcamos a las mujeres solteras para indicar que están disponibles en el mercado. *Bierce.*

Los intelectuales tienen una marcadísima propensión hacia las mujeres histéricas. *Carlos O. Bunge.*

Dos cosas quiere el hombre auténtico: peligro y juego. Por ello quiere a la mujer, el más peligroso de los juegos. *Nietzsche.*

Amamos a las mujeres de una manera particularmente apasionada y sexual que es fundamentalmente diferente del modo en que las mujeres aman a los hombres. No es una situación ideal, pero así somos. Uno no puede quejarse a la Biología. *Jack Nicholson.*

El talento o la capacidad de sacrificio de la mujer son calidades que buscamos y enaltecemos en la esposa, la hermana, la hija. Pero cuando se trata, estrictamente hablando, de enamorarse, uno se enamora de la corza emboscada que hay en la mujer. *Ortega y Gasset.*

La única manera de comportarse con una mujer es haciendo el amor con ella si es hermosa; y, si no lo es, haciéndolo con otra. *Oscar Wilde.*

Quanto es más sosañada, quanto es más corrida, quanto es más por ome magada e ferida, tanto más por él anda muerta, loca perdida: non cuyda ver la ora que con él sea yda. *Arcipreste de Hita.*

109

Las mujeres deben ser conquistadas, tomadas por la fuerza: cuando las mujeres dicen no, quieren decir sí, la violación les produce un éxtasis y las mujeres disfrutan con el dolor (según la filosofía de hombres como Kinsey, Sade, Tolstoy, Freud y Henry Miller). *A. Dworkin.*

Tu amor no vale para cualquier mujer. No ames las casadas, que no te convienen; es amor baldío, que de gran locura viene. *Arcipreste de Hita.*

Si quieres amar señoras u otra cualquier mujer, muchas cosas habrás antes de aprender; para que ellas te quieran en amor acoger, acierto primero a escoger la mujer. *Arcipreste de Hita.*

El macho humano, durante toda la vida, sería promiscuo en su elección de pareja sexual, si no hubiera restricciones sociales. *DM Buss.*

El rasgo más llamativo de las fantasías masculinas es que el sexo es deseo y gratificación física en estado puro, despojado de molestas relaciones, elaboración emocional, tamas complicadas, flirteo, cortejo y juego previo. Y tales fantasías delatan una psicología adapatativa a la búsqueda del acceso sexual a varias mujeres. Por el contrario, las fantasías sexuales femeninas suelen contener compañeros conocidos y se centran en características personales y emocionales, ternura, amor y compromiso. *Ellys B, Symons D.*

En el hombre y otros machos se observa el "efecto Coolidge": la excitación sexual con la misma pareja disminuye progresivamente mientras aumenta ante cada nueva hembra. Este fenómeno es adaptativo porque fomenta una mirada itinerante (relaciones extramatrimoniales). *DM Buss.*

No hay duda de que el macho humano, durante toda la vida, sería promiscuo en su elección de pareja sexual, si no hubira restricciones sociales. A la hembra humana le interesa mucho menos la variedad de compañeros. *Kinsey et al.*

Cuando una mujer te ha engañado, procura amar inmediatamente a otra. *Heine Wandern.*

110

El hombre es el cazador; la pieza es la mujer. *Tennyson.*

El hombre busca, la virgen espera, la mujer atrae. *Victor Hugo.*

Cada uno lleva dentro una imagen de las mujeres heredada de su madre, que determina su actitud hacia las mujeres en general, sea para honrarlas, despreciarlas o permanecer indiferentes ante ellas. *Nietzsche.*

La mujer de otro, si nos gusta, tiene una ventaja: que ya es de otro. Y si no nos gusta, esta ventaja aparece mucho más clara. *Noel Clarasó.*

Si un día muero por una mujer, será de risa. *Jules Renard.*

Hay mujeres que despiertan el deseo en los hombres y otras no. Ésta es la gran diferencia. *Charles Morgan.*

Los hombres sólo guardan buen recuerdo de las mujeres que no han poseído. *A. Hermant.*

Es la eterna historia del juguete que los hombres creen recibir y del tesoro que las mujeres creen dar. Henri Barbusse.

Al hombre le gusta todavía el misterio y la confusión. La ciudad monstruo, la mujer fatal, son caras ilusiones de su alma. *Pío Baroja.*

La muger byen sañuda e qu' el ome byen guerrea, los doñeos la vencen, por muy brava que sea. Arcipreste de Hita.

Guárdate, non la tengas la primera vegada, non acometas cosas porque fynque espantada, syn su placere non sea tanida nin trexnada; una vez échale cebo, que venga segurada (...). el tyenpo todas cosas trae a su lugar (...) sey sotil e acucioso e avrás tu amiga. Arcipreste de Hita.

Nunca elijas mujer o lienzo a la luz de una vela. *Simpson.*

Nada hay tan bueno como las mujeres que no se consiguen. *JK Huysman.*

A toda mujer que mira mucho o está risueña, dile sin miedo tus deseos, no tengas vergüenza; de mil apenas una te dirá que no; aunque la mujer calle, en eso piensa y sueña. *Arcipreste de Hita.*

Torre alta, en cuanto tiembla, tiene que caer, mujer que está dudando, es fácil tenerla. *Arcipreste de Hita.*

El hombre sucumbe a la mujer que no conoce. *Nietzsche.*

Para satisfacer mejor su deseo, ¿de quién debe enamorarse un hombre: de la casada, la viuda o la soltera? Es más cómodo enamorarse de la casada, aunque esos amores sean peligrosos, pues cuanto más sopla el fuego más se le enciende, que todas las cosas se deterioran con el uso menos la lujuria, que aumenta. La viuda, que ha pasado tiempo sin sentir sus efectos, casi no la siente, y más se anima por los recuerdos que por el deseo. La soltera, que sólo sabe y conoce lo que es por su imaginación, lo desea sin ardores. Sin embargo, la casada, más ardiente que las otras, desea entregarse muchas veces. *P. Bourdeille.*

Creemos que somos sus amantes, sólo somos sus cómplices. *A. Salacrou.*

Con tu mujer procura estar cariñoso, y si la notaras infatuada o arisca, hazle una caricia que le produzca un poco de daño, un abrazo fuerte, un mordisco y luego un beso suave. Que ella no pueda disgustarse, pero que sienta que tú eres el macho, el amo, el que manda. Así aprendí de tu padre. Y como no lo tienes, tengo que ser yo la que te enseñe estas fortalezas. *García Lorca.*

¡Vive Dios, que antes me deje / morir, que a una mujer siga, / ni solicite, ni ronde, / ni mire, ni hable, ni escriba! *Calderón de la Barca.*

Es más cómodo enamorarse de la casada que, muchas veces, cuando su marido le ha engañado, golpeado o injuriado, se complace en hacerle cornudo a modo de venganza, pues nada hay tan vengativo como la mujer. *P. Bourdeille.*

Éstas son las mujeres a las que no hay que frecuentar nunca: a una leprosa; a una loca; a una expulsada de la sociedad; a la que revela secretos; a la que expresa sus ganas en público; a la que casi ha superado la juventud; a la que es demasiado blanca, o demasiado negra; a la que huele mal; a una ligada por parentesco; a una amiga; a una monja, y a las esposas de los familiares, de los amigos, de los sabios brahmanes o del rey. *Kamasutra.*

Halcón que se atreve con garza guerrera, peligros espera. (...) Las lides de amor son de altanería. *Gil Vicente.*

El análisis sociobiológico de las estrategias de emparejamiento del macho y de la hembra predice que los hombres se inclinan a fantasías sexuales con personas múltiples y anónimas, mientras que las mujeres desean compañeros más fijos y más famosos. Esta diferencia fundamental reflejaría la ventaja genética que durante generaciones han tenido los machos polígamos. Y también están claras las ventajas evolutivas de la estrategia de buscar a un compañero "famoso": al mezclar sus genes con los machos "superiores" la hembra aumenta las probabilidades de supervivencia de su descencencia, directamente y también indirectamente (a través de mayor poder de protección y aprovisionamiente). *Glenn Wilson.*

22- MUJER Y CALLAR SON INCOMPATIBLES.

Suelen acusar a las mujeres de hablar demasiado y
de ser incapaces de mantener un secreto.
Renoir: Mujeres hablando, 1878.

22

MUJER Y CALLAR SON INCOMPATIBLES

La mujer habla mucho y el hombre cree que demasiado. Esa es la idea básica que se repite una y otra vez, con distintos matices. Unos consideran que el silencio es una virtud en la mujer y otros aconsejan obligarles a callar, mientras que otros de nuestros varones ilustrados tiran la toalla: mujer y callar son incompatibles.

Porque mujer y callar son dos incompatibles. *Tirso de Molina.*

El silencio es el mejor adorno de la mujer. *Sófocles.*

La mejor virtud de la mujer es un modesto silencio. *Aristóteles.*

La gala más preciosa de la mujer es el hablar escaso. *Demócrito.*

Las mujeres han de guardar siempre la casa y el silencio. *Fidias.*

Ya que las mujeres son poco sabias, que se esfuercen a ser mucho calladas. *Fray Luis de León.*

Cuando las mujeres piensan tienen que hablar. *Shakespeare.*

En todas las mujeres es, no sólo condición agradable, sino virtud debida, el silencio y el hablar poco. *Fray Luis de León.*

Yo creo que ama realmente a la mujer quien prohíbe a ésta hablar de la mujer. *Nietzsche.*

El silencio adorna a la mujer. *Desconocido.*

El hablar nace del entender (...) y como la naturaleza a las mujeres les limitó el entender, por consiguiente, les tasó las palabras y las razones. *Fray Luis de León.*

Callada y con ropas negras, cualquier mujer parece revestida de inteligencia. *Nietzsche.*

El aderezo de la mujer y su hermosura es el hablar escaso y limitado. *Demócrito.*

Es propio de los hombres el obrar, de las mujeres hablar. *Desconocido.*

Sigue, urraca parlera, y nunca acabes; habla por boca, y ojos y marices; pues aunque nunca sabes lo que dices, al menos siempre dices lo que sabes. *Nicolás de Roda.*

Al buen callar llaman santo, y en las mujeres milagroso. *Gracián.*

Observando el vocabulario de una mujer, sería posible reconstruir toda la serie de sus amantes, como Cuvier, con unos cuantos huesos, reconstruía monstruos desconocidos. *André   Maurois.*

En reuniones públicas las mujeres que se callen. *San Pablo.*

Las mujeres nunca tienen nada que decir, pero lo dicen encantadoramente. *Oscar Wilde.*

Una mujer necia y parlera, como lo son de continuo las necias, es intolerable negocio. *Fray Luis de León.*

Aceite y agua, la mujer y un secreto, son cosas enemigas. *B. Lyfton.*

Ella había perdido el arte de la conversación, pero no, la capacidad de hablar. *GB Shaw.*

El diablo no puede sujetar la lengua de una mujer. *Anónimo.*

Para el hombre tranquilo, una mujer habladora es como pendiente arenosa para los pies de un anciano. *Eclesiastés.*

Así como la naturaleza hizo a las mujeres para que encerradas guardasen la casa, así las obligó a que cerrasen la boca. *Fray Luis de León.*

Las cigarras macho son afortunadas pues sus hembras carecen por completo de voz. *Jenarco.*

Los hombres entienden las discusiones como el arte de hacer callar al adversario; las mujeres, como el arte de no dejar la posibilidad de hablar. *F. Eckhardt.*

No se puede fiar un secreto a una mujer que no sea muerta. *Quevedo.*

Cuando una mujer tiene los oídos llenos, apenas si puede frenar la lengua. *E. Jodelle.*

Después de comer, los hombres deben andar una milla y las mujeres hablar una hora: éste es su ejercicio. *Beaumont F, Fletcher J.*

Si dos mujeres cuchichean y paran bruscamente cuando te acercas... es sin duda que hablaban de sexo. ¡Y si una de ellas es tu mujer, seguro que hablaban de ti! *Arthur Miller.*

Indiscreción: el delito de la mujer. *Bierce.*

El único secreto que pueden guardar las mujeres, es lo que ignoran. *Séneca.*

La mujer debe aprender en silencio, con plena sumisión. *San Pablo.*

En la mujer, el saber callar es su sabiduría propia. *Fray Luis de León.*

Las mujeres no hacen otra cosa que hablar continuamente. *Tolstoy.*

Aunque una mujer hable bien le está mejor el callar. *Plauto.*

Las niñas hablan antes que los niños porque se identifican con sus madres (también habladoras). *Dorotea Mc Carthy.*

La boca es para el hombre la puerta del espíritu; en la mujer, es el desahogo del corazón. *Bierce.*

La mujer nunca dejará de replicar, salvo que le falte la lengua. *Shakespeare.*

Es mejor una mujer callada que parlanchina. *Plauto.*

23. ANIMAL DESEOSO DE HACER HIJOS.

La loba amamanta a Rómulo y Remo. *Capitolio*

23

ANIMAL DESEOSO DE HACER HIJOS

Históricamente, se supone que la mujer está hecha para hacer hijos, que ese es su mayor deseo, que su estrategia amorosa tiene esa meta fundamental y que, si no tiene descendencia está incompleta o maldita. Es más, que la mujer sin hijos se ahoga o envenena por dentro (y en esto coinciden Platón y García Lorca).

La matriz y la vulva son como un animal deseoso de hacer hijos que, cuando no produce fruto en mucho tiempo, se aflige y entristece, y errando por todo el cuerpo y cerrando el paso al aire, no deja respirar y produce en el organismo las mayores angustias y enfermedades de todo tipo. *Platón.*

Cada mujer tiene sangre para cuatro o cinco hijos y cuando no los tiene se le vuelve veneno. *García Lorca.*

La mujer tiene su única razón de ser en la propagación de la especie. *Schopenhauer.*

El fin de la mujer es siempre el hijo, y el hombre sólo un medio. *Nietzsche.*

¡Es tan pobre! Una mujer que no tiene un hijo siquiera que poderse llevar a los labios. *García Lorca.*

La mujer alcanza su máxima realización cuando tiene un hijo, especialmente si es un varón que trae consigo el anhelado pene. *Freud.*

En toda clase de animales, el emparejamiento de individuos demasiado jóvenes produce crías débiles, las más veces hembras y de formas raquíticas. *Aristóteles.*

Todo en la mujer es un enigma, con una solución única: se llama embarazo. *Nietzsche.*

La mujer más insigne es la que mayor número de hijos da a la patria. *Napoleón.*

Para que la mujer pudiera alcanzar el nivel del hombre, debería entrenársele, cuando es casi adulta, en la energía, en la perseverancia y en que ejercitase al máximo la razón e imaginación para que tuviese la probabilidad de transmitir esas cualidades, principalmente a sus hijas. *Darwin.*

El padre debe ser más amado que la madre, pues es el principio activo de la procreación, mientras que la madre es tan sólo el principio pasivo. *Santo Tomás de Aquino.*

En la reproducción, el semen aporta el alma o la vida, mientras que lo femenino es el origen de la materia. La sangre menstrual aporta la materia (hyle) y el esperma la forma (demiourgón). *Aristóteles.*

Las mujeres tienen sólo 400 óvulos y emplean largos periodos de tiempo gestando y cuidando a sus bebés. Los hombres dan millones de espermatozoides cada vez que se aparean. Así, inexorablemente, varones y hembras están en polos opuestos en sus estrategias reproductivas. *Eysenck.*

La mujer estéril debe ser reemplazada a los ocho años; a los once, la que sólo pare hijas. *Leyes de Manú.*

Cuando quedan embarazadas, las mujeres buenas, confiadas, y alegres, se hacen iracundas, celosas, y taciturnas; en fin, cambian digámoslo así de carácter. Tengan esto presente los confesores, para apreciar la voluntariedad de los actos de ciertas mujeres embarazadas. *Riesco.*

Yavé habló a Moisés: Cuando una mujer dé a luz y tenga un hijo, será impura durante siete días. Si da a luz una hija será impura durante dos semanas. *Levítico.*

122

Si a una mujer embarazada de mellizos se le enflaquece una de las mamas, abortará uno de los fetos: el macho si es la mama derecha y la hembra si la que adelgaza es la mama izquierda. *Hipócrates.*

Así quiero yo al hombre y la mujer: el uno apto para la guerra, la otra apta para parir. *Nietzsche.*

Todo lo que una mujer quiere de verdad -un perro, un hombre, Dios, cualquier cosa- lo quiere como a un hijo. *Antonio Gala.*

La mujer debe ser madre ante todo, con olvido de todo lo demás si fuera preciso; y ello por inexcusable obligación de su sexo; como el hombre debe aplicar su energía al trabajo creador por la misma ley inexcusable de su sexualidad varonil. *Gregorio Marañón.*

En la mujer las fuentes más importantes de satisfacción narcisista son el sexo y, sobre todo, el embarazo y la maternidad. *JM Bardwick.*

La mujer de campo que no da hijos es inútil como un manojo de espinos, y hasta mala, a pesar de que yo sea de este desecho dejado de la mano de Dios. *García Lorca.*

La que es llamada la madre no es el origen de su vástago, sino sólo la que cuida del embrión recién sembrado. El macho -el que cabalga- lo engendró. Debe haber un padre, no una madre. *Esquilo.*

La mujer proporciona el suelo donde la semilla del hombre encuentra las condiciones para su desarrollo; ella nutre y madura la semilla sin poner ninguna semilla por su parte. Así el hombre nunca procede de la mujer, sino siempre del hombre. *Paracelso.*

La maternidad es la base fundamental del placer femenino. *JM Bardwick.*

Algunos hombres excepcionales deberían tener oportunidad de reproducirse con varias mujeres. *Nietzsche.*

24. GUARDAR LA CASA ES SU NATURAL OFICIO.

Mujer barriendo la casa. *Dibujo clásico.*

24

GUARDAR LA CASA ES SU NATURAL OFICIO

Lo de la pata quebrada y en casa es un refrán con muchas raíces ilustradas (lo que no significa acertadas). La idea obsesiva es que la mujer debe permanecer en el hogar, crear un ambiente adecuado para el marido y la familia, y guardar la casa, que, ése es su natural oficio. Que fuera sólo hay peligros para ella.

Lo que hoy parece una exageración aparece justificado y pormenorizado en obras como "La perfecta casada" (Fray Luis de León), pero también es indiscutible para la Biblia, los clásicos griegos, e incluso para algún ilustrado reciente.

Pues si la mujer es, por natural oficio, guarda de casa, ¿cómo se permite que sea callejera y visitadora y vagabunda? *Fray Luis de León.*

Una mujer debe ser buena para todo dentro de la casa e inútil para todo lo de fuera. *Eurípides.*

Las ovejas en el redil y las mujeres en su casa. *García Lorca.*

Esposa bonita y puerta trasera roban la casa. *Wilson.*

Una mujer sólo debe abandonar su hogar por tres motivos: su bautismo, su boda, su entierro. *J. Fuller.*

Tres cosas sacan al hombre de su casa: el humo, la lluvia y una esposa gruñona. *Mieder.*

La estupidez introducida en la cocina; la mujer haciendo de cocinera. *Nietzsche.*

Si la mujer fuera una criatura que pensara, al haberse dedicado a la cocina, habría debido descubrir desde hace miles de años los

125

principales fenómenos fisiológicos y habría terminado imponiéndose en el arte de la medicina. *Nietzsche.*

La mujer sabia edifica su casa ; mas la necia con sus manos la derriba. *Biblia.*

La única misión que tienen asignada las mujeres en la tarea de la Patria es el hogar (...) para hacerles a los hombres tan agradable la vida familiar que dentro de la casa encuentren todo aquello que antes le faltaba, y así no tendrán que ir a buscar en la taberna o en el casino los ratos de expansión. *Pilar Primo de Rivera.*

Una mujer buena será con el marido guarda de su casa, maestra de sus hijos y provisora de sus excesos. *Fray Luis de León.*

La mujer, por ser de natural flaco y frío es inclinada al sosiego y a la escasez, y es buena para guardar. *Fray Luis de León.*

Si las mujeres fueran verdaderamente sinceras en su amor por el marido y en el temor de agradar a otros hombres, se afearían para salir y se enbellecerían para quedarse en el hogar. *A. Tournier.*

La mujer es la inventora del "chez-soi", del hogar en que se refleja su condición íntima. *Julián Marías.*

En el hogar, la compañía de la mujer suaviza y enduza con su necedad la melancolía y aspereza de la índole juvenil. *Erasmo de Rótterdam.*

Los fundamentos de la casa son la mujer y el buey; el buey para que are y la mujer para que guarde. *Fray Luis de León.*

Las malas cocineras, la falta absoluta de racionalidad en la cocina, es lo que más ha retrasado y perjudicado el desarrollo del hombre. *Nietzsche.*

El varón pertenece a la ruidosa vida pública, la mujer al círculo silencioso del hogar. *Conversations-Lexicon oder Leipzig.*

126

En la familia, las funciones del hombre y las de la mujer son muy opuestas, consistiendo el deber de aquél en adquirir y el de ésta conservar. *Aristóteles.*

Igual que son los hombres para lo público, así las mujeres para el encerramiento; y como es de los hombres el hablar y el salir luz, así de ellas el encerrarse y encubrirse. *Fray Luis de León.*

25. NUNCA HUBO MUJER CASTA.
La filosofía en la alcoba (Magritte, 1966).

25

NUNCA HUBO MUJER CASTA

Pareciera que nuestras citas ilustres se contradicen: piden castidad a la mujer, y, a la vez, el hombre está continuamente requiriéndola para que la pierda. Y cuando una mujer ha perdido la virginidad ya no sirve como esposa, y está maldita. Estos conceptos se repiten en muchas religiones y códigos (incluída la no escrita ley gitana), en muchos países y en muchos autores famosos. Y, además, la frecuente obsesión de que, antes o después, todas son deshonestas.

Nunca hubo mujer casta sobre la faz de la tierra. *Libro de las mil y una noches.*

¿Qué puede tener de bueno en este mundo la mujer a la que se arrebató la castidad? *Ariosto.*

Se pueden encontrar mujeres que no hayan tenido ninguna aventura amorosa, pero es muy difícil encontrar mujeres que sólo hayan tenido una. *La Rochefoucault.*

Por lo común, no se tiene en cuenta la primera intriga amorosa de las mujeres hasta que tienen la segunda. *La Rochefoucault.*

¡Una vez que han empezado ellas no tienen nada que perder! El honor es como las cerillas, sólo sirve una vez. *Marcel Pagnol.*

Hase de usar con la honesta mujer el estilo que con las reliquias: adorarlas y no tocarlas. *Cervantes.*

La mujer virtuosa es como corona de su marido, pero la desvergonzada es como la carcoma de sus huesos. *Proverbios (A. T.).*

La mujer es una cortesana. *Diderot.*

Rápidamente, nada se parece tanto a una mujer legítima como una mujer que no lo es. *André Roussin*.

Las mujeres de la clase alta son las primeras en practicar el adulterio. *Eurípides*.

Sin duda, lo que una mujer más estima es su virginidad, y tiene su explicación: porque de eso depende el honor del resto de su vida. *Boccaccio*.

Una mujer gitana se cría para su marido. Por mucho que la quieras, si una mujer está tocada (no es virgen) no te puedes casar con ella. *Ley gitana*.

Aunque la distancia filogenética entre un insecto y un ser humano es muy grande, muestran paralelos sorprendentes en su lógica adaptativa para retener a la pareja. En ambos casos, el macho lucha por inseminar a la hembra y evitar que le sea infiel. Y ambas hembras lucha por asegurarse una inversión a cambio de su disponibilidad sexual. *D. Buss*.

El amor de la mujer está escrito en el agua; la fidelidad de la mujer se dibuja en la arena. *WE Aytoum*.

Se dice de las mujeres (aunque no esté probado) que, aunque guardan la compostura de mayor moralidad, su definición del sentido moral es menos rígida. *Mary Kenny*.

La mujer ha de ser buena y parecerlo, que es más. *Cervantes*.

Yo no miré a nadie. Miré a tu padre, y cuando lo mataron miré a la pared de enfrente. Una mujer con un hombre, y ya está. *García Lorca*.

Una mujer gitana se cría para su marido. Por mucho que la quieras, si una mujer está tocada (no es virgen) no te puedes casar con ella. *De la Ley Gitana*.

¿Quién es más fogosa: la casada, la viuda o la soltera? Aunque las mozas, con el calor de la sangre están predispuestas a querer mucho, no puede ser tanto como las casadas y viudas, que tienen más experiencia en el negocio? Esto es razón natural, como la del ciego de nacimiento, que no habiendo visto nunca la luz, no puede codiciarla tanto como el que vio y fue privado de la vista. *P. Bourdeille.*

La infidelidad es tan diferente en los dos sexos que una mujer apasionada puede perdonarla lo que resulta imposible para un hombre. *Stendhal.*

Mas tengo por disparate / aparte el guardar una mujer / si ella no quiere guardarse. *Calderón de la Barca.*

¡Oh insaciable y antinatural lujuria de la mujer! ¿Qué país o pueblo no lo lamentará? *Robert Burton.*

El imposible mayor / de cuantos el mundo sabe, / es guardar a una mujer, / si ella no quiere guardarse. *Lope de Vega.*

Quiero que las mujeres se atavíen con hábito honesto, con pudor y modestia. *San Pablo.*

Mujeres alevosas de corazón traidor, que no tenéis miedo, mesura ni pavor de mudar donde queréis vuestro falso amor, ¡ay, muertas os veáis de rabia y de dolor! *Arcipreste de Hita.*

La mujer de César debe estar por encima de toda sospecha. *Plutarco.*

Ser honesta no es más que un arte de parecer honesta. *Battista Guarini.*

La mayor parte de las mujeres honestas son tesoros escondidos que sólo están seguros porque nadie los busca. *La Rochefoucault.*

Una mujer, sea inocente o culpable, se expone a la maledicencia por el solo hecho de estar poco en su casa. *Eurípides.*

Hay pocas mujeres honestas que no estén cansadas de su oficio. *La Rochefoucault.*

Mujer vigilada ya está medio conquistada. *Moliere.*

Cásate con una doncella, de modo que puedas enseñarle delicadas maneras. *Hesíodo.*

La honestidad de las mujeres es a menudo el amor a su reputación y a su tranquilidad. *La Rochefoucault.*

Es fácil ser buena cuando lo prohibido está lejos. *Ovidio.*

La honestidad de las mujeres es un tesoro oculto que sólo está seguro del todo cuando nadie lo busca. *La Rochefoucault.*

Las mujeres más virtuosas tienen en sí algo que no es casto. *Balzac.*

Una mujer que, en ausencia del marido, pierde el tiempo acicalándose, ha de considerarse, sin más, como infiel. *Eurípides.*

En las mujeres la naturaleza puso por antemural la vergüenza, contra todas las baterías del apetito; y rarísima vez se le abre a esta muralla la brecha por la parte inferior de la plaza. *Feijóo.*

Si no fuese por vergüenza, no habría ninguna mujer honesta. *Proverbio árabe.*

La que se casa muchas veces, no se casa; es adúltera según la ley. *Marcial.*

Cuando una mujer comienza a avergonzarse de lo que no debe, no tardará en perder la vergüenza de hacer lo que no debiera. *Livio.*

Quien retiene a una mujer adúltera es necio e impío. *Proverbios (A. T.).*

En mayo se casan las malas mujeres. *Ovidio.*

Es de vidrio la mujer; pero no se ha de probar si se puede o no quebrar, porque todo podría ser. Y es más fácil el quebrarse, y no es cordura ponerse a peligro de romper lo que no puede soldarse. *Cervantes.*

Repútase casta aquella mujer a la que nadie requirió de amores. *Ovidio.*

Para una mujer, la única forma de mantenerse decentemente es ser buena para algún hombre que pueda permitirse el lujo de ser buena con ella. *Bernard Shaw.*

En la mujer, la castidad vale por todas las cosas. *Luis Vives.*

El ser honesta una mujer no se cuenta; porque si no tiene esto, no es ya mujer, sino alevesa ramera y vilísimo cieno, y basura, la más hedionda de todas y la más despreciada. *Fray Luis de León.*

El valiente muere en la batalla, los nadadores mueren en el agua, y los adúlteros encuentran la muerte en las mujeres. *Ojoade.*

La que no lo hace porque no puede, es como si lo hiciera. *Ovidio.*

El quebrar la mujer a su marido la fe es perder las estrellas su luz, y caerse los cielos, y quebrantar sus leyes la naturaleza. *Fray Luis de León.*

Lo único que puede regenerar a la mujer es la virginidad. *San Metodio.*

Sólo es casta aquella en quien ni la fama mintiendo osa poner mala nota. *Fray Luis de León.*

Las mujeres, temiendo desagradar a los hombres, se pintan las caras con colores ajenos, y, en el adulterio que hacen de su cara, se ensayan para el adulterio que desean hacer de su persona. *Fray Luis de León.*

Cuando una mujer ha perdido el pudor, ya no es capaz de oponerse a nada. *Tácito.*

A la mujer que desechó el pudor, no creas que le quede nada. *Luis Vives.*

La mala fama de una mujer anuncia que es accesible. *Aldous Huxley.*

26. LA MUJER HACE DEL HOMBRE LO QUE QUIERE.

Según el mito, Onfale domina al fiero Hércules, y le convence para que vista ropas femeninas y se ponga a hilar.

Cranach. Hércules y Onfale.

26

LA MUJER HACE DEL HOMBRE LO QUE QUIERE

Que la mujer muda la opinión del hombre es incuestionable. En lo que insisten nuestros antepasados es en que esa influencia es exagerada y, casi siempre, nefasta. Bien porque la mujer saca provecho directo se sus artes de persuasión, o porque aleja al hombre de sus ideales más nobles, poniéndole los pies en tierra, trayéndole a lo mediocre y cotidiano. La influencia de la mujer suele describirse como sutil y "atmosférica" (más que acciones, la mujer crea un ambiente en el que desarrollar sus intenciones). Esta persuasión seductora que pierde al hombre está simbolizada en las sirenas que arrastran a los marineros: emotivo el pasaje en que, para evitarlas, Ulises se amarra a su nave y tapa los oídos de sus hombres (y muy bello el cuadro de Draper al respecto, en la contraportada).

La mujer hace del hombre lo que quiere. En el pasado hacía héroes y ahora hace monos. *Kant.*

Cuando las doncellas suplican, los hombres otorgan como dioses. *Shakespeare.*

Mientras haya mujeres habrá tontos que bailen a su música. *Lagerlof.*

La influencia de la mujer es atmosférica y, por lo mismo, ubicua e invisible. No hay manera de prevenirla y evitarla. Penetra por los intersticios de la cautela y va actuando sobre el hombre amado como el clima sobre el vegetal. *Ortega y Gasset.*

No dejes que una mujer con caderas excitantes te engañe con palabras engatusadoras y mimosas; primero está tu granero. *Hesíodo.*

Conoces las voces de las sirenas y los bebedizos de Circe; si los tomas serás pelele sin honra en manos de una puta. *Horacio.*

La obediencia a la mujer conduce al infierno. *Proverbio árabe.*

Dígame alguien qué poder humano hay en esta vida que pueda hacer cosa tan grande como las damas hacen en mudar un hombre y convertirle en otro distinto. Nadie en este mundo podrá hacer de un cobarde un valiente, ni de un avaro un generoso sino estas tan poderosas señoras que mudan condición, ser y vida al hombre que por ellas es hombre. *Luys Milán.*

Aquel otro buscaba una criada con las virtudes de un ángel. Mas se convirtió él en criado de una mujer. *Nietzsche.*

Amo a todas las mujeres, hago locuras por ellas, me arruino en sueños. *Jules Renard.*

La mujer más tonta puede manejer a un hombre listo, pero hace falta una mujer muy lista para manejar a un loco. *Kipling.*

Tengo una mujer que me dura, luego manda; ahora soy un corderito. *Imanol Arias.*

La mujer es atroz cuando agarra, y no tiene miramiento alguno cuando pilla. *Goethe.*

Conocer la debilidad de un hombre, para una mujer astuta, es siempre lo mismo que tenerlo ya en sus manos; al vuelo, teje una red la bellaca para hacerle bailar hasta que sude oro. *Stephan Zweig.*

No frecuentes el trato con la bailarina, ni la escuches, no sea qu perezcas con su persuasión. *Eclesiastés.*

Las mujeres nos inspiran el deseo de hacer obras maestras, y siempre nos impiden llevarlas a cabo. *Oscar Wilde.*

Las mujeres se dan cuenta enseguida cuando se han apoderado del alma de un hombre: quieren ser amadas en exclusiva y le reprochan sus ambiciones, sus deberes políticos, su ciencia y su arte (si los tienen). *Nietzsche.*

Las mujeres proceden con admirable arte a la investigación de las cuerdas que más vibran en el corazón de sus maridos; y, una vez que hayan encontrado el secreto, se apoderan codiciosamente de este principio; después, como el niño a quien se da un juguete mecánico cuyo resorte irrita su curiosidad, llegarán hasta estropearlo, golpeando incesantemente, sin preocuparse de las fuerzas del instrumento; con tal que ellas logren su objetivo. *Balzac.*

La mujer quiere a los castos para corromperlos, a los fuertes, para someterlos; y a los independientes, para envilecerlos. *Péladan.*

La historia de la mujer es la historia de la peor tiranía que el mundo haya conocido: la tiranía del débil sobre el fuerte, la única tiranía duradera. *Oscar Wilde.*

Hoy se ven a menudo en las tiendas de ropa a estas mismas parejas con el varón tratado como un niño; es la mujer quien elige por él, quien le reprocha su gusto sobrio y lo obliga a ir vestido de mamarracho. Ellos ni rechistan: asienten, acatan, se someten y al final sacan la Visa. *Javier Marías.*

La Naturaleza ha dado tanto poder a las mujeres que la Ley, sabiamente, les da muy poco. *Doctor Johnson.*

Cuando tu gallina cacaree como un gallo, mátala. *Proverbio árabe.*

El alma de la mujer tiene algo oscuro y misterioso que hace languidecer las energías viriles. *Amiel.*

Una mujer te maltrata, te echa a la calle y te llama de nuevo: sé libre, arráncate ese infame yugo del cuello. Di: soy libre, libre. *Horacio.*

Ese instinto de la mujer que la hace despótica cuando no está oprimida. *Balzac.*

La debilidad es una facultad innata de la mujer tiránica que le permite dominar al macho de la especie, sujetándole a su voluntad y paralizando sus energías rebeldes. *Bierce.*

El despecho de una mujer deseada tiene muy poderosos atractivos; tanto la sumisión como la cólera es en ella tan imperiosa y ataca tantas fibras en el corazón del hombre, que le penetra y le subyuga. *Balzac.*

La mayoría de las mujeres se proponen cambiar a los hombres y cuando lo consiguen se dan cuenta de que ya no les gustan. *Marlene Dietrich.*

En las mujeres, su corazón es una red donde impera una malicia insondable, y sus manos son como cuerdas para atar, pues cuando las ponen sobre cualquier criatura para embrujarla, siempre logran sus propósitos con la ayuda del demonio. *San Bernardo.*

Las mujeres utilizan pociones y hechizos con intenciones malignas. *Eurípides.*

Las voces de las mujeres son silbidos de serpientes y aplican encatamientos nefastos a hombres y animales. *San Bernardo.*

El arte pérfido de las reticencias, las malicias del silencio, la maldad de las hipótesis, la falsa ingenuidad de una pregunta, todo lo emplean (las mujeres) contra vosotros. *Balzac.*

Las mujeres y los gatos harán lo que les plazca, y los hombres y los perros se relajarán y serán utilizados para esa idea. *R. A. Heinlein.*

¡Cuántos yerros a hacer / obliga al más cuerdo el necio / discurso de una mujer! *Calderón de la Barca.*

¡Hállame un solo hombre de sentido al que una mujer no haya conseguido convertirlo en un necio! *Duke.*

Nunca darás nada contra la voluntad de tu mujer; nada venderás si ella se opone; nada comprarás si ella no quiere. *Juvenal.*

Amistad, familia y sangre: todo lo altera la mujer. *Arcipreste de Hita.*

Contra la lenta acción de la esposa no hay defensa posible. Y es muy curioso el fenómeno psicológico de cómo una mujer infiltra sus ideas en el ánimo de su marido y lo convence. *Carlos O. Bunge.*

Sabemos de sobra que aquel amigo se nos casará y nos pondrá de patitas en la calle. De un modo u otro la vida va apartando a los hombres y rompe para siempre la buena camaradería. *R. L. Stevenson.*

Hay pocos lazos de amistad tan fuertes que no puedan ser cortados por un cabello de mujer. *Ramón y Cajal.*

Los hombres casados han vendido la libertad de palabra y el bienestar en la vida; de las mujeres como esclavos viven. *Alexis.*

27. MUDABLE COMO PLUMA AL VIENTO.

La veleta se considera una alegoría de lo
voluble y tornadizo.

27

MUDABLE COMO PLUMA AL VIENTO

Lo canta una famosa ópera: "La dona é mobile, qual piuma al vento". Y lo escriben cientos o miles de ilustrados o famosos machistas: la mujer es mudable por naturaleza, duda y cambia de opinión, es inconstante y voluble. Todas esas ideas las expresan en metáforas como pluma, viento, oleaje, veleta, polvo, arena, espuma...

La mujer es movediza como pluma al viento, cambia de acento y de pensamiento. *F. M. Piave.*

La mujer es mudable por naturaleza. *Petrarca.*

El que va a decir mujer empiece a decir mudanza. *Calderón de la Barca.*

Ella flota, ella duda; en una palabra, ella es mujer. *Racine.*

Es la mujer veleta, que a cualquier viento se mueve. *Lope de Vega.*

La mujer, siempre voluble como hoja al viento. *Bocaccio.*

Esperar firmeza en amor de mujer es querer agotar río caudaloso con cesta o espuerta o con muy ralo farnero. *Farinelli.*

Todo es tan fugaz en la mujer... *Balzac.*

Confía tu barca a los vientos, pero no tu corazón a las muchachas, pues las olas son más seguras que la lealtad de la mujer. *Petronio.*

Las aspiraciones de las mujeres son complejas, y a veces incluso contradictorias. *Simone Veil.*

¡Oh, inconcebible inconstancia de la mujer que más rápido que el relámpago pasa de un extremo al otro! *Shakespeare.*

La mujer está hecha así: ligera y voluble, os rehuye si la amáis, y os ama si la rehuís. *Teócrito.*

Es privilegio de mujeres cambiar de opinión. *Alfred Hitchkoc.*

Quien tiene costumbre / de ser amorosa / como mariposa / se irá tras su lumbre / aunque muchedumbre / de guardas le pongan. *Cervantes.*

Escribid en el viento las palabras de la mujer que dice amaros. *Sófocles.*

La mujer destaca por sus veleidades, inconstancia, carencia de ideas y de lógica, así como por su incapacidad para razonar. *Le Bon.*

Ninguna mujer permanece constante por mucho tiempo. *Propercio.*

Lo que una mujer dice a su apasionado amante hay que escribirlo en el viento y en las rápidas aguas. *Catulo.*

La mujer tiene un temperamento débil y es de razonamiento inestable. *Santo Tomás de Aquino.*

Estoy contra todas las mujeres de cualquier condición. Su obstinación, orgullo e indecisión. Nunca conocen su propio pensamiento dos días seguidos. *Lord Byron.*

¿Qué me podrás responder, /mujer tan fácil, liviana,/ mudable, inconstante y vana, / y mujer, en fin, mujer,/ que pueda satisfacer / a tu mudanza y olvido? *Calderón de la Barca.*

Toda mujer es voluble. *Francisco I.*

En un año una mujer es silla, es banco, es bufete, porque como no inquiete, eso mismo viene a ser. La novedad es gran cosa. *Lope de Vega.*

La mujer es una cosa gárrula y falaz, quiere y no quiere. *T. Tasso.*

La inestabilidad forma parte del encanto femenino. *Villiers de l'Isle-Adam.*

La mujer siempre es variable y tornadiza. *Virgilio.*

El corazón de las mujeres es inconstante. *Boccaccio.*

¿Qué cosa hay más ligera que una pluma? El polvo. ¿Y más que el polvo? El viento. ¿Y más que el viento? La mujer. ¿Y más que la mujer? Nada. *Epigrama medieval.*

Porque Dios así las crió / sujetas a liviandad, / que no hay más seguridad / con su sí que con su no. *C. Castillejo.*

Hoy es mujer; y en suma breve, bien, fácil viento, leve espuma. *A. Mira de Amescua.*

La mujer es como el mar, con sus períodos de tormenta y calma. *Semónides.*

No se puede tomar tino/ a la hembra, ni le tiene / porque nunca va ni viene / sino fuera de camino. *C. Castillejo.*

La mujer cambia con frecuencia, y muy loco está quien de ellas se fía. Generalmente, una mujer es sólo una pluma al viento. *Victor Hugo.*

Las mujeres parecen veletas: sólo se detienen cuando se oxidan. *Voltaire.*

Las mujeres no son constantes ni para los vicios, pues tienen uno y al momento, lo cambian por otro que durará la mitad. *Shakespeare.*

El que pone su esperanza en corazón de hembra, ara en el agua, siembra en la arena, y quiere coger el viento con una red. *J. Sannazaro.*

¡Qué extraña es la mujer! Su cabeza es un torbellino, y el resto de ella es un remolino hondo y peligroso. Sea casada o viuda, doncella o madre, puede cambiar su pensamiento como el viento: lo que haya dicho o hecho no importa para lo que dirá o hará. *Lord Byron.*

28. EL LLANTO ES EL ARMA DE LA MUJER.

La femme qui pleure. Picasso, 1937.

28

EL LLANTO ES ARMA DE MUJER

Todos estamos de acuerdo (al menos hasta ahora) en que el llanto es más frecuente en las mujeres, pero nuestros antepasados han insistido en que las lágrimas no son sólo desahogo sino un arma terrible, un puñal oculto que la mujer utiliza a su antojo para lograr sus objetivos. Y previenen a los hombres sobre el peligro de hacer caso a los lamentos de mujer.

El llanto es la única arma de la mujer. *Shakespeare.*

Las mujeres aprendieron a llorar para mentir. *Publio Siro.*

La mujer que te sonríe busca engañarte, la mujer que te llora ya te ha engañado. *Proverbio árabe.*

La mayoría de las mujeres lloran la muerte de sus enamorados más que porque les amaran mucho, por parecer más dignas de ser amadas. *La Rochefoucault.*

Si el llanto de las mujeres pudiera fecundar la tierra, por cada gota nacería un cocodrilo. *Shakespeare.*

Mientras la mujer llora, estudia nuevos engaños. *Proverbio medieval.*

Las lágrimas de las mujeres son entretelas de la risa: no hay tormenta de verano que antes se sosiegue. *Lope de Vega.*

No hay que creer en los ataques de nervios, lágrimas y escenas de las mujeres. Cuanto menos siente una mujer, más irritable se muestra. Sus sentimientos están en la epidermis, su corazón es lógico y frío. *Carlos O. Bunge.*

Mujer, llora y vencerás. *Calderón de la Barca.*

Dios nos ha otorgado, por naturaleza, que todas las mujeres tengamos lágrimas, mentiras y capacidad de liar las cosas. *Chaucer.*

Las mujeres se quejan más que los hombres, tienen una afectividad más negativa, y están más atentas a su cuerpo que al entorno, por eso somatizan mucho más que los hombres. *Gijsbers CM, Kolk AM.*

El llanto de mujer es aderezo de la maldad. *Publio Siro.*

Los ojos de la mujer tienen dos clases de lágrimas: las de verdadero dolor y las del despecho. *Pitágoras.*

No hay nada más elocuente que el llanto de una mujer. *Rotrou.*

La mujer ríe cuando puede y llora cuando quiere. *Proverbio francés.*

Cuando los hermosos ojos de la mujer están velados por lágrimas, el que deja de ver claro es el hombre. *Tournier.*

Mientras llora una mujer, estudia cómo engañar. *Desconocido.*

Cuando tu mujer se queje del servicio, no le hagas mucho caso. *Catón.*

Mentir, llorar, coser, son los dones de Dios a la mujer. *Proverbio medieval.*

Entre las mujeres que os presentan batalla con los ataques de nervios, existen algunas, más rubias, más delicadas, más sencillas que las otras, que tienen el don de las lágrimas. ¡Saben llorar tan admirablemente! Lloran cuando quieren, como quieren y tanto como quieren. *Balzac.*

Conocí yo una mujer que cuando comía reñía, y cuando venía la noche reñía también, y el sol, cuando nacía, la hallaba riñendo, y esto hacía el día santo y el día no santo, y la semana y el mes; y por todo el año no era otro su oficio sino reñir. *Fray Luis de León.*

Tú encontrarás muchas excusas porque eres mujer. *Eurípides.*

Llantos no se han de creer de viejo, niño y mujer. *Calderón de la Barca.*

A las mujeres les está bien llorar, a los hombres no olvidar. *Tácito.*

Dios nos ha otorgado, por naturaleza, que todas las mujeres tengamos lágrimas, mentiras y capacidad de liar las cosas. *Chaucer.*

Lágrimas de mujer, fuente de malicia. *Proverbio italiano.*

La mujer, hermoso ser para llorar nacido. *Espronceda.*

Sus lágrimas, sus promesas son todo un engaño, porque la mujer se ama solamente a sí misma. *Somerville.*

Una mujer que llora, al mismo tiempo mata que enamora. *Calderón de la Barca.*

29. LA MALICIA EN LA MUJER.

Desde la Biblia, y quizá antes, se extiende
la imagen de la maldad de las mujeres.

El hechizo, Francisco de Goya.

29

LA MALICIA DE LA MUJER

Desde la Biblia o el Libro de las mil y una noches, se viene diciendo que no hay malicia tan grande como la de la mujer, el peor de los males porque los traslada al hombre. Y que, habiendo menos mujeres criminales, son peores en su crueldad. Son exageraciones o falsedades pero que obsesionaron a muchos personajes famosos, principalmente los relacionados con religiones.

Todo mal es pequeño comparado con la malicia de la mujer. *Eclesiastés.*

La malicia de las mujeres es tremenda. *Las mil y una noches.*

Para significar cosa mala baste decir hembra. *Carcino.*

Mujer, por así decir, vértice de todos los males. *Desconocido.*

No hay cosa peor que la mujer, por buena que sea, que una no se diferencia de otra. *Menandro.*

¡Oid pueblos! Esto os digo: las mujeres son un gran mal. *Susarion.*

La mujer es el peor de los males. *Eurípides.*

Existen ciertas bajezas incluso demasiado bajas para el hombre; la mujer puede cometerlas. *Thackeray.*

La mujer encuentra más fácil hacer el mal que obrar el bien. *Plauto.*

Los delincuentes mujeres tienen más desviaciones sociales y psicológicas. *Cowie J et al.*

Hay menos mujeres criminales pero son por lo general más viciosas y más difíciles de detectar que los hombres. *Lombroso.*

Toda saturación es mala; pero de mujeres, pésima. *Desconocido.*

No existen mujeres que sean peores que otras. *H. Regnier.*

Ya es buena cosa, en las mujeres malas, que sean abiertamente malas. *Séneca.*

He tropezado con hombres enamorados, nobles y elevados, pero mujeres, salvo las que se venden (condesa o cocinera, que para el caso es lo mismo), no he hallado ninguna. *Tolstoy.*

En toda mujer hay un poco de madrastra, en toda madrastra hay su poco de mujer. La suegra no es más que una forma de madrastra, y con la suegra toda tutela femenina que no se base en el amor. *Carlos O. Bunge.*

La mujer tiene el veneno de la serpiente y la malicia del dragón. *San Gregorio Magno.*

Un hombre no puede ser nunca tan cruel como una mujer. *Kierkegard.*

El enfermo pidió ver, antes de morir, una mujer buena pues, en toda su vida, no había encontrado una que fuera digna de tal nombre. *Leonardo da Vinci.*

No te fíes de tres cosas: del rey, del caballo ni de la mujer. El rey atormenta, el caballo huye, la mujer es pérfida. *Proverbio árabe.*

Pérfida, y aunque pérfida, querida. *Tíbulo.*

En la maldad nunca se mostró infecundo el espíritu de una mujer. *H. Marmion.*

Es cosa fácil hallar una mala mujer y muy difícil hallarla buena. *Eurípides.*

Fue Salomón el más sabio de los hombres, y fue el hombre a quien más engañaron las mujeres; y con haber sido el que más las amó, fue el que más mal dijo de ellas: argumento de cuán gran mal es del hombre la mujer mala, y su mayor enemigo. *Gracián.*

Menos mal te hará un hombre que te persiga que una mujer que te siga. *Gracián.*

La cosa más mala que hizo Zeus es la mujer. Pensamos que nos sirve y es lo más malo para el que la tiene. *Semonides de Amorgos.*

Esta es la mujer, antigua malicia que a Adán echó de los deleites del paraíso; ésta el linaje humano metió en el infierno. *Fernando de Rojas.*

Con Alá buscaremos refugio de los trucos y malicia de las mujeres. *Libro de las mil y una noches.*

De aquí, sin duda, procedió el apellidarse todos los males hembras: las furias, las parcas, las sirenas y las arpías, que todo lo es una mujer mala. *Gracián.*

Entre los "criminales natos" la mujer es más terrible que el hombre. Debido a su depravación innata, a su insensibilidad al dolor, que genera una ausencia de compasión, y a sus rasgos inmaduros (celos, crueldad, venganza y deficiente moral) la mujer normal (que, por otra parte, es un semi-criminal inofensivo) puede transformarse en un criminal nato cuya propensión a la maldad es más intensa y perversa. *Lombroso.*

La maldad es natural en la mujer porque es más carnal que el hombre, tiene una lujuria insaciable. *Malleus Maleficarum.*

Raramente yerra quien piensa lo peor posible del género femenino. *J. Home.*

¿Qué necesidad hay de hablar mal en detalle de las mujeres? Bastaría con decir tan sólo "mujer". *Carcino.*

En China, las mujeres enseñan a sus hijos este proverbio: Siao-sin ("haz pequeño tu corazón"). *Nietzsche.*

151

30. EL MATRIMONIO ES UNA TRAMPA.

Camino del matrimonio. Dibujo clásico.

30

EL MATRIMONIO ES UNA TRAMPA

El matrimonio debería ser igual de agradable o de penoso para ambos sexos. Pero la tradición ha venido considerándolo la meta femenina por excelencia (las mujeres solteras no son mujeres) porque les proporciona ventajas económicas, posibilidad de desarrollo para sus prole y reconocimiento social. Inversamente, se ha considerado que, para el hombre, el matrimonio es una trampa, por demás casi inevitable, que terminará domándole, perjudicándole o defraudándole: uno se casa con una mujer y un día se da cuenta de que se ha convertido en otra, muy parecida a su suegra. También está lo de que el matrimonio es la tumba del amor. Son tópicos inevitables en la mayoría de los clásicos pero que siguen viéndose en comedias actuales.

El matrimonio es una trampa que nos tiende la naturaleza. *Schopenhauer.*

Las mujeres solteras no son mujeres. *Colette.*

Señorita: título que identifica a las mujeres solteras para indicar que están en el mercado. *Bierce.*

El amor es algo ideal y el matrimonio algo real. Confundir lo real con lo ideal nunca queda impune. *Goethe.*

El matrimonio es de tanta utilidad para una mujer, abre para ella tantos horizontes, tantas vías de libertad y tantas posibilidades que, lo mismo si se casa bien que mal, difícil será que no saque algún provecho. *R. L. Stevenson.*

En las culturas en que la comunidad comparte la comida, las mujeres tienen menores incentivos para casarse. *DM Buss.*

Hembra o dama sin compañero, es navío sin timón; nunca pueden hacer cosa que sea buena. *Proverbio castellano.*

La primera clase de antagonismo que aparece en la historia coincide con el desarrollo de antagonismo entre hombre y mujer en el matrimonio monógamo. *F. Engels.*

¡Mi mujer ha muerto, soy libre! *Baudelaire.*

El matrimonio es una gran institución. Si te gusta vivir en una institución, claro. *Groucho Marx.*

El matrimonio es la muerte de la esperanza. *Woody Allen.*

Mujer mala, muerte del marido. *Platón.*

Una mujer que comprende que dificulta el vuelo de su marido debe separarse de él. *Nietzsche.*

Pasará a ser esclavo el que se casa con una mujer mala. *Desconocido.*

El matrimonio es tratar de solucionar entre dos los problemas que nunca habrían surgido de estar solos. *Eddy Cantor.*

Todas las mujeres se hacen luego como sus madres; ésta es su tragedia. La del hombre es no haberse dado cuenta de eso. *Oscar Wilde.*

Hay pocas mujeres tan perfectas que eviten que un marido se arrepienta por lo menos una vez al día de tener mujer, o de encontrar dichoso al que no la tiene. *La Bruyère.*

En Oriente la mujer no suele ver al hombre antes de casarse; en Occidente, después. *Álvaro de la Iglesia.*

La mujer trata de ascender de posición económica mediante el matrimonio para acceder a los recursos. *Buss DM.*

El matrimonio es como una jaula; uno ve a los pájaros de fuera desesperados por entrar, y a los de dentro desesperados por salir. *Montaigne.*

154

No te casarás si tienes sesera. En efecto, yo mismo estoy casado: por eso te aconsejo que no te cases. *Menandro.*

Nunca te cases, chico; aguanta a morir para conocer el infierno. *Ágata Christie.*

En la pareja, la mujer emplea el malhumor y volubilidad emocional para imponer pequeños costes al hombre y luego usa el modo en que éste reacciona para medir su grado de compromiso. *Buss DM.*

La primera máxima del honor femenino ha sido, pues, que es preciso rehusar sin misericordia al hombre todo comercio ilegítimo, a fin de obligarle al matrimonio como una especie de capitulación, único medio de proveer a toda la gente femenina. Todas las mujeres con verdadero espíritu corporativo velan por su ejecución. *Schopenhauer.*

Ninguna mujer debe casarse con un hombre que sea abstemio o que no fume. Cualquier cosa que retenga al hombre en el jardín, que refrene su fantasía o ambición, cualquier cosa que coopere a la indolencia o al sentirse a gusto, favorece la felicidad doméstica. *R. L. Stevenson.*

El matrimonio es el triunfo de la imaginación sobre la inteligencia. Un segundo matrimonio es el triunfo de la esperanza sobre la experiencia. *Oscar Wilde.*

Bigamia es tener una mujer de más. Monogamia es lo mismo. *Oscar Wilde.*

El matrimonio es la única aventura en que está permitido ser cobarde. *Voltaire.*

Cásate; si por casualidad das con una buena mujer, serás feliz; si no, te volverás filósofo, lo que siempre es útil para un hombre. *Sócrates.*

Mala muerte tenga quien se casa por segunda vez. El que lo hace la primera vez es ignorante de semejante mal, pero el que repite debería haberse enterado de qué desgracia es la mujer. *Eubulo.*

Tanto en matrimonio o soltería, dejad que el hombre tome la decisión que quiera. Estará seguro de arrepentirse. *Sócrates.*

Las aptitudes de la mujer de su casa cesan tan pronto como contrae matrimonio. *Eckermann.*

El matrimonio es la alianza de dos personas, uno que nunca recuerda los cumpleaños y otro que nunca los olvida. *Ogden Nash.*

En la vida de un hombre no hay, probablemente, acto alguno realizado tan a ciegas y a locas como éste del matrimonio. *R. L. Stevenson.*

La boda es un destino, igual que la horca. *John Heywood.*

Los tiempos cambian para el que se casa. Habéis introducido un testigo en vuestras vidas. Casarse es tener en nuestra casa el ángel que registra nuestras buenas y malas acciones. Una vez casados no queda otro camino que ser bueno. *R. L. Stevenson.*

Cuando un hombre te roba la esposa, la mejor venganza es dejar que se la quede. *Sacha Guitry.*

La mujer se casa creyendo que su marido cambiará. El hombre se casa creyendo que su mujer no cambiará. Ambos se equivocan. *Anónimo.*

La mujer crece para el matrimonio. Es su sueño legítimo. *J. Michelet.*

Si tienes miedo a la soledad, no te cases. *Chejov.*

A las muchachas y a los muchachos se les enseñan cosas distintas. Cuando veo a un mozo ternezuelo y a una inexperta muchacha ir alegremente, como quien va en romería cantando y bailando a formalizar el seri contrato del matrimonio con ideas tan monstruosamente divergentes, no me maravillo de que muchos naufraguen, sino de que alguno consiga llegar a puerto. *R. L. Stevenson.*

Tengo la gran esperanza de que nos amemos toda nuestra vida como si no nos hubiésemos casado. *Lord Byron.*

156

Al seleccionar la personalidad de su pareja hay diferencias entre los sexos. Los varones escogen los rasgos asociados con juventud y sociabilidad y las mujeres prefieren los que denotan ambición y éxito. *TJ Crow.*

Un hombre de éxito es el que gana más dinero del que puede gastar su esposa. Una mujer de éxito es la que puede encontrar a tal hombre. *Lana Turner.*

Los solteros saben de mujeres más que los casados, porque si no, se casarían. *HL Mencken.*

El matrimonio es un campo de batalla y no un lecho de rosas. *R. L. Stevenson.*

Ningún gran hombre ha sido un buen marido. *Ralph Hyde.*

¿Qué diferencia hay entre una princesa y una bruja? Dos años de matrimonio. *Desconocido.*

La naturaleza y estado ponen obligación en la casada de alegrar y de cuidar continuamente a su marido. *Fray Luis de León.*

Veo hombres que viven a gusto unidos a fregonas gritadoras o que introducen en su vida agrias vestales. Se suele responder que esa buena gente se casa porque se enamora. Si esto fuera amor, los poetas habrían estado divirtiéndose a costa de la humanidad. *R. L. Stevenson.*

El mejor matrimonio sería aquel que reuniese a una mujer ciega con un marido sordo. *Montaigne.*

Si sólo se casaran los que estuvieran de verdad enamorados, mucha gente moriría soltera. *R. L. Stevenson.*

Después de todo, no importa mucho con quién nos casemos. El matrimonio es una afección subjetiva y, si ya lo hemos meditado y nos hemos hecho el ánimo a él, podemos "apechugar" con cualquiera. *R. L. Stevenson.*

Un hombre puede casarse con una mujer y tener hijos con otra. *Diógenes Laercio.*

Ten tus ojos bién abiertos antes del matrimonio; y medio cerrados después de él. *Benjamín Flanklin.*

Seguramente, existen muchas razones para los divorcios; pero la principal, es y será la boda. *Jerry Lewis.*

La mujer que se casa con muchos agrada a pocos. *Publio Siro.*

Bien le está al varón abstenerse de mujer. Los que tienen mujer vivan como si no la tuvieran. *San Pablo.*

¿Qué hombre ofrecería su cabeza al yugo del matrimonio si, como suelen hacer los sabios, pensase antes seriamente en los inconvenientes de la vida conyugal? El matrimonio se lo debéis a la necedad. *Erasmo de Rótterdam.*

Después de reflexionar sobre los más variados tipos de mujeres, opino que la única característica femenina positiva es la del emparejamiento, es decir, su deseo común de avanzar en la idea de la unión sexual. *Otto Weininger.*

Casarse es perder la mitad de los derechos y duplicar los deberes. *Schopenhauer.*

Mujer que dura un mes se vuelve plaga. *Quevedo.*

Uno se casa con una mujer..,. y un día se da cuenta de que es el marido de otra. *André Roussin.*

Creo amar profundamente a mi mujer, pero de todo lo que dicen los grandes amantes -Don Juan, Rodrigo, Ruy Blas-, no hay una sola palabra que pudiera decirle a mi mujer sin echarme a reir. *Jules Renard.*

El oficio natural de la mujer y el fin para que Dios la crió es para que sea ayudadora del marido, y no su calamidad y desventura. *Fray Luis de León.*

El matrimonio es una especie de amistad reconocida por la policía. *R. L. Stevenson.*

Las mujeres que se vuelven a casar recuerdan a los cirujanos avaros que no quieren curar de una vez las llagas de un pobre herido, para prolongar el tratamiento y ganar más dinero. *P. Bourdeille.*

Los hombres se casan, las mujeres son dadas en matrimonio. *JH Frere.*

Fue mártir, porque fue casado y pobre; hizo un milagro, y fue no ser cornudo. *Quevedo.*

Respecto al matrimonio los hombres tienen ideas más románticas mientras que las mujeres tienden a ser más prácticas, valorando la seguridad económica tanto como la pasión. *Rubin Z et al.*

Joven casado es hombre estropeado. *Shakespeare.*

Las mujeres dan a los maridos tres días o tres noches buenas, que es: la del desposorio, la primera vez que paren y cuando se mueren. *Quevedo.*

No estoy casado. - ¡Qué inteligente! *Conan Doyle.*

Mujer, molino y huerta requieren uso. Es cosa cierta: molino andando gana, huerta bien labrada da la mejor manzana, mujer muy requerida, siempre anda lozana. *Arcipreste de Hita.*

Las mujeres casadas no admiten ni la más juiciosa sugerencia sin discutirla. *Mark Twain.*

Hay buenos casamientos, pero no los hay deliciosos. *La Rochefoucault.*

La mujer sólo comienza a ser libre por el varón. *Kierkegard.*

El hombre y la mujer, en sus relaciones mutuas, son dos fenómenos humanos absolutamente distintos. *AM Lindbergh.*

El enemigo más poderoso de un soberano es su mujer, si aparte de tener hijos sabe hacer algo más. *Diderot.*

El estado de la mujer, en comparación del marido, es estado humilde. *Fray Luis de León.*

Quien busca mujer muy hermosa camina con oro por tierra de salteadores, y con oro que no consiente encubrirse en su bolsa, sino que se hace él mismo afuera y se les pone a los ladrones delante de los ojos. *Fray Luis de León.*

Un hombre sólo puede hacer dos cosas duraderas con la mujer: o discutir o casarse con ella. Éste es un gran argumento a favor de la discusión. Clarasó, Noel.

En la sociedad conyugal, siendo necesario que el derecho de gobernar esté colocado en una sola persona, va a parar, naturalmente, al hombre como más capaz y más fuerte. John Locke.

Lo de "Hogar, dulce hogar" debe haberlo escrito un soltero. Hubbard, Elbert.

El matrimonio es el sepulcro del amor. FD Guerrazzi.

La que se casa muchas veces, no se casa; es una adúltera dentro de la ley. Marcial.

La presencia de una mujer todo lo dulcifica y embellece, siempre que no sea la mujer propia o su señora madre. Mariano de Cavia.

Es fácil morir por una mujer, lo difícil es vivir con ella. Lord Byron.

Ningún hombre casado compadece a otro por ser soltero; y si a veces le dice que le compadece, miente para quedar bien. Dandú.

Lo que encanta a los amantes, en sus amadas, es lo que tienen de provisional; lo que indispone a los maridos contra sus esposas es lo que éstas tienen de definitivo. M. Houber.

La mujer debe soportar el estado de ánimo de su marido, aunque sea agresivo, quejumbroso, celoso, prepotente o cualquier otra cosa peculiar a su naturaleza. Perictíone.

La mujer debe soportar todo lo de su marido, aunque sea desgraciado o ignorante, esté enfermo o duerma con otra mujer; pues este último pecado es peculiar en los hombres pero nunca en las mujeres. Perictíone.

Si el esposo piensa que algo es dulce, la mujer también lo pensará así; y si él piensa que es amargo, ella le dará la razón. De otro modo, la mujer estaría desentonando en el conjunto de su universo. Perictíone.

He mirado con atención a todos los compradores, y he comprobado que todos tienen ojos de lince. Pero hasta el más astuto compra a su mujer a ciegas. Nietzsche.

El matrimonio es la principal causa de divorcio. Marx, Groucho.

No trates de convencer nunca a una mujer; jamás la convencerás, y especialmente a la tuya. Rostand, Jean.

El que carga con una mujer de nociva especie vive con una pena sin fin en su corazón y en su alma. Hesíodo.

Las solteronas particularmente, las que habían pasado cuarenta años llamando inútilmente a un marido caritativo, estaban día y noche contemplando sus fotografías. Verne, Julio.

Quebranto de corazón y llaga mortal es la mala esposa. Eclesiastés.

Donde más se revela la perfidia femenina es en los casos de "odio conyugal". Por brutal e impulsivo que sea el marido no alcanza nunca el refinamiento de perfidia de la esposa: insulta como un loco, pega como un borracho y tortura suave y delicadamente, envenenando a pequeñas dosis, enloqueciendo a alfilerazos. *Carlos O. Bunge.*

La mejor de las mujeres es inaguantable. ¡Lo que serán las otras! ¡Y lo que será el matrimonio! *Azorín.*

Casarse está bien, no casarse está mejor. *San Agustín.*

Tu mujer no es una excepción. *Jean Rostand.*

La época del matrimonio debe fijarse en los 18 años para las mujeres y en poco menos de 37 para los hombres. *Aristóteles.*

No importa que las mujeres nos fastidien; lo que no soportamos es que nos fastidie siempre la misma. *Noel Clarasó.*

Una mujer no siempre es feliz con el hombre que ama, pero siempre es desdichada con el que no ama. *Oscar Wilde.*

(Hamlet a Ofelia): Si te empeñas en casarte, cásate con un tonto; porque los hombres avisados saben muy bien que clase de monstruos hacéis de ellos (las mujeres). *Shakespeare.*

Si las esposas fuesen buenas, Dios tendría una. *Sacha Guitry.*

Para las muchachas adolescentes y "veinteañeras" la meta fundamental es el matrimonio, en fuerte contraste con el carácter vocacional en las finalidades de los chicos. *JM Bardwick.*

Boda: mujer con una excelente posibilidad de felicidad tras ella. *Bierce.*

Bigamia es tener una esposa de más. Monogamia es lo mismo. *Oscar Wilde.*

No pudiendo suprimir el amor, la Iglesia ha querido, al menos, desinfectarle y ha creado el matrimonio. *Baudelaire.*

Hasta el concubinato ha quedado corrompido... con el matrimonio. *Nietzsche.*

Muchas mujeres se engañan, que piensan que el casarse no es más que dejar la casa del padre y pasarse a la del marido, y salir de servidumbre y venir a libertad y regalo. Fray Luis de León.

El matrimonio es aterrador. *R. L. Stevenson.*

Una mujer que dificulta el vuelo de su marido debe separarse de él. ¿Por qué no se habla de este acto de amor? Nietzsche.

Todas las mujeres deberían casarse, y ningún hombre. Disraelí.

¡Ah, el eterno femenino!, decía aquel señor cuya mujer nunca acababa de morirse. Allais, Alphonse.

Algunos hombres se lamentaron cuando raptaron a su mujer; la mayoría porque no hubo nadie que las raptase. Nietzsche.

El ambiente de al lado de la chimenea marchita todo generoso brote en el corazón del marido. Se encuentra tan a gusto y tan feliz, que empieza a preferir ese bienestar a todo lo demás sobre la tierra. Veinte años atrás, este hombre hubiera sido igualmente capaz de crimen que de heroísmo; hoy es incapaz de lo uno y de lo otro. Su alma está dormida. No en vano, Don Quijote fue soltero. R.L.Stevenson.

El matrimonio merma y apaga el espíritu de los hombres generosos. En el matrimonio el hombre sufre una adiposa degeneración de su ser moral. *R. L. Stevenson.*

Todas las mujeres son casamenteras, y esta característica femenina de abogadas del apareamiento es la única que comparten mujeres de todo las edades, jóvenes, adultas y viejas. La mujer vieja dejó de interesarse por su propia unión , pero se consagra al apareamiento de las otras. Este hábito de la mujer vieja no es nada nuevo, es sólo la persistencia de su instinto. *Otto Weininger.*

31. LA MENSTRUACIÓN ALTERA A LA MUJER.

Exploración ginecológica, según un grabado
médico del siglo XIX.

LA MENSTRUACIÓN ALTERA A LA MUJER

La mujer menstruante no sólo está impura o loca sino que corta la leche si se acerca a ella. Exageraciones bárbaras de religiones antiguas o de falsos científicos. Pero es innegable que las hormonas cambian el comportamiento (en ambos sexos) y que, estando las mujeres sometidas a cambios cíclicos de sus hormonas, su conducta se ve modificada por la fase en que están (en los días previos a la menstruación aumentan –dicen- las tendencias psicóticas). Esta teoría ha planteado recientemente si los jueces deben considerar atenuante la proximidad de la regla cuando una mujer comete un crimen.

La psicología de la mujer es variable y va cambiando con su ciclo menstrual. *TF   Benedek.*

No encontraremos difícilmente nada más prodigioso que el flujo menstrual. La proximidad de una mujer en estado menstrual hace agriar el mosto; a su contacto, los cereales se convierten en estériles, los injertos mueren, las plantas de los jardines se secan, los frutos de los árboles donde ella está sentada caen; el resplandor de los espejos se enturbian nada más que por su mirada; el filo del acero se debilita, el brillo del marfil desaparece, lo enjambres de las abejas mueren. *Plinio el Viejo.*

Las mujeres tienen reacciones histéricas premenstruales debido a un "fluido" que produce el útero. *Galeno.*

Aún en mujeres normales puede predecirse el comportamiento psicológico basándose únicamente en la fase del ciclo menstrual en que se encuentran. *Ivey, Melville, Bardwick.*

La fase premenstrual provoca un importante incremento de ingresos psiquiátricos, accidentes e intentos de suicidio en mujeres. *Reid RL y Yen.*

En la mujer algunas enfermedades psiquiátricas se producen por un pólipo del útero que obstrucción mecánicamente la salida del flujo menstrual y se curarn después de la intervención quirúrgica. *F. Barnes.*

Los trastornos premenstruales pueden conducir, en casos extremos, a una agresividad irracional de la mujer, que llega a incidir en el terreno criminal. *K. Dalton.*

Las enfermedades uterinas y ováricas son causa de trastornos mentales. *Informe English Lunacy.*

De las mujeres con trastornos mentales, un porcentaje significativo son causados por desórdenes menstruales. *Esquirol.*

Próxima a la menstruación, la mujer sufre trastornos recurrentes emocionales, físicos y de comportamiento. *R. Frank.*

Muchas mujeres sanas cambian mentalmente durante la menstruación, especialmente los dos primeros días. Por eso, la mujer necesita protección durante la menstruación y deben limitarse sus esfuerzos. Todos los meses, durante varios días, está débil o enferma. *M. Runge.*

Los parámetros cognitivos de las mujeres varían según la fase menstrual. Las tareas que se conoce hacen peor que los hombres (la capacidad espacial) mejoran cuando están en la fase de estrógenos bajos. *Doreen Kimura.*

La mujer tiene cierto grado de tendencias psicóticas en el período premenstrual. *B. Boismont y S. Icard.*

Los disturbios menstruales pueden provocar una violenta y fatal insania (locura). *MM Smith.*

La mujer tiene emociones cíclicas que van en paralelo con su ciclo hormonal; sus respuestas psicodinámicas son igualmente cíclicas y relacionadas con lo anterior. *TF Benedek.*

Las mujeres con menstruaciones largas son más maternales. *DM Levy.*

Las funciones orgánicas de la mujer son rítmicas. La temperatura, la tensión arterial, la potencia motora y otras funciones siguen un ciclo que, en general, aumenta antes del comienzo de la menstruación y cae justo antes de que comience. *M. Runge.*

Las mujeres mantienen por medio de su sexualidad, del ciclo, del embarazo y los cambios hormonales una relación indisoluble de su cuerpo con el universo. *Luce Irigaray.*

No sólo las neuróticas y psicóticas, también en las mujeres normales su personalidad sufre enormes cambios cíclicos en correlación con los del ciclo menstrual. *Ivey et al.*

¿Porqué los hombres que se ayuntan con las mujeres mestruosas / tornan roncos? Responde porque los tales por el aliento / atrahen el ayre infeccionado delas mujeres / a los miembros especiales / & instrumentos de la voz. / & aquel ayre infecto / causa la ronquedad. *Compendio de la humana salud.*

Los cambios bioquímicos premenstruales llegan a incidir devastadoramente en las vidas personales y profesionales de muchas pacientes y, sin embargo, hasta hace poco se consideraban estos fenómenos inevitables, productos de la condición de mujer. *RL Reid.*

Hay mujeres cuyas enfermedades psiquiátricas comenzaron con una disfunción del ciclo menstrual (amenorrea, menorragia o dismenorrea) y, a la inversa, mujeres con psicosis refractaria a tratamiento que curaron "milagrosamente" después de extirparles quirúrgicamente parte del útero o los ovarios. *Rubinow.*

De las mujeres que se suicidan o complican en crímenes violentos, una gran proporción lo hacen durante la menstruación o los cuatro días anteriores. *K. Dalton.*

Los periodos funcionales (menstruación) de la mujer tienen que influir profundamente en su vida mental y condiciona su esfuerzo intelectual. *LS Hollingworth.*

Antes de la menstruación la mujer tiene menor control emocional, las frustraciones parecen insoportables y tiene respuestas infantiles con regresión de la integración psicosexual: enfado, excitabilidad, fatiga, manías, llanto y temor a la mutilación. *Benedeck TF, Rubenstein B.*

En periodo premenstrual las mujeres se muestran ansiosas, hostiles y deprimidas. *Gottschalk LA et al.*

Durante la menstruación las mujeres tienen más necesidad de afecto y aprobación, aumenta la ansiedad y su sensibilidad respecto a los desaires en las relaciones interpersonales. *H. Housman.*

Después de la menstruación, conforme van aumentando los estrógenos, las emociones de la mujer cambian, se van exteriorizando, se hacen activas y heterosexuales en una tendencia que apunta biológicamente hacia la cópula. *Benedeck TF, Rubenstein B.*

Durante la ovulación desciende el nivel de ansiedad y hostilidad. *Gottschalk LA et al.*

Conforme aumentan los estrógenos la tendencia sexual de la mujer se pueden entrever en los sueños, las fantasías, las emociones conscientes e incluso en la misma conducta. *Benedeck TF, Rubenstein B.*

Hay una sustancia tóxica en los restos de mucosa de la menstruación y también puede detectarse en la saliva, sangre venosa, orina y sudor durante el período premenstrual. *Smith.*

En la personalidad de la mujer se dan cambios regulares, predecibles, mutaciones que se correlacionan con las producidas en el ciclo menstrual, con cambios en los niveles de estrógenos y progesterona en sus distintas fases. *JM Bardwick.*

La menstruación tiene una psicología particular cuyas principales características son una ligera irritabilidad o tendencia hacia la desinhibición justo antes de que comience, una ligera dismunución de energía, o tendencia hacia la parálisis mental y la depresión durante los dos primeros días, así como un considerable exceso de energía y excitación de los sentimientos durante la primera semana después de que ha cesado. *Clouston.*

Las mujeres neuróticas reaccionan con más fuerza ante el proceso menstrual y las alteraciones emocionales propias del ciclo, pero creo que las variaciones emocionales aparecen en las mujeres normales con aproximada frecuencia. *JM Bardwick.*

Los trastornos premenstruales pueden conducir, en casos extremos, a una agresividad irracional de la mujer, que llega a incidir en el terreno criminal. *K. Dalton.*

En la mujer algunas enfermedades psiquiátricas se producen por un pólipo del útero que obstrucción mecánicamente la salida del flujo menstrual y se curan después de la intervención quirúrgica. *F. Barnes.*

Todas las culturas manifiestan ideas negativas sobre la menstruación y las mujeres menstruantes: es sucia, impura, tabú. *JM Bardwick.*

Al acercarse a una mujer menstruante, el vino nuevo se avinagrará, las semillas que ella toque se volverán estériles, el pasto se marchitará, las plantas de jardín se secarán, y si se sientan debajo de un árbol se caerán las frutas. *Plinio.*

Te interrogarán sobre las menstruaciones de las mujeres. Diles: es un inconveniente. Separaos de vuestras esposas durante este tiempo y no os acerquéis a ellas hasta que estén purificadas. Cuando estén purificadas, vedlas, como Dios os lo ha ordenado. *El Corán.*

En hebreo antiguo, para hablar de la menstruación se usaba la misma palabra que para describir a los leprosos. *Citado por Badwick.*

La carne se corrompe si la toca una mujer que está menstruando. *British Medical Journal, 1878.*

La natura purga aquella superfluidad venenosa cada mes, & si no la botasse fuera de sí / hazerse hía una losa / y ende nascerían muchas passiones: como alienación de piensa / & sincopizar: & ottras terribles dolencias. *Compendio de la humana salud.*

La mujer no echa pelos en la barbilla, pero a algunas les salen unos pocos cuando se interrumpe la menstruación. *Aristóteles.*

Es innecesario afirmar que las mujeres con la menstruación deben mantenerse alejadas de la Eucaristía: las buenas cristianas no necesitaban que se les recordara una prohibición tan evidente. *Dionisio de Alejandría.*

El que sea justo y haga juicio y justicia, no banquetee por los montes y no alce los ojos a los ídolos de Israel; no deshonre a la mujer de su prójimo y no se llegue a la menstruada...". *Biblia. Ezequiel 18, 6.*

Cada mes el cuerpo pesado y apático de las mujeres es aliviado mediante una efusión de sangre inmunda. En ese período, si el hombre se acopla con la mujer, dicen que los niños concebidos contraen el vicio de la semilla, de manera que, de dicha concepción nacen leprosos y elefantiásicos, y que dicho pus venenoso hace en los dos sexos degenerar el cuerpo, olviéndoles diformes mediante la pequeñez o la enormidad de sus miembros. *San Jerónimo.*

Si alguno conoce a su mujer cuando está en sus reglas, o no se contiene el dia dominical o en otras solemnidades, entonces los niños concebidos nacerán o leprosos o epilépticos o quizá demoníacos. *Cesáreo de Arles.*

Debido a la menstruación, la mujer es durante quince o veinte días cada mes, no sólo una inválida sino una inválida herida. *Michelet.*

El que una mujer sea maternal depende del nivel hormonal de progesterona tanto como de su personalidad previa. *TF Benedek.*

La menopausia provoca cambios psico-somáticos muy acusados que incluyen irritabilidad, crisis de llanto, depresión, confusión e incapacidad para concentrarse. Las mujeres pueden volverse intolerantes, ansiosas, hipocondriacas, deprimidas. *JM Bardwick.*

170

El ciclo fisiológico mensual influye todo el mes sobre el conjunto físico y psíquico de la mujer. En cualquier actividad orgánica que investiguemos encontraremos huellas de ese ritmo. Puede decirse que mientras que el hombre vive en un plano, la mujer siempre está en la subida o bajada de una curva. Este hecho es primordial al estudiar los fenómenos fisiológicos o psicológicos de las mujeres. Y si no lo tenemos siempre presente no podemos obtener ningún conocimiento cierto de la vida física, mental o moral de las mujeres. *Havelock Ellis.*

32. MENTIRA Y DISIMULO

Mujer tras abanico. Dibujo clásico.

MENTIRA Y DISIMULO

La mitología dice que, al crear a la mujer, introdujeron la mentira en su pecho. Esa idea nutre a las principales religiones (budismo, islamismo y cristianismo) y es retomada por antiguos (algunos no tan lejanos) filósofos y literatos. Hay quienes ven natural la mentira y el disimulo de la mujer y lo justifican como un arma compensatoria, la política del débil.

Al hacer a la mujer, Zeus ordenó que Hermes pusiera en su pecho mentiras, pervertidas palabras y taimadas conductas. *Hesiodo.*

El disimulo es innato en la mujer, lo mismo en la más aguda que en la más torpe. Es en ella tan natural su uso en todas ocasiones, como en un animal atacado el defenderse al punto con sus armas naturales. *Schopenhauer.*

Las mujeres son embusteras y pérfidas. *Buda.*

Las mujeres en el arte de disimular exceden mucho a los varones, los cuales nunca aciertan a contrahacer el idioma, y carácter de la sinceridad con la perfección que ellas. *B. Feijoo.*

El disimulo es una virtud femenina y tan necesaria a la mujer como la religión. *Savage Landor.*

El león tiene dientes y garras, el elefante y el jabalí colmillos de defensa, cuernos el toro, la jibia tiene su tinta con que enturbiar el agua en torno suyo; la naturaleza no ha dado a la mujer más que el disimulo para defenderse y protegerse. *Schopenhauer.*

La niña aprende a disimular y enseña más tarde a la mujer a engañar. *Severo Catalina.*

Lo que en la mujer llamamos crueldad o egoismo es sólo resultado de la "política femenina", astucia y fraude, la política del débil. La política femenina sería una resultante de factores psicológicos: sentimientos antialtruistas e incapacidad de imponerlos franca y abiertamente. *Carlos O. Bunge.*

La mujer compite con la verdad siendo toda mentira. *Gracián.*

Las mujeres son más cínicas que los hombres. *P. Weinreich.*

Es ciertísimo, que las mujeres en el arte de disimular exceden mucho a los varones, los cuales nunca aciertan a contrahacer el idioma, y carácter de la sinceridad con la perfección que ellas. *Feijoo.*

El hombre que confía en una mujer confía en un engaño. *Hesíodo.*

La mujer es falsa. Un animal tiene tan escasa realidad metafísica como la mujer real, pero no puede hablar y, por tanto, no puede mentir. La mujer siempre miente, incluso cuando objetivamente dice una verdad. *Otto Weininger.*

No te apoyes en mujeres, no confíes en sus corazones. Ellas te jurarán un amor mentiroso. *Las mil y una noches.*

Las mujeres, al igual que los sueños, nunca son como las has imaginado. *Pirandello.*

Cuando las mujeres no hablan es cuando más mienten. *E. Pontich.*

La mujer apenas tiene conciencia de si miente o no. *Fagus.*

Las mujeres siempre llevan alguna segunda intención. *Destouches.*

La jaqueca es una afección que tiene infinitos recursos para las mujeres. Esta enfermedad, que es la más fácil de fingir, es la reina de las enfermedades, el arma más poderosa y más terrible que emplean las mujeres contra sus maridos. *Balzac.*

La mujer se ruboriza siempre al escuchar lo que, sin embargo, no teme realizar. *Montaigne.*

174

Necio quien de ellas fía. *Lope de Vega.*

No hay desvergüenza como la de la mujer cogida "in fraganti": su culpabilidad le presta ánimos y furia. *Juvenal.*

Las mujeres pueden seguir amando a quienes engañan. *G. Meredith.*

La mujer apenas tiene conciencia de si miente o no. *Fagus.*

La mujeres son cuadros; si queréis saber realmente lo que piensa una mujer, no la escuchéis, miradla. *Oscar Wilde.*

Es demasiado complicado para una mujer inventar una mentira nueva cuando le puede servir una antigua. *Somerset Maugham.*

¡Oh mujer!, aunque por la cara parezcas un angel, por tu alma eres un gato. *Peter Pindar.*

Las mujeres de cualquier hombre travieso, luego son unas santicas. *Fernando de Rojas.*

No prestes atención a falacias de mujer. *Proverbios (AT).*

La zorra cambia de pelo, no de costumbres. *Suetonio.*

El disimulo es innato en la mujer y de sus consecuencias nacen la falsía, la infidelidad, la traición, la ingratitud, etc. *Schopenhauer.*

Las palabras de una mujer desenvuelta son redes que tiende la pasión; sus manos son nudos del amor. *San Ambrosio.*

Confía tu barca a los vientos, pero no fíes tu corazón a las hermosas, porque las olas son menos pérfidas que las promesas de mujer. *Cicerón.*

Encontrar una mujer sin excusa es como encontrar una liebre sin madriguera. *Wilson.*

La mentira de una mujer amada constituye el más dulce de todos los beneficios mientras se cree en ella. *Anatole France.*

El hombre que se fia de mujer está loco. *T. Tasso.*

El hombre quiere que la mujer sea pacífica, pero ésta es como los gatos, por esencia, todo lo contrario de pacífica, aunque haya aprendido muy bien a mostrar un aire pacífico. *Nietzsche.*

Las mujeres perjuran ante los tribunales con mucha más frecuencia que los hombres, y sería cuestión de saber si debe admitírselas a prestar juramento. *Schopenhauer.*

Mujeres somos, damos consejos muy pobres, acarreamos daños y desdichas poderosísimas y en la fábrica de un engaño somos grandes artífices. *Eurid. apud Pol.*

Tres judíos reunidos no tienen tanto ingenio ni desfachatez para el fraude como una sola mujer. *Golz Bogumil.*

Destas otras (mujeres), ¿quién te contaría sus mentiras, sus tráfagos, sus cambios, su liviandad, sus lagrimillas, sus alteraciones? *Fernando de Rojas.*

La mujer es un enemigo adulador y oculto. *Malleus Maleficarum.*

Una mujer confiesa toda la verdad a Dios, casi toda la verdad a su confesor, la mitad de la verdad a su amigo y la vigésima parte de la verdad al hombre que ama. Ved lo que queda para el que ella no quiere. *P. Veber.*

Es un error decir que las mujeres mienten. Eso implicaría que a veces dijeran verdad. La sinceridad, consigo mismas o hacia los otros es una virtud de la que las mujeres son absolutamente incapaces, algo imposible para ellas. *Otto Weininger.*

Y no se le tendra a mal a mujer alguna, de que procure buscar marido honrado, aunque sea por medio de qualquier embuste. *Cervantes.*

176

La mujer fue hecha de una costilla masculina, curvada, como si fuese en dirección contraria a la del hombre; y por culpa de ese fallo es un animal imperfecto y no puede más que engañar. Malleus Maleficarum.

Siempre hay un rincón de silencio en las más sinceras confesiones de las mujeres. *P. Bourget.*

Las mujeres saben ennoblecerse y ennoblecer los deseos disimulándolos. *La Tour Chambly.*

La mujer no se traiciona fácilmente a sí misma y por eso no se emborracha. Como es débil tiene que ser astuta. *Kant.*

Este examen de la falsedad orgánica de la mujer, de su incapacidad para ser honesta consigo misma que hace posible para ella pensar lo que realmente es opuesto a su naturaleza me da la impresión de que ofrece una explicación satisfactoria de la etiología de la histeria. La histeria demuestra que la falsedad, por muy lejos que llegue, no puede suprimir todo. *Otto Weininger.*

La mujer es ingenua porque su fino instinto le revela la utilidad de la inocencia. *Nietzsche.*

Las mujeres creen que hablar con franqueza las haría aparecer como desnudas. *E. Pontich.*

Para muchas mujeres, amar a un hombre consiste en engañar a otro. *E. Rey.*

Que no se hable de sinceridad en la mujer. "Muéstrate como eres" significa en ella lo contrario que para el hombre. *Nietzsche.*

33. PUERTA DEL DIABLO Y CABEZA DE PECADO.

Desde el "Pecado original" y otros mitos similares
se relaciona a la mujer con el diablo.

Spencer-Stanhope. Eva tentada (1877).

PUERTA DEL DIABLO Y CABEZA DE PECADO

Desde las primeras civilizaciones se equipara a la mujer con el pecado y se le culpa de haber causado la perdición del género humano (Eva en el Génesis o Pandora en la mitología griega). La relación con el diablo puede verse en otras religiones pero es una especialidad de la cristiana: los padres de la Iglesia y los inquisidores (Malleus Malificarum) vieron en la mujer la puerta del diablo o al diablo mismo. No es de extrañar que esa reiteración se extendiera, injustamente, a la sociedad, a la política y al arte.

La mujer es puerta del diablo, descubridora del árbol vedado, desamparadora de la ley de Dios, persuasora del hombre. *Tertuliano.*

Las mujeres son arma del diablo, cabeza de pecado, destrucción de paraíso. *Fernando de Rojas.*

La única tentación seria es la mujer. *Leopoldo Alas.*

La mujer es el órgano del diablo. *San Bernardo.*

Sabiendo que Dios no se equivoca nunca, es fácil adivinar quién creó a la mujer. *E. Pontich.*

Dios se hizo hombre; ¡de acuerdo! El diablo se hizo mujer. *Victor Hugo.*

Tratándose de ir a casa del diablo, la mujer tiene mil pasos de ventaja. *Goethe.*

La mujer es un instrumento que emplea el diablo para perder nuestras almas. *San Cipriano.*

¡Mujer! Tú eres la entrada del diablo, tú quien ha violado el árbol prohibido, y la primera que desertó de la ley divina. *Tertuliano.*

Las mujeres y los diablos caminan por la misma senda. *Ruiz de Alarcón.*

Una mujer con espíritu es un diablo intrigando. *Moliére.*

Es mejor ser esclavo del demonio que de una mujer. *Massinger.*

¡Cómo tienta el diablo a las mujeres! *Moliére.*

Toda bruja procede de la lujuria carnal, que en las mujeres es insaciable, por lo que, para satisfacerse, copulan incluso con demonios. *Malleus Maleficarum.*

Las mujeres son el mejor invento del diablo. *Eurípides.*

La mujer es la puerta del Diablo, la senda de la iniquidad, la picadura de la serpiente; en una palabra, un objeto peligroso. *San Jerónimo.*

Por lo general, la mujer es estúpida, pero el Diablo le presta cerebro cuando trabaja para él. Entonces ella realiza prodigios de pensamiento, perspicacia y constancia para llevar a cabo alguna vileza. *Tolstoy.*

Lo que el diablo tarda en hacer un día, lo realiza la mujer en una hora. *Proverbio árabe.*

La mujer dio principio al pecado, y por su causa morimos todos. *Proverbios (AT).*

En el hombre no nace la tendencia al vicio, yo afirmo que eso es culpa de la mujer: si hay mentiras, fíjate, son de la mujer; si adulaciones, suyas son; si pensamientos lujuriosos y violentos, suyos son también. *Shakespeare.*

Las mujeres llaman arrepentimiento al recuerdo de sus faltas; pero, sobre todo, al sentimiento de no poder volver a cometerlas. *Marquesa de Pompadour.*

180

Puesto que la mujer condujo al hombre al pecado, es justo que reciba al hombre como la esclava a su amo. *San Ambrosio.*

Cuando el diablo va a pescar, ceba el anzuelo con guapas muchachas. *Whiting.*

La mujer es una criatura del demonio desde la cabeza a los pies. El hombre, por el contrario, solamente la mitad: de la cintura para arriba es criatura de Dios; de la cintura para abajo es una imagen del diablo al cuadrado. *San Epifanio.*

Las mujeres son muelles y regaladas, y no digo la muchedumbre de vicios que de esto mismo en ellas nacen, ni oso meter la manto en este cieno, porque no hay agua encharcada y corrompida que críe tantas y tan malas sabandijas, como nacen vicios asquerosos y feos en los pechos de estas damas delicadas. *Fray Luis de León.*

Puede haber un hombre puro, una mujer..., jamás. *San Gregorio.*

La mujer es un ser que debería ir cubierto de andrajos y vestido de luto, con los ojos anegados en lágrimas, porque ha perdido al género humano. *Tertuliano.*

Ambiciones, codicias, orgullos tornadizos, desdenes, antojos, maledicencias, versatilidad, todos, ciertamente todos los pecados que puedan nombrarse, y cuantos conoce el infierno, de las mujeres son todos o en parte; mejor dicho, todos. *Shakespeare.*

Tales son las virtudes de las mujeres: un montón de vicios. *Panchatantra.*

34. LA MAS DAÑINA DE LAS BESTIAS.

En diversas historias (Judith, Dalila, Salomé) se expresa
el temor del hombre al daño que le causa la mujer.

Cranach. Judith con cabeza de Holofernes.

34

LA MÁS DAÑINA DE LAS BESTIAS

En la mitología, Zeus castiga al hombre regalándole la mujer. La mayoría de las civilizaciones y religiones abundará en la idea de que la mujer provoca daños y perjuicios al hombre. Con tales antecedentes no es extraño que proliferen los ejemplos literarios o filosóficos sobre las aflicciones que la mujer provoca al hombre y el recelo que éste siente. Peor aún fueron las repercusiones sociales y políticas que esa idea ha provocado durante siglos.

Como castigo a la soberbia de los hombres, Zeus les da el más peligroso de todos sus regalos: la mujer (Pandora). *Hesiodo.*

De todas las bestias feroces, la más dañina es la mujer. *San Juan Crisóstomo.*

Las mujeres son una fuente de dolores. *Eurípides.*

Todo el que vive con mujer, no espere pasar un día enteramente bueno. *Semonides de Amorgos.*

Hácenle guerra al hombre diferentes tentaciones en sus edades diferentes, unas en la mocedad y otras en la vejez, pero la mujer en todas. *Gracián.*

¡Qué azote tan grande es la mujer, que el padre, que la engendra y educa, da además la casa para librarse de ella! *Eurípides.*

La mujer es aflicción para el hombre. *Whiting.*

Todo nuestro mal proviene de no poder estar solos: de ahí el juego, el lujo, la disipación, el vino, las mujeres, la ignorancia, la maledicencia, la envidia... *La Bruyère.*

Mujeres, vino, juego y engaño disminuyen el caudal y aumentan las necesidades. *Whiting.*

La mujer es una trampa diestramente construída; uno queda cazado en cuanto la husmea. *Anatole France.*

Toda su hacienda ha jugado y dado a mujeres tales, como dirán las señales que en la salud le han dejado. *Lope de Vega.*

Y como castigo por otorgar el fuego a otros dioses y a los hombres, Zeus nos trajo a la mujer, tocada con los adornos de Atenea. De esa trampa surgió la raza femenina, la fatal raza, la ralea del género de las mujeres. Gran dolor para los hombres que con ellas viven. *Hesiodo.*

Las batallas contra las mujeres son las únicas que se ganan huyendo. *Napoleón.*

Del mal, tomar lo menos, dice el sabio. Por eso de las mujeres, la mejor es la más pequeña. *Arcipreste de Hita.*

No tenía miedo a cosa alguna creada por Dios más que a su bendita mujer. *Pérez Galdós.*

Hay tres caminos de perdición: mujeres, juego y tecnólogos. El más placentero son las mujeres; el juego el más rápido, pero el más seguro es el de los tecnólogos. *Pompidou.*

La agresión femenina suele ser sutil, menos fácil de reconocer como tal, que la agresión evidente, manifiesta e inmediata del varón. *JM Bardwick.*

¿De mujer? Bien puede ser que mueras de su mordida. *José Martí.*

Digno me parecía ese hombre, y maduro para el sentido de la tierra; mas tras haber visto a su mujer, la tierra me pareció una casa de locos. *Nietzsche.*

Las mujeres y el vino son la ruina de la juventud. *Whiting.*

La compañía habitual de las mujeres es tan peligrosa como el uso desmedido del vino: mata moralmente. *Bonnin.*

El que toma un barco o una mujer, siempre tendrá problemas. *Whiting.*

No fíes tu noble corazón a la mujer, teme el dulce roce de su traje de seda y de su pequeño zapatito. *Shakespeare.*

¡Oh Zeus! ¿Por qué dispusiste que las mujeres viesen la luz del sol, si son cebo engañoso para los hombres? *Eurípides.*

La vida está llena de infelicidad, y la mayor parte está producida por las mujeres. *Proverbio árabe.*

En un viejo una mujer es en un olmo una hierba; que aunque con tan varios lazos, te cubre de sus abrazos, él se seca y ella medra. *Lope de Vega.*

De una forma u otra, la mujer siempre es Dalila. *Alfred de Vigny.*

¡Lejos de mí, repugnante sexo mujeril! *Goethe.*

La mujer es un mar fatal para los náufragos. *Malherbe.*

Las mayores guerras surgieron por culpa de mujeres (...) Y también casas enteras fueron arruinadas por mujeres. *Ateneo de Náucratis.*

Huye de toda sospechosa compañía de mujeres, porque verlas, daña los corazones; oirlas, los atrae; hablarlas, los inflama; tocarlas, los estimula; y, finalmente, todo lo de ellas es lazo para los que tratan con ellas. *Fray Luis de Granada.*

Naufragio del varón, tempestad de la casa, impedimento de holganza, cautiverio de la vida, daño cotidiano, rija voluntaria, batalla suntuosa, fiera combidada, solicitud de asiento, leona que os abraza, peligro adornado, animal malicioso y mal necesario. *Maximus.*

Debe huir de la mujer el hombre que quiera conservar en su plenitud las energías corporales y espirituales; la mujer es homicida. *Proudhon.*

La mujer desbarata en un día lo que el hombre medita en un año. *Demóstenes.*

El hombre que pierde una buena mujer no sabe lo que gana. *Confucio.*

No hay asunto en que la mujer no encuentre modo de suscitar querella. *Juvenal.*

De las mujeres nunca está seguro ni mozo, ni varón, ni sabio, ni valiente, ni santo; siempre está tocando el arma este enemigo común y tan casero. *Gracián.*

La mujer es sólo ostentación, una costilla torcida por naturaleza. ¡Oh Dios!, sabio creador que poblaste los cielos con espíritus masculinos, por qué al final tuviste que crear en la tierra esta novedad, este hermoso defecto de la naturaleza y no llenaste el mundo de hombres, como ángeles, sin espíritu femenino, o encontraste otro modo de que se reprodujese la Humanidad? *John Milton.*

La mujer es enemiga del amistad, pena que no se puede huir, mal necesario, tentación natural, calamidad deseada, peligro doméstico, detrimento deleitable, naturaleza del mal y pintada con el color del bien. *Libro de Job.*

La mujer es enemiga de la paz, fuente de impaciencias y foco de discordias; el que la ha tratado jamás sabe lo que es la tranquilidad. *Petrarca.*

La mujer es más peligrosa que una trampa, que no es de cazador, sino diabólica. *Malleus Maleficarum.*

Temed el amor de la mujer más que el odio del hombre. *Sócrates.*

Los litigios son la dote de la mujer. *Ovidio.*

186

No hay casi ningún pleito que no haya sido suscitado por una mujer. *Juvenal.*

Como venganza, Zeus regala al hombre (Epimeteo) una mujer (Pandora) encargando a Hefestos que le de una figura encantadora, a Atenea que le enseñe las labores, a Afrodita una irresistible sensualidad y halagos cautivadores, a Hermes que le dote de una mente cínica y de un carácter voluble. *Hesiodo.*

¿Estás libre de mujer? No busques mujer. *San Pablo.*

A veces gana el que pierde una mujer. *Joaquín Sabina.*

Por mujer y tierras se pierden los hombres. *Proverbio maorí.*

El demonio y la mujer deshonesta quitan el fruto de las almas y destruyen la hacienda del cuerpo. *Fernando de Rojas.*

Hay dos cosas que gustan a un auténtico hombre, el peligro y el juego; y le gusta la mujer porque es la más peligrosa de las cosas con que jugar. *Nietzsche.*

El que pueda evitar a las mujeres que las evite. *Plauto.*

Castigaron con razón a Prometeo, por haber hecho tan mala sabandija como la mujer. *Luciano Amatorium.*

Con muger non t'enpereces, non t'enbuelvas en tabardo. *Arcipreste de Hita.*

Las mujeres son como los grajos, de ingratas y malignas. *Camilo J. Cela.*

No hay más purgatorio que la mujer. *John Flechter.*

Donde no hay mujeres, los hombres puede vivir como dioses. *Thomas Dekker.*

Lo único en el mundo peor que una mujer es otra. *Aristófanes.*

35. PROPIEDAD Y PLACER DEL HOMBRE

En diversas culturas y geografías predomina la
consideración de la mujer como propiedad y
placer del hombre. Grabado japonés.

35

PROPIEDAD Y PLACER DEL HOMBRE

A lo largo de la historia el hombre ha utilizado a la mujer como propiedad. Para mantener la casa, cuidar a la prole y proporcionarle placer cuando le parece. Estas ideas también alimentan las principales religiones pero quizá con más descaro en el islamismo. Al hombre le ha beneficiado mantener esa concepción de la mujer por lo que, junto a las de textos sagrados, abundan las citas al respecto de escritores o filósofos.

La mujer es nuestra propiedad; nos pertenece como los árboles frutales pertenecen al hortelano que los ha cuidado. *Napoleón.*

Tenemos prostitutas para nuestro placer, concubinas para servirnos y esposas para el cuidado de nuestra descendencia. *Demóstenes.*

La mujer está hecha para satisfacer al hombre. *Rousseau.*

Vuestras mujeres son vuestro campo. Id a vuestro campo cuando queráis. *El Corán.*

Las mujeres son buenas para ser tomadas como era bueno para comer el fruto del paraíso. *Biblia.*

A lo largo de la historia, la mayoría de mujeres han sido confinadas al nivel cultural de la vida animal, suministrando desahogo sexual al macho y ejerciendo las funciones animales de reproducción y cuidado de los niños. *Kate Millet.*

La mujer es cuerpo de conquista, campo de recreo, ámbito de gozo, campo de siembra, posesión suprema, cielo o premio final, descanso del guerrero. *Corán.*

La mujer se dio al hombre para alivio de sus trabajos, y para reposo y dulzura y regalo. *Fray Luis de León.*

Todas las mujeres deben ser comunes; los guerreros de 30 y 55 años se unirán a las guerreras de 20 a 40. *Platón.*

Las mujeres son juguetes; entonces, escoged. *Ibn' Abd Al-Barr.*

La mujer que no da placer al marido es cortamiento de piernas y decaimiento de manos. *Biblia.*

Las mujeres son el sostén del hombre en los dos extremos de su vida, y el placer en medio. *F. Pananti.*

Casáos de entre las mujeres que sean buenas para vosotros con dos, tres o cuatro. (El esposo puede tener muchas mujeres, siempre que las compre o pague). *El Corán.*

Una casita llena, un huerto bien cultivado y una mujercita deseosa son grandes riquezas. *Whiting.*

Para hacer grandes cosas es preciso ser tan superior a sus semejantes como lo es el hombre a la mujer o el señor al esclavo. *Aristóteles.*

Acostarse con la mujer de otro hombre supone el robo ilegal de sus recursos. En todas partes parece que el hombre considera a la mujer como un bien que posee y controla; en todas partes reacciona ante su infidelidad como lo haría ante un robo. *David Buss.*

No codiciarás los bienes ajenos: la mujer de tu prójimo, ni su buey, ni su asno, ni nada que sea de él. *Biblia.*

La mujer es gloria del varón, la mujer fue creada para el varón. *San Pablo.*

El padre de familia está investido de una autoridad natural sobre su mujer. *Aristóteles.*

190

El que quisiere, puede dexar la muger vieja, como él sea moço, y escoger otra que corresponda al gusto de sus años. *Cervantes.*

Lo mejor que puedo hacer es fabricar a mi mujer, modelar su alma como yo quiera. Ella es un trozo de cera entre mis manos y yo puedo darlo la forma que me plazca. *Moliere.*

La sexualidad masculina es un sistema moral por el que el macho se apropia de los cuerpos de las mujeres, según la filosofía de hombres como Kinsey, Sade, Tolstoy, Freud y Henry Miller. *A. Dworkin.*

36. SEXUALIDAD Y PASIÓN

La odalisca (en este cuadro de Fortuny) es uno de
los paradigmas en que los hombres ven reflejada
la sexualidad y pasión de la mujer.

36

SEXUALIDAD Y PASIÓN

Muchos y muchas estarán de acuerdo en que la mujer es más sexual y apasionada que el hombre. La exageración de esas tendencias y, sobre todo, el teñirlas de maldad o desprecio, es una constante a lo largo de siglos. Las citas vienen a identificar lo femenino con la sexualidad, pero se contradicen sobre el tipo de mujer ideal, sexual o reprimida. Quizá sea el Arcipreste el que da con la tecla al querer dos actitudes de la misma mujer: en la cama muy loca, en la casa muy cuerda.

Todas las pasiones desmedidas son hembras. *Lord Byron.*

La mujer es un ser sexual. *Otto Weininger.*

La histeria se relaciona con una carencia de actividad sexual en la mujer. *Hipócrates.*

La naturaleza de la mujer está determinada por la función sexual. *Freud.*

Quando alguna muger acostumbró a fazer coitu e non lo faze, estonces aquella simiente que era acostumbrada de salir, retiénese en la madre, e corrómpese e causase sufocación. *Gordonio.*

La antropología es el estudio del hombre abrazando a la mujer. *Malinowski.*

En la cama muy loca, en la casa muy cuerda: no olvides tal esposa, sino acuérdate de ella. *Arcipreste de Hita.*

La mayor tendencia de la mujer a la neurosis viene determinada por el desplazamiento a la vagina de la zona erógena primitiva del clítoris, y por el empuje represivo durante la pubertad. *Freud.*

La femineidad exige la renuncia a la sexualidad clitorial: la niña debe ser más mujer y menos varón; eso se consigue en parte por el paso de la energía libidinal del clítoris a la vagina. *JM Bardwick.*

La mujer posee un argumento más que el hombre: el beso. *Ramón y Cajal.*

Según el psicoanálisis, la sexualidad femenina normal se basa en la pasividad y en un masoquismo que no alcanza a ser autodestructivo porque la mujer es también narcisista. *JM Bardwick.*

Las palabras de una mujer desenvuelta son redes que tiende la pasión. *San Ambrosio.*

La mujer no es un ser libre sino que está completamente sometida a su deseo de ser influída por el hombre: ella está bajo el dominio del falo e, inevitablemente, sucumbe a su destino, incluso si logra una sexualidad activa. *Otto Weininger.*

El papel que la mujer desempeña en la función sexual le induce a inclinarse hacia una conducta pasiva y hacia metas igualmente pasivas. *Freud.*

Para la mayoría de las mujeres, el acto sexual es importante porque el varón así lo determina y carece de verdadera importancia por sí mismo. *JM Bardwick.*

Ningún hombre puede enamorarse de una mujer que no le despierte su instinto sexual. *Axel Munthe.*

Los casados no pecan, pero tendrán su tribulación en la carne, porque en ese nivel han situado su existencia. *San Pablo.*

Verdad es que la casada, por fruta vedada, alegra bien, como también por fruta agridulce la doncella. Y pues que de frutas va, la viuda a mí me contenta, por fruta sin hueso, como me refrena la soltera, porque, a dos favores, es la soltera fruta injerta; la fregona, porque es fruta más barata, aunque más puerca; y a las demás del rebusco, ¡lavarlas para comerlas! *Calderón de la Barca.*

La unión en edad más formada asegura la moderación del instinto porque las mujeres que antes disfrutan del amor suelen ser más lascivas. *Aristóteles.*

En cuanto una mujer pierde la vergüenza hace más diabluras de cuantas quiera el hombre. *Arcipreste de Hita.*

A quien no le gusta el vino, la mujer y las canciones, será un estúpido toda la vida. *Lutero.*

¿Una botella reemplaza a una mujer? - No; a las mujeres, sí. *Néstor Luján.*

Un salido es el que hace el amor frecuentemente con la propia esposa. *J. L. Coll.*

Las mujeres que fornican se reconocen en las procacidades de sus ojos. *Biblia.*

La mujer tiene una relación ambivalente con los aspectos corporales de su sexualidad, ya que le auguran dolor, sangre y mutilación, pero también amor, placer y creatividad. *JM Bardwick.*

La religión es una parte del sexo de la mujer. *De Goncourt.*

El erotismo femenino es fundamentalmente psicológico. Cuando preguntamos a las mujeres por qué hacen el amor son muy pocas las que contestan que lo hacen por placer; es una sexualidad alejada de las sensaciones corporales directas, tanto en las solteras como en las casadas. *JM Bardwick.*

La mujer es un lecho, procuradlo blando. *Ibn Al-Zubayr.*

Las mujeres tienen miedo consciente a que el varón les deje si rehúsan el contacto sexual, y un temor inconsciente a que las abandone precisamente por haberlo hecho. *JM Bardwick.*

Hasta en el acto sexual la mujer encuentra erótico un dolor discreto. El dolor elevaría la intensidad de la sensación física de la unión genital. *JM Bardwick.*

La mujer llega al conocimiento de la realidad de su propia castración y la consiguiente superioridad del hombre y su inferioridad como mujer, aunque se rebela contra estos desagradables hechos. *Freud.*

Un hombre que posee profundidad tanto en su espíritu como en sus apetitos (...) no puede considerar a la mujer más que de una forma oriental; esto es, tiene que concebir a la mujer en términos de posesión, como un objeto de propiedad susceptible de encerrarse bajo llave, como una criatura destinada a servir y cuyo perfeccionamiento radica en el cumplimiento de este papel. *Nietzsche.*

Cata muger donosa e fermosa e locana, que non sea muy luenga, otrosí nin enana; sy podieres, non quieras amar muger villana, ca de amor non sabe e es como bausana. *Arcipreste de Hita.*

No me di cuenta del culo tan perfecto que tenías hasta que saliste de la habitación. Perdóname por no haberme enamorado de tu sensibilidad, de tu cultura, de tu belleza, de tu inteligencia. *Leonard Cohen.*

¿Por qué el hombre mundano ama a las putas más que a las mujeres de mundo, siendo ambas igualmente estúpidas? A investigar. *Baudelaire.*

Las voluptuosidades del que mantiene a una amante participan a la vez del angel y del propietario. *Baudelaire.*

Las mujeres honradas casi nunca desean gratificaciones sexuales para sí mismas; se entregan a sus maridos sólo para complacerlos, y de no ser por su deseo de maternidad preferirían ser relevadas de su función. *W. Acton.*

El hombre debe ser entrenado para la guerra y la mujer para descanso del guerrero. *Nietzsche.*

Mientras los granjeros tienen un gallo para diez gallinas, diez hombres apenas son suficientes para servir a una mujer. *Boccaccio.*

Una prostituta es, con mucho, más complaciente que una esposa. *Anfis.*

Si su vida sexual es satisfactoria, las mujeres son enteramente felices. *Eurípides.*

Apagada la lámpara, todas las mujeres son iguales. *Desconocido.*

Sólo existen dos lugares donde se paga para tener el derecho de gastar: las letrinas públicas y las mujeres. *Baudelaire.*

El miedo e la verguença faze a las mugeres non fazer lo que quieren como tú lo quieres. *Arcipreste de Hita.*

Su constitución sexual y la presión social hacen que la mujer reprima su agresividad y la vuelva contra sí misma. El desarrollo equilibrado exige que estos impulsos destructores se vinculen a los impulsos eróticos lo que consideramos como un masoquismo necesario. *JM Bardwick.*

37. SU PAPEL EN LA SOCIEDAD.

En tiempos anteriores la sociedad reservaba a la
mujer las tareas domésticas y el cuidado de los hijos.
Mujer con niño y planchando. Dibujo clásico.

37

SU PAPEL EN LA SOCIEDAD

En los primeros tiempos, la diferenciación del papel social entre el hombre y la mujer tuvo ciertas ventajas evolutivas para la especie y la comunidad. Lo que la mujer piensa al respecto ha cambiado mucho en los últimos años, al igual que su actitud para modificar esa situación asimétrica. Lo que nuestros antepasados pensaban parece bastante alejado de los actuales planteamientos.

Era la mujer perfecta: una dama en el salón, una reina en la cocina y una puta en la cama. *Daína Chaviano.*

Como abejas que se quedan dentro de las colmenas y llenan sus barrigas con el trabajo de los otros, así son las mujeres, una perdición para los hombres. *Hesiodo.*

La sociedad ha facilitado el diferente papel de hombres y mujeres que, en cualquier caso, vienen predispuestos a desarrollar por su naturaleza biológica. *HJ Eysenck.*

Si la civilización se hubiese dejado en manos femeninas, todavía estaríamos viviendo en chozas de paja. *Camille Paglia.*

No hay otra alternativa para las mujeres que la de ser amas de casa o prostitutas. *Proudhon P.J.*

Las niñas son más sensibles a los estímulos sociales y tienen un menor umbral sensitivo para el tacto y dolor. *Anastasie A, Foley J.*

Cualquier esfuerzo que hace la mujer para participar en el mundo real es un deseo de compensar su carencia de miembro viril, el órgano del poder y la creatividad. *D. Riesman.*

Las principales religiones identifican al dios creador con "Él", y en la medida en que admiten deidades femeninas, les asignan un papel secundario en el mito y el ritual. *Marvin Harris.*

La mujer será siempre mujer, es decir estulta, aunque se ponga la máscara de persona. *Erasmo.*

La posición de la mujer no puede ser otra que la que es: ser una prenda adorada en su juventud y convertirse en una esposa amada en su madurez. *Freud.*

El hecho de que a las niñas les guste jugar a mamás, cuiden y acunen muñecos, se disfracen de princesas o utilicen cocinas y pucheros no constituye solamente una consecuencia de la educación y de una determinada cultura. Las hembras de chimpancé y de gorila, estudiadas en cautividad, arropan y cuidan muñecas. *Hugo Liaño.*

Los hombres tienen otra vida, los ganados, los árboles, las conversaciones; las mujeres no tenemos más que ésta de la cría y el cuidado de la cría. *García Lorca.*

Un hombre, al menos, es libre; puede recorrer las pasiones y los países, atravesar los obstáculos, gustar los placeres más lejanos. Pero a una mujer esto le está continuamente vedado. Gustave Flaubet.

El patriarcado es la condición universal de la sociedad humana, apoyado en las inmutables diferencias biológicas entre machos y hembras. En realidad, en ninguna parte hubo nunca una sociedad matriarcal o sexualmente igualitaria. *Michael Levin.*

Una mujer igual al hombre significaría el fin de la institución del matrimonio, la muerte del amor y la ruina de la raza humana. *Proudhon P.J.*

Cuando se contempla a la mujer con mirada de zoólogo se ve que tiende superlativamente a demorar en lo que está, a arraigar en el uso, en la idea, en la faena donde ha sido colocada; a hacer, en suma, de todo costumbre. *Ortega y Gasset.*

En el mundo competitivo del trabajo los hombres presentan una clara ventaja sobre las mujeres por sus cualidades de independencia y agresión. *JM Bardwick.*

Hay capacidades cognitivas que derivan de una larga historia evolutiva de división del trabajo, por la que las mujeres se quedaban en el asentamiento, contribuían a la recogida y preparación de alimentos y su contribución esencial era el cuidado de los niños. *Doreen Kimura.*

Donde lo cotidiano gobierna es siempre un factor de primer orden la mujer, cuya alma es en un grado extremo cotidiana. El hombre tiende siempre más a lo extraordinario; por lo menos sueña con la aventura y el cambio, con situaciones tensas, difíciles, originales. *Ortega y Gasset.*

Las mujeres son causa constante de guerras entre los miembros de la misma tribu y entre distintas tribus. Así debió suceder, sin duda,   en los tiempos antiguos: "Num fuit ante Helenam mulier teterrima belli causa". *Darwin.*

Cuando una mujer tiene virtudes viriles hay que huir de ella. *Nietzsche.*

Creo que la mujer será la última cosa que el hombre podrá civilizar. *G. Meredith.*

Las mujeres son para divertirse con ellas. En política prefiero no verlas. *Lech Walesa.*

Las mujeres apenas dejan huella en los anales de la Historia. *Cit. Puleo.*

En la economía doméstica los agentes son la mujer y el esclavo. Allí se realizan los trabajos necesarios para mantenimiento del cuerpo, que hay que tener resueltos para la entrada de los hombres en la vida pública o política, que precisa del ocio. *Aristóteles.*

Los hombres viven en, promedio, ocho años menos que las mujeres, mueren con más frecuencia de ataques cardiacos, cáncer de pulmón y enfermedades debidas al estrés, o asesinados y, en caso de guerra, es el único sexo al que movilizan. *Craig Carter.*

La relación ideal entre marido y mujer es la aristocracia, con la regencia de los mejores. El lugar asignado a la mujer es la casa y la reproducción. *Aristóteles.*

El hombre debe ser educado para la guerra y la mujer para el solaz del guerrero: todo los demás es tontería. *Nietzsche.*

En los pueblos civilizados cesaron hace ya tiempo los combates por la posesión de la mujer; pero los hombres, por regla general, tienen que hacer un trabajo más fuerte que las mujeres para asegurar su respectiva subsistencia, y de ahí que su superior fortaleza se siga manteniendo. *Darwin.*

Es falsa la opinión habitual de que la mujer es religiosa. El misticismo femenino, cuando es algo más que simple superstición, consiste, bien en una sexualidad ligeramente encubierta o bien en una aceptación pasiva inconsciente de la perspectiva religiosa que tiene el hombre. Todas las grandes visionarias de la historia eran histéricas. *Otto Weininger.*

Las mujeres son para divertirse con ellas. En política prefiero no verlas. *Lech Walesa.*

A las mujeres, al igual que a los niños, los imbéciles y los criminales debería impedírsele tomar parte en asuntos públicos aunque numéricamente iguales o mayoritarios. Del mismo modo, se debe evitar que la mujer participe en cualquier cosa que concierna al bienestar público, y hay que tener presente que el mero efecto de la influencia femenina sería perjudicial. *Otto Weininger.*

El hombre para el campo y la mujer para el hogar; el hombre para la espada y ella para la aguja. *Tennyson.*

Hay que mejorar la condición femenina. Las cocinas son demasiado pequeñas, los fregaderos demasiado bajos y el mango de las cacerolas está mal aislado. *George Wolinski.*

Parece totalmente huérfana de realismo la idea de incorporar a la mujer a la lucha por la existencia en las mismas condiciones que el hombre. ¿Acaso yo puedo imaginarme a mi dulce y delicada amada como un competidor? *Freud.*

La mayoría de los hombre en teoría respeta a las mujeres y en la práctica las desprecia. Este método debería invertirse: aunque sea imposible pensar bien de las mujeres, no debemos despreciarlas del todo. *Otto Weininger.*

Todos los vicios de la mujer vienen de su libertad y de no tener nada que hacer. *Alfred de Vigny.*

La incorporación de la mujer al mundo del trabajo lleva consigo una pérdida de la identidad femenina. *Luce Irigaray.*

Hoy en día, las mujeres preparan oposiciones igual que antes hacían calceta: para que parezca que hacen algo. *Ralph Hyde.*

La mujer es enemiga de las innovaciones, tiene intenso apego a las formas tradicionales y es avara. No hay mejores administradores que las viudas. *Carlos O. Bunge.*

Es completamente posible desear la igualdad ante la ley de hombres y mujeres sin creer que sean iguales moral e intelectualmente. *Otto Weininger.*

Nada mejor para mostrar la subordinación política de las mujeres que el hecho de que entre los miembros de las Naciones Unidas (1980) solamente un jefe de Estado efectivo sea una mujer. *Marvin Harris.*

Aunque existen sociedades en las que las mujeres han alcanzado reconocimiento y poder social, ningún antropólogo ha observado una sociedad donde a las mujeres se les reconozca un poder y autoridad superior a los de los hombres. *Rosaldo M, Lamphere L.*

Las tres grandes religiones de la civilización occidental (cristianismo, judaismo e islam) hacen hincapié en la prioridad del principio masculino en la formación del mundo. *Marvin Harris.*

Como de suyo la mujer es más inclinada al regalo y más fácil a enmollecerse y desatarse con el ocio, tanto el trabajo le conviene más. *Fray Luis de León.*

La niña adecua su conducta a las expectativas de padres, compañeras y maestro. La ansiedad primordial de la niña radica en su preocupación por que se le acepte y se le quiera. *JM Bardwick.*

El hombre libre manda al esclavo de muy distinta manera que el marido manda a la mujer. El esclavo está absolutamente privado de voluntad; la mujer la tiene, pero subordinada. *Aristóteles.*

Las mujeres y los bienes deben ser comunes a todos los ciudadados. *Platón.*

Las mujeres han hecho pocas contribuciones a los descubrimientos e inventos en la historia de civilización" pero ellas pueden haber inventado el tejido: un equivalente cultural de pelo púbico para cubrir la vergüenza de no tener pene. *Freud.*

Las mujeres gustan de hacer relaciones entre iguales pero están menos capacitadas para afrontar grupos jerárquicos, estructurados para tareas compartidas, y raramente surgen como líderes de esos grupos. *M. Argyle.*

No hay mujeres en las lista de eminentes científicos, o matemáticos. Ninguna mujer aparece entre los cien mejores escultores, pintores, dramaturgos o compositores. Y es raro encontrar alguna en la relación de los principales científicos. *Eysenck.*

En muchas culturas, los hombres piensan que son espiritualmente superiores a las mujeres, mientras que éstas son peligrosas y contaminadoras, débiles e indignas de confianza. Marvin Harris.

La madre anhela vivir solamente en la memoria de sus hijos, mientras que el padre ansía, además, sobrevivir en los fastos de la historia. *Ramón y Cajal.*

Si alguna vez las mujeres se masculinizaran porque se hiciesen lógicas y éticas ya no serían un material tan adecuado para la proyeccción del hombre. *Otto Weininger.*

La sabiduría social de la mujer no consiste en hacer sofismas sino en sentir. *Kant.*

Las mujeres son un sexo decorativo. No hay ninguna mujer genial. *Oscar Wilde.*

Poca o ninguna paz hay donde la mujer usurpa las funciones del varón. *Desconocido.*

La mujer tiene desapego hacia los hombres mejores. Tal vez su papel en la mecánica de la historia es ser una fuerza retardataria frente a la turbulenta inquietud, el afán de cambio y avance que brota del alma masculina. *Ortega y Gasset.*

Abrimos un libro escrito por una mujer y pronto suspiramos: ¡otra desdichada cocinera! *Nietzsche.*

Cuando la tendencia altruista del varón predomina demasiado, la prole decae; por el contrario, si la tendencia femenil prepondera, medra la familia, pero padecen la sociedad y el Estado. *Ramón y Cajal.*

El hombre que combate por dos o más en la lucha por la supervivencia, que carga con todas las responsabilidades y preocupaciones del día de mañana, que está contínuamente en activo, combatiendo contra el ambiente y contra sus rivales humanos, necesita más cerebro que la mujer a la que debe proteger y alimentar, la mujer sedentaria, carente de vida interior alguna, cuyo papel es criar hijos, amar y ser pasiva. *Topinard.*

Las mujeres son el único grupo que se va haciendo más radical con la edad. *Gloria Steinen.*

Los etnógrafos nos muestran que el trabajo, la faena diaria y forzosa, fue inventado por la mujer, frente a la empresa, el discontinuo esfuerzo deportivo y la aventura. *Ortega y Gasset.*

La mujer debe regresar a la única carrera digna de su conciencia: el matrimonio. *D'Almeras.*

Pues a las mujeres no las dotó Dios ni del ingenio que piden los negocios mayores, ni de fuerzas las que son menester para la guerra y el campo, mídanse con lo que son y conténtese con lo que es de su suerte. *Fray Luis de León.*

Mientras el estereotipo de la mujer mandona va en aumento, el del hombre con criterio es una especie en vías de total extinción y está dejando su lugar al varón pusilánime. *Javier Marías.*

Así como el marido está obligado a llevar las pesadumbres de fuera, así la mujer le debe sufrir y solazar cuando viene a su casa, sin que ninguna excusa la desobligue. *Fray Luis de León.*

Sin duda existen algunas mujeres destacadas, muy superiores al hombre medio, pero son tan excepcionales como el nacimiento de cualquier monstruosidad, como por ejemplo, un gorila de dos cabezas. *Le Bon.*

La existencia femenina tiene su sentido exclusivamente en aquello que el varón no quiere, o no puede, ser o hacer. *Georg Simmel.*

Siempre me ha extrañado que se permitiese a las mujeres entrar en las iglesias. ¿Qué conversación pueden tener con Dios? *Baudelaire.*

Non es guisada nin honesta cosa que la mujer tome oficio de varón.
Alfonso X, el Sabio.

La figura de la mujer política significa una disminución de su dignidad como mujer. La resurrección alemana es un fenómeno de los hombres. *Engelbert Huber.*

A mí siempre me ha dado tristeza ver a la mujer en ejercicios de hombre, toda afanada y desquiciada en una rivalidad donde lleva, entre la morbosa complacencia de los competidores masculinos, todas las de perder. *José Primo de Rivera.*

El esclavo está absolutamente privado de voluntad; la mujer la tiene, pero sometida. *Aristóteles.*

Oigamos otra vez la voz de Dios, insistente y eterna: "Tú, mujer, parirás; tú, hombre, trabajarás". *Marañón.*

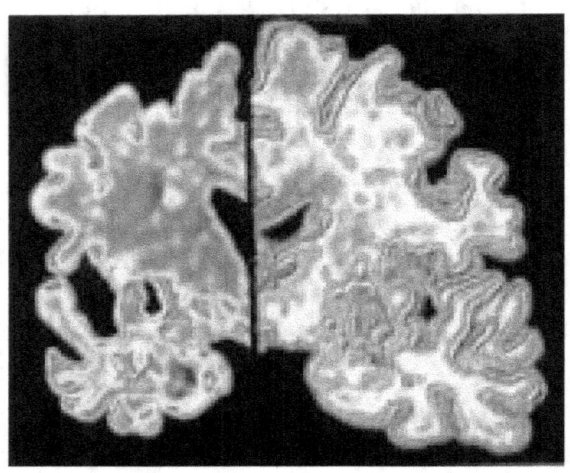

38. CEREBRO DE HOMBRE, CEREBRO DE MUJER

¿Hay diferencias cerebrales según el sexo?

En la neuroimagen (corte frontal) aparecen hemisferios cerebrales de diferente tamaño.

38

CEREBRO DE HOMBRE, CEREBRO DE MUJER

Robo el título al magnífico libro del neurólogo Hugo Liaño. Cada día, pese a quien pese, hay más pruebas de que, en algunos aspectos el cerebro del hombre es diferente del de la mujer. Diferencias no significa necesariamente desigualdades en el plano fisiolófico y, nunca (estaría bueno), en cuanto a igualdad de derechos. El científico debe indagar posibles diferencias entre individuos, hechos ante los que no podemos cerrar los ojos. El machista o racista no es el que ve las diferencias entre algunos aspectos (pocos) entre sexos o razas sino el que utiliza ideológicamente esas diferencias para justificar una presunta superioridad o dominio. No es nuestro caso, pero en el pasado sí que hubo interpretaciones tendenciosas y, además, gratuitas, aunque revestidas de pseudocientifismo. Ahí van, mezcladas, las citas cuya credibilidad dejo al lector tras consultar la fecha y autoría de las referencias .

El cerebro de los hombres es mayor en volumen y peso que el de las mujeres (entre un 10 y 15 por ciento más). *Doreen Kimura.*

En hombres y mujeres del mismo peso, el cerebro masculino tiene 100 gramos más en promedio. *CD Ankney.*

La corteza cerebral de los hombres tiene, en promedio, 4 billones de neuronas más que la de las mujeres. *Pakkenberg B, Gundersen HJG.*

El cociente intelectual de los hombres es superior al de las mujeres en aproximadamente cuatro puntos (de promedio). *R Lynn.*

Las mujeres y los varones homosexuales tienen más pequeña una zona del cerebro denominada área preóptica hipotalámica. *LeVay.*

Las mujeres y los varones genéticamente transexuales tienen más pequeña una zona del cerebro, en la denominada stria terminalis. *JN Zhou et al.*

El hombre es más valiente, pendenciero y enérgico que la mujer, y tiene más ingenio. Su cerebro es mayor en términos absolutos. *Darwin.*

Está probado que partes del cerebro fundamentales para la vida intelectual -las circunvoluciones del lóbulo frontal y parietal- están menos desarrolladas en la mujer que en el varón ya desde el nacimiento. *P. Möbius.*

En las mujeres el cerebro tiene menor "lateralización", es decir, los hemisferios derecho e izquierdo están menos especializados. *Doreen Kimura.*

Entre las mujeres hay menos zurdas, o mejor dicho, menos de desarrollo de las habilidades de las extremidades izquierdas (tanto mano como pie). Sin embargo, las preferencias son similares para la vista y el oído. *Reiss M, Reiss G.*

Nos está permitido suponer que el tamaño relativamente pequeño del cerebro de la mujer depende en parte de su inferioridad física y en parte de su inferioridad intelectual. *Broca.*

El hombre es más valiente, agresivo y enérgico que la mujer, y tiene más inventiva. Su cerebro es más grande. *Darwin.*

Las fisuras silvianas de hombres y mujeres se bifurcan de modo diferente. *Ide A et al.*

La mitad derecha del cerebro se desarrolla más cuando actúan hormonas "masculinas", y esto ocurre tanto en humanos como en ratones. *Geschwind N, Galaburda AM.*

La mujer no es ambidextra. *Hipócrates.*

En los hombres, el hemisferio cerebral derecho tiene capacidades especiales, útiles para la astronomía, leer mapas o jugar al tenis, mientras que en las mujeres es como una reserva del cerebro izquierdo. *Glenn Wilson.*

210

La estructura cerebral y el comportamiento son diferentes en hombre y mujer, como se ha comprobado en ritmo de maduración, diferenciación hemisférica y organización cerebral. *BA Hamburg.*

La comisura anterior (que conecta los hemisferios cerebrales) es más grande en mujeres y en varones homosexuales que en los varones heterosexuales. *Allen.*

El cerebro del hombre tiene una mayor lateralización, siendo la diferencia con la mujer muy pequeña pero significativa. *Springer SP, Deutsch G.*

Hay cierto núcleo del hipotálamo que, en mujeres y varones homosexuales, mide menos de la mitad que en los hombres. *Simon LeVay.*

En las razas más inteligentes, como entre los parisinos, hay muchas mujeres cuyos cerebros son de tamaño más próximo al de los gorilas que al de los cerebros más desarrollados. *Le Bon.*

Las mujeres tienen una menor lateralización (especialización) de los hemisferios cerebrales. *Witelson.*

El cerebro del hombre está más lateralizado (especializado) que el de la mujer. *Springer SP, Deutsch G.*

Dios creó en la mujer los ojos, las mejillas, los labios y todas las demás cosas dulces y amables; pero no se quiso molestar en cuanto al cerebro y dejó que lo hiciera el diablo. *F. Pananti.*

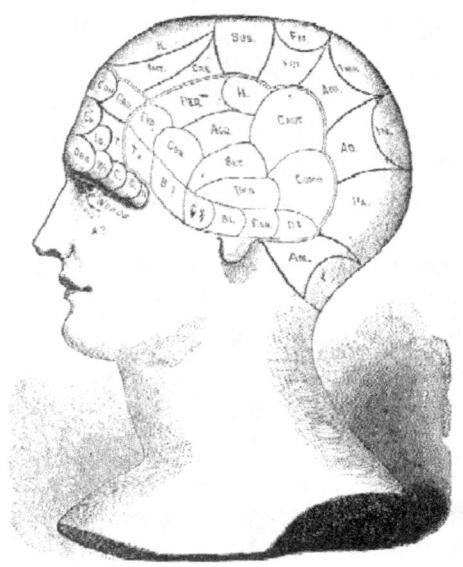

39. FUNCIONES MENTALES.

*Localización de funciones mentales
en un modelo frenológico.*

39

FUNCIONES MENTALES

Las funciones mentales son actividades cerebrales. Y si se supone que el cerebro del hombre es distinto (poco o mucho, en más o menos aspectos) del de la mujer, es previsible que haya variaciones en el modo como unos y otras realizan ciertas funciones cognitivas: tareas visuoespaciales, verbrales o estrategias de pensamiento. Como en el capítulo anterior, es el lector el que debe atender a la diferente autoría y época de las citas.

Las diferencias mentales entre hombres y mujeres es preferible afrontarlas y tomarlas en consideración, en lugar de intentar barrerlas bajo una alfombra políticamente correcta. *D. Morris.*

El pensamiento femenino es menos analítico, más global y perseverante. *EE Maccoby.*

Entre hombres y mujeres hay diferencias de inteligencia que son evidentes para capacidades específicas y que podrían ser de base genética. *APA (Asociación Americana de Psicología).*

La intuición femenina, tan apropiada para las relaciones personales, no destaca en el campo de la Mecánica: todos los chicos aprenden por sí solos el funcionamiento de un reloj mientras que pocas muchachas lo hacen. *William James.*

Según la ley de la desviación de los tipos medios (de Galton), si los hombres están en decidida superioridad sobre las mujeres en muchos aspectos, el término medio de las facultades mentales del hombre estará por encima del de la mujer. *Darwin.*

El promedio de los hombres tiene mejores resultados que las mujeres en razonamiento matemático o en pruebas de aptitud para resolver problemas. Estas diferencias entre sexos se inician en la infancia, aumentan luego, y se mantienen en diferentes países y razas. *Doreen Kimura.*

213

La profesión elegida varía mucho entre sexos, siendo mayoría los hombres en carreras técnicas y las mujeres en ocupaciones orientadas a las personas. *Doreen Kimura.*

Muchos tienen la impresión de que las mujeres poseen mejores habilidades verbales que los hombres. Sin embargo, en la vida adulta, las mujeres no tienen ni vocabulario más amplio ni superior inteligencia verbal, aunque parece que tienen ligeramente más "fluencia" en el estricto sentido de generar palabras que comienzan o terminan con letras concretas. *Doreen Kimura.*

Es conocido que las capacidades espaciales son menores en la mujer, sin embargo, se han encontrada muy altas en mujeres que sufrían una hiperplasia adrenal congénita (que les provoca aumento de hormonas masculinas). *Doreen Kimura.*

Hay diferencias cerebrales por las que los hombres son más propicios para la orientación visual-espacial. *Nolasc Acarín.*

La capacidad para funciones especiales se relaciona muy claramente con el nivel de testosterona, tanto en hombres como mujeres (hacen mejor las pruebas las mujeres con más testosterona). *Doreen Kimura.*

En un laberinto, los hombres encuentran la salida antes que las mujeres, y utilizan zonas cerebrales diferentes. *Nature Neuroscience.*

Al enfocar las situaciones (sean intelectuales o perceptivas) el hombre es más independiente y analítico que la mujer. *Witkin HA et al.*

Los hombres son muy superiores a las mujeres para disparar o lanzar objetos o para atraparlos en movimiento. Y esta ventaja aparece muy pronto, antes de los tres años, sin que pueda atribuirse a cambios musculo-esqueléticos o psíquicos. Curiosamente, los varones homosexuales dan resultados mucho peores, muy similares a los de las mujeres. *Doreen Kimura.*

Es conocido que las capacidades espaciales son menores en la mujer, sin embargo, se han encontrada muy altas en mujeres que sufrían una hiperplasia adrenal congénita (que les provoca aumento de hormonas masculinas). *Doreen Kimura.*

Las niñas aprenden a contar antes, pero los varones resuelven mejor las tareas de razonamiento aritmético. *EH Erikson.*

La hembra humana suele disponer de menor poder imaginativo que el varón. La naturaleza, con tiento y previsión, lo ha querido así. *Ortega y Gasset.*

La mentalidad femenina se expresa como un carácter primitivo o infantil: en lugar de sed de conocimiento, siente curiosidad; en lugar de juicio, prejuicios; en lugar de pensamiento, hay imaginaciones o ensoñaciones; y en lugar de voluntad, deseos. *Emma Jung.*

Las facultades intelectuales de los hombres son siempre superiores a las de las mujeres, sea cual sea la dedicación, y ya se requiera sagacidad, razón, imaginación, o el mero uso de los sentidos y las manos. *Darwin.*

El pensamiento real de la mujer es principalmente práctico y aplicado a algo. Es lo que llamaríamos un sentido común sin fisuras, que se dirige habitualmente hacia lo personal y hacia lo que está a mano. *Emma Jung.*

No existe el menor lazo intelectual entre los dos sexos; se diría que pertenecen a especies distintas. *Téophile Gautier.*

Los hombres se organizan mejor ante los problemas. *Lange AL, Fischbein S.*

Desde el amanecer de los tiempos las mujeres se sienten atraídas por las habilidades sociales y los hombres por la tecnología. *D. Morris.*

Hay datos que sugieren que hombres y mujeres tienden a pensar de modo diferente aunque esto no quiere decir que todos los hombres piensen de un modo y todas las mujeres de otro. En realidad es cada individuo el que usa su "estrategia mental" preferida. *Witleson.*

En pruebas de información general, de razonamiento aritmético y de aptitud espacial los chicos logran mejores puntuaciones que las chicas. *A. Anastasí.*

La superioridad del hombre en capacidad espacial se observa desde niños, antes de que pueda suponerse derivada de la experiencia o educación; de hecho, las ventajas en tareas espaciales del hombre se observan en diferentes culturas y razas. Más aún, entre machos y hembras de otras especies también se observan diferencias similares. *Doreen Kimura.*

Ante un problema difícil los varones se aislan y reflexionan en silencio, mientras que las mujeres se reúnen y lo comentan. *D. Morris.*

Las pruebas de inteligencia dan resultados diferentes entre varones y mujeres según estudios realizados en americanos, chinos y escoceses. La consistencia de datos entre culturas diferentes apoya que las diferencias de inteligencia entre sexos tengan una base biológica. *Dai XY, Lynn R.*

Cuando se le cuenta un chiste a una mujer, se ríe más si se le cuenta por el oído derecho. En los hombres da igual. *J. Gallivan.*

Está generalmente admitido que en la mujer las facultades de intuición, de rápida percepción y quizá también las de imitación, son mucho más vivas que en el hombre; más algunas de estas facultades, al menos, son propias y características de las razas inferiores, y por tanto corresponden a un estado de cultura pasado y más bajo. *Darwin.*

En la adolescencia se pone ya de manifiesto que los varones tienen mayor capacidad visuo-espacial y están más preparados para conceptos matemáticos abstractos. Esas diferencias estaban latentes y se activan con los cambios hormonales de la pubertad. *Maccoby EE, Jacklin CN.*

216

Las mujeres tienen menor capacidad para obtener una perspectiva global ("holística") de partes concretas. *RD Nebes.*

La mente masculina discrimina, analiza, separa y perfecciona. La mente femenina capta relaciones, posee una percepción intuitiva de los sentimientos, tiene tendencia a unir más que a separar. *JM Bardwick.*

Las mujeres hacen peor las funciones visuo-espaciales. *Prinzel LJ 3rd, Freeman FG.*

La inteligencia femenina es diferente de la masculina. Los varones son superiores en memoria visual, pruebas con objetos móviles, puntería, razonamiento fluído, matemáticas, ciencia, geografía y conocimientos generales. *D. Halpern.*

Los hombres superan a las mujeres en pruebas de laberinto, dibujos en espejo, contar hacia atrás o tiempo de reacción. *Broverman et al.*

La a-gramaticalidad podría ser una huella de la subjetividad no regulada; esto es, un acceso al tiempo de lo femenino. *Julio Ortega.*

Las mujeres son inferiores en inteligencia numérica. *Heim AW et al.*

Para todo hombre profundo y ateo, una mujer irreligiosa es algo totalmente repugnante y ridículo. *Nietzsche.*

No debemos olvidar que las mujeres son, por regla general, un poco menos inteligentes que los hombres; una diferencia que no debemos exagerar pero que es, no obstante, real. *Broca.*

Las mujeres aprenden con avidez y olvidan con facilidad. *Abate Galiani.*

La mujer, aunque con menos invención creadora que el hombre, posee sin embargo una lógica utilitaria o instintiva, mejor sentido práctico, efecto de su egoismo, de su menor imaginación, de su mayor concentración en el hogar y de su espíritu esencialmente conservador. *Carlos O. Bunge.*

217

La capacidad de razonamiento matemático se apoya en un determinismo biológico sexual. Las diferencias según el sexo en la capacidad de razonamiento matemático son siempre favorables a los varones. *Gouchie C, Kimura D.*

Las ratas hembras o con menos testosterona (machos castrados) en época perinatal tienen más ansiedad. *Lucion AB et al.*

El hombre realiza "acciones concretas", la mujer crea un clima. Al enfocar una cuestión o problema, el hombre separa las cosas, la mujer las mezcla. *Goethe.*

El instinto de las mujeres equivale a la perspicacia de los grandes hombres. *Balzac.*

Los hombres ven los objetos, las mujeres ven las relaciones entre objetos. *Foucault.*

Se sabía que las mujeres realizan peor los tests de rotación espacial en tres dimensiones y esa desventaja también se observa en los tests de dos dimensiones. *Collins DW, Kimura D.*

Según la hipótesis de selectividad de Meyers-Levy (1989) hay diferencias cognitivas entre sexos y que esto se debe a que procesan información de modo diferente. Los hombres organizan la información de un modo auto-relacionado, mientras que las mujeres adoptan una aproximación más global al procesar la inofrmación. El procesamiento de la información en el cerebro es diferente en varones y en mujeres, y esto se ve ya desde la infancia. *McGivern RF, Huston JP.*

La diferencia de facultades mentales entre hombres y mujeres se debe al proceso de selección sexual, mediante el cual el hombre más valiente, fuerte e ingenioso consigue a la mujer más bonita y sana. *Darwin.*

40. LA PERSONALIDAD FEMENINA

Imagen estereotipada de un rostro femenino.

40

LA PERSONALIDAD FEMENINA

¿Existe una personalidad típicamente femenina? La mayoría de los que aquí citamos (es una antología machista, recuerden) dice que sí, y atribuye a las mujeres peculiaridades, unas mejores y otras peores, como la intuición, ternura, curiosidad, pasividad, etc. La discrepancia, sólo aparente, es de nuestro renombrado Ortega y Gasset, que piensa que la mujer no tiene personalidad como individuo sino como género (lo que vendría a significar que todas las mujeres son iguales, o sea que sí hay una personalidad femenina). Yo recojo citas y ustedes juzgan.

La personalidad de la mujer es poco personal, o dicho de otra manera, la mujer es más bien un género que un individuo. *Ortega y Gasset.*

Los instintos y la anatomía determinan la formación de una personalidad masculina activa y agresiva y una personalidad femenina pasiva y subordinada. *Freud.*

La curiosidad es una censurable característica del alma femenina. *Bierce.*

La mujer, por estar profundamente ligada a su feminidad, es poco apta para el papel de confesor, como lo es poco para el papel de juez. *Marañón.*

Cuando a la mujer no le sirve de nada el estar dispuesta a la pasiva entrega de sí misma, se presenta inevitablemente una sobreexcitación y falta de dominio, con un vivo exceso de vitalidad. *Stephan Zweig.*

En la mujer el espíritu tiene algo de vegetativo. Ella se encuentra contenida en los límites de la naturaleza y jamás los excede; no es, por tanto, libre más que de un modo estético. *Kierkegard.*

No es apropiado en el carácter de una mujer ser viril o inteligente. *Aristóteles.*

La mujer siente una fruición verdaderamente extraña por la cotidianeidad. Se arrellana en el hábito inveterado y, como pueda, hará de hoy un ayer. *Ortega y Gasset.*

El defecto fundamental del carácter femenino es carecer de sentido de la justicia. *Schopenhauer.*

El hombre ama el espíritu, la mujer el cuerpo. Ellas creen que el espíritu sólo es bueno cuando puede transformarse en poder. *Kant.*

La pasividad, la dependencia y la falta de autoestima son las cualidades de personalidad en que se diferencian las mujeres de los hombres. *JM Bardwick.*

En el orden mental la mujer no aporta nada personal: es un ser pasivo, enervante, de conversación y caricias agotadoras. Proudhon.

La mayoría de las mujeres no tiene carácter en absoluto. *Alexander Pope.*

Entre las pasiones y los afectos, los más rápidos y centrífugos corresponden al varón, mientras que los lentos y dirigidos hacia el interior son propios de la mujer. *Conversations-Lexicon oder Leipzig.*

La naturaleza ha hecho a las mujeres de modo que no deben actuar con principios sino según sentimientos. *Lichtenberg.*

Un tipo de mujer tópica española, la mujer mandona que aparece a menudo en los chistes de Forges y que será a la larga una suegra a lo Mihura o a lo Jardiel Poncela, sigue viva y coleando, sin más cambios que los traídos por la mejoría económica de la burguesía y la -así llamada- liberación de su sexo. Ambas cosas han dotado a este personaje de todavía mayores despotismo y desparpajo. *Javier Marías.*

El texto de la vida femenina será siempre sentir, amar, sufrir y sacrificarse. *Balzac.*

Las chicas son en general más dóciles que los niños y, en cualquier caso, tienen más necesidad de estar sometidas a una autoridad. *Rousseau.*

Las mujeres son, de su cosecha, apetitosas de ser preciadas y honradas, como lo son todos los de ánimo flaco. *Fray Luis León.*

Hay mujeres cerriles y libres como caballos y otras resabidas como raposas. *Semonides.*

Hay mujeres ladradoras, otras mudables a todos colores, otras pesadas, como hechas de tierra. *Semonides.*

Todas las hembras tienen en sí estas maneras: al principio siempre son ariscas, muestran que tienen saña y son muy esquivas; amenazan, pero no hieren; en celo, son arteras. *Arcipreste de Hita.*

Las hembras son menos agresivas que los machos, entre los animales, y en las diversas culturas humanas. *Maccoby EE, Jacklin CN.*

La mujer es más propensa al desaliento, menos esperanzada que el hombre, más falta de vergüenza, más falsa al hablar, más despectiva. *Aristóteles.*

¡Ay si llega un día en que la mujer se atreve a mostrar lo que hay en ella de "eterno aburrimiento", con la abundancia que tiene de ello. *Nietzsche.*

La dependencia es un estado natural de las mujeres, y las muchachas se dan cuenta de que están hechas para la obediencia. *Rousseau.*

Las mujeres han sido tratadas por los hombres como si fueran pájaros extraviados, caídos a su lado desde no sé qué alturas. *Nietzsche.*

El refinadísimo Napoleón sólo veía en la mujer una enfermera utilísima para la vejez. *Ramón y Cajal.*

Las cualidades del corazón o del carácter en el hombre son las que atraen a la mujer, porque el hijo recibe estas cualidades de su padre. Ante todo sirven para ganar a la mujer una voluntad firme, la decisión y el arrojo y acaso la rectitud y la bondad de corazón. *Schopenhauer.*

La mujer es pasiva, apasionada, absoluta, injusta; sólo admira la grandeza para obtener su sacrificio. *Péladan.*

Una mujer sin ternura es una monstruosidad social de la naturaleza; más aún que un hombre sin valor. *Comte.*

Toda la vida de una mujer es la historia de sus afectos. *Washington Irving.*

Las mujeres son pusilánimes de su cosecha, y poco inclinadas a las cosas que son de valor. *Fray Luis de León.*

Las mujeres son niños grandecitos. *A. Trueba.*

En sus fantasías, las mujeres son más pasivas y receptivas. *Wilson GD, Lang RJ.*

Los hombres son mejores en problemas de razonamiento que requieren reestructuración; son más dominantes, tienen mayor y más potente autoestima, son más curiosos y exploradores, más activos y más impulsivos. *Block JH.*

En la mujer hay una pasividad saludable en que responde a la frustración y la agresión elaborando (de pensamiento y fantasía) soluciones de compromiso, en lugar de hacerlo con actividad exterior directa. *JM Bardwick.*

El sexo femenino tiene más sentimiento y corazón que carácter. *Kant.*

En la mujer el narcisismo sirve como una especie de defensa, mediante la cual la integridad del yo no se disuelve al tener que aceptar las exigencias de los demás. *JM Bardwick.*

Según el psicoanálisis, la mujer psicológicamente madura se caracteriza por las cualidades de pasividad, masoquismo y narcisismo. *JM Bardwick.*

Las niñas mantienen relaciones de dependencia afectiva como los niños pequeños y continuarán, durante un extenso periodo de su vida, evaluando su yo en función de valoraciones que reflejan las de otras personas. *JM Bardwick.*

La mujer verdaderamente femenina es pasivo-narcisista. *H. Deutsch.*

Si usted cree que las niñas están hechas de "azúcar, nata y toda cosa grata" está equivocado. La agresividad de las niñas es mínima en el plano físico pero emplean el negativismo pasivo, la obstinación, el rechazo, la agresión verbal y social. *Norma   Feshback.*

La mujer es más protectora, dependiente, pasiva, receptiva, maternal, intuitiva, empática y lábil, y estas características aumentan a medida que la niña se transforma en mujer. *JM Bardwick.*

La mujer es menos susceptible de sentimientos generosos y altruistas que el varón. *Carlos O. Bunge.*

La mujer es porfiada y desobediente. *Arcipreste de Talavera.*

El fluído nervioso se gasta en los hombre por el cerebro y en las mujeres por el corazón. *Stendhal.*

El valor y la prudencia difieren completamente de la mujer al hombre. Un hombre parecería cobarde si sólo tuviese el valor de una mujer valiente; y una mujer parecería charlatana si no mostrara otra reserva que la que muestra el hombre que sabe conducirse como es debido. *Aristóteles.*

Comparadas con los hombres, las mujeres aparecen como más dependientes del amor y el aprecio de otros, para convencerse de su propia valía. *JM Bardwick.*

Cuando un hombre se enfrenta a problemas objetivos, la mujer se contenta con resolver acertijos; cuando él luchar por el conocimiento y por el entendimiento, ella se contenta con tener fe o supersticiones o, todo lo más, hace suposiciones. *Emma Jung.*

Las mujeres y las niñas son menos agresivas desde el punto de vista de las manifestaciones motrices. *JM Bardwick.*

Darwin (1872) concluyó que las mujeres se ruborizan más que los hombres. Esto se ha comprobado ahora: ante siete situaciones las mujeres tienen más probabilidad de ruborizarse. *F. Neto.*

Los hombres y mujeres difieren psicológicamente en cuanto a estilo de vida, organización del ego, cualidades de personalidad, motivaciones y fines. *JM Bardwick.*

El superego de la mujer nunca es tan independiente como el de los hombres. El superego femenino es mucho menos evolucionado, que sigue dependiendo de las fuentes del mundo exterior, que castigan o premian. *Freud.*

Las neurosis son de dos clases por lo que atañe al empleo que de ellas hacen las mujeres casadas: neurosis clásicas y neurosis románticas. *Balzac.*

Las mujeres son más susceptibles que los varones a desarrollar estrés después de un estímulo traumático, sobre todo antes de la adolescencia. *Breslau N et al.*

La melancolía es inherente a la condición femenina; es transmitida por la madre a la hija. *Julia Kristeva.*

Las mujeres tienen una proporción mucho mayor de depresión, ansiedad y de neuroticismo que los hombres. *Wilhelm K et al.*

Las mujeres histéricas manifiestan la mayor sugestibilidad ante los hombres. La histeria es la crisis orgánica de la falsedad orgánica de la mujer. *Otto Weininger.*

En todos los países y culturas la mujer es mucho más propensa a los ataques de pánico. *Weissman MM et al.*

226

La única cosa que hombres y mujeres tienen en común es que unos y otras prefieren la compañía de los hombres. *Oscar Wilde.*

Las mujeres se deprimen más que los hombres, pero la diferencia es aún mayor conforme se van haciendo mayores y adquieren su desigual status de adultos. *Mirowsky.*

41. NO HAY QUIEN LAS ENTIENDA.

La esfinge, que tiene rostro femenino,
símboliza lo enigmático o indescifrable.

41

NO HAY QUIEN LAS ENTIENDA

Veníamos citando a quienes piensan que el cerebro de las mujeres es diferente y que sus funciones mentales y pensamiento también son distintos. No extraña pues este capítulo sobre la imposibilidad para el hombre de entender a la mujer. Una vez más, las citas machistas intentarán explicar a su favor: el hombre no puede entender a la mujer porque se comporta distinto y piensa diferente. Algunos autores (afortunadamente lejanos en el tiempo) llegaron a decir que era porque la mujer no tiene alma o porque no es un ser enteramente humano. Con premisas menos toscas, el caso es que la guerra de sexos continúa.

¿Sabes qué hacen las mujeres? Cosas que es difícil entenderlas. No tienen modo, ni razón, ni intención. *Fernando de Rojas.*

Jamás se consigue conocer a las mujeres. *Kamasutra.*

Talante de mujeres ¿quién lo puede entender, sus malas maestrías y su mucho malsaber? *Arcipreste de Hita.*

Crió Dios la mujer, primeramente de entendimiento y juicio desprovista. *Semonides de Amorgos.*

¿Qué es lo que teme una mujer? El espíritu. Porque el espíritu es la negación de toda su existencia femenina. *Kierkegard.*

Hay tres cosas que jamás he podido comprender: el flujo y reflujo de las mareas, el mecanismo social y la lógica femenina. *Jean Cocteau.*

El secreto del alma de las mujeres consiste en carecer de ella en absoluto. *Jardiel Poncela.*

La fuerza de las mujeres procede de algo inexplicable para la Psicología. A los hombres se les puede analizar, a las mujeres, sólo adorarlas. *Oscar Wilde.*

Se entiende a la mujer como se entiende el lenguaje de los pájaros. O por intución o de ninguna manera. *Amiel.*

Las mujeres que se creen incomprendidas son las que los hombres comprenden mejor. *D'Ysarn-Freissinet.*

Las mujeres no comprenden nada; no les cabe en la cabeza que esos sentimientos, que esos pensamientos a los que conceden tanta importancia, no son necesarios. *Tolstoy.*

No conoces a una mujer hasta que has recibido una carta suya. *A. Leverson.*

Lo que falta esencialmente al espíritu de las mujeres es el método. Por eso es la casualidad lo que interviene en sus razonamientos y, demasiadas veces, también en su virtud. *Daniel Stern.*

Las mujeres lo adivinan todo; sólo se equivocan cuando reflexionan. *Alphonse Karr.*

Cuando se trata de convencer a una mujer, no uses argumentos abstractos: por mucho que te obstines en hablar inteligentemente de las cosas, ellas piensan siempre en la persona. *Geibel.*

Todo lo que las mujeres piensan, osan sin deliberar. *Fernando de Rojas.*

La mujer es alógica e inmoral. *Otto Weininger.*

La mujer no debe elevarse hacia el infinito con trabajosos pensamientos, pues no fue creada para el esfuerzo y la fatiga, sino que deberá llegar hasta allí por la cómoda ruta del corazón. *Kierkegard.*

La mujer no es de espíritu elevado o inferior, ni de espíritu fuerte o débil. La mujer es lo contrario de todo eso. En ella no puede hablarse de espíritu en absoluto. Carece de espíritu. *Otto Weininger.*

La fantasía en el hombre es apenas una parte y en la mujer, en cambio, lo es todo. *Kierkegard.*

230

No puede haber norma en la mente ni en el corazón de las mujeres si su temperamento no está de acuerdo. *La Rochefoucault.*

Las mujeres están hechas para ser amadas, no para ser comprendidas. *Oscar Wilde.*

La natural inclinación de las mujeres, que, por la mayor parte, suele ser desatinada y mal compuesta. *Cervantes.*

A las mujeres, la Naturaleza les rehusó la prudencia, que es atributo de los hombres. *Anacreonte.*

La mujer más avisada / o sabe poco, o no sabe nada. Cervantes.

La mujer tiene menos sentido de la justicia, y es más propensa a dejarse influir en sus juicios por sentimientos de afecto y hostilidad. *Freud.*

En toda discusión es propio de la mujer que admita todos vuestros argumentos sucesivos; pero rehuye de un golpe la conclusión. *Guinnon, A.*

Gran corona del varón / es la mujer / cuando quiere obedecer / a la razón. *Íñigo López de Mendoza.*

La mujer es retrasada en todos los aspectos, está falta de razón y de moralidad. *Schopenhauer.*

Yo no conozco nada más prosaico y mezquino que el alma de una mujer. *Palacio Valdés.*

El hombre piensa en abstracto y utiliza ideas, la mujer es concreta, cotidiana y precisa ejemplos. *Ralph Hyde.*

Mujer que piensa, seguro que piensa mal. *Publio Siro.*

La mujer no es ser enteramente humano. *Platón.*

Si yo hubiese asistido al concilio de Trento cuando se debatió la importante cuestión de si la mujer era humana, sin vacilar hubiese opinado en contra. *T. Gautier.*

Los teólogos se habían preguntado si las mujeres tenían alma. Varios siglos más tarde, algunos científicos estaban dispuestos a negarles una inteligencia humana. *Manouvrier.*

La mujer no tiene "alma". La mujer no tiene "yo". *Otto Weininger.*

El centro del alma femenina, por muy inteligente que sea la mujer, está ocupado por un poder irracional. *Ortega y Gasset.*

Lo que en la mujer infunde respeto y, muchas veces, miedo es su naturaleza, que es "más natural" que la del hombre, su característica y astuta elasticidad de animal de presa, la garra de tigre que esconde bajo el guante, la ingenuidad de su egoismo, su resistencia a dejarse educar, su profundo salvajismo, el carácter inaprensible, vasto y cambiante de sus apetencias y de sus virtudes. *Nietzsche.*

La mujer es simplista como los animales. No sabe separar el alma del cuerpo; un satírico diría que esto es porque no posee nada más que cuerpo. *Baudelaire.*

La gran cuestión... que yo no he sido capaz de responder, a pesar de mis treinta años de investigación del alma femenina, es ¿qué es lo que quiere una mujer? *Sigmund Freud.*

Platón, al vacilar entre incluir a la mujer en la categoría de los animales racionales o en la de los irracionales, no pretendió más que señalarnos la insigne necedad de este sexo. *Erasmo de Rotterdam.*

Si el varón es la persona racional, es la fémina la persona irracional. El animal es también irracional, pero no es persona. *Ortega y Gasset.*

Pero, ¿quién hay en el mundo que se pueda alabar que ha penetrado y sabido el confuso pensamiento y condicion mudable de una mujer? Ninguno, por cierto. *Cervantes.*

232

Para ser mujer, mi esposa es anormalmente razonable. *Conan Doyle.*

La razón de ser de la mujer, la palabra existencia, diría demasiado, ya que no tiene vida propia. *Kierkegard.*

Las mujeres son insuperables en su veleidad, en su inconstancia, en su carencia de ideas y lógica, y en su incapacidad para razonar. *Le Bon.*

Tres cosas hay en el mundo que la mujer nunca comprendera: libertad, igualdad y fraternidad. *Chesterton.*

Un no en boca de una mujer no es una negación. *P. Sydney.*

La mujer es lo contrario del dandy. De modo que debe producir horror. La mujer tiene hambre y quiere comer, sed y quiere beber. Se encuentra en celo y quiere ser jodida. ¡Menudo mérito! La mujer es "natural", es decir, abominable. Por ello es siempre vulgar, o sea, lo contrario del dandy. *Baudelaire.*

Sólo el diablo sabe lo que es la mujer; yo no lo sé en absoluto. *Dostoievski.*

42. EL GENIO SIEMPRE ES VARÓN.

Eso dicen algunos ilustres varones.

El cuadro es de William Blake: Glad day.

42

EL GENIO SIEMPRE ES VARÓN

Desde la construcción de las catedrales al descubrimiento de la penicilina, se ve fundamentalmente la mano del hombre. Los machistas más osados dicen que hasta los mejores concineros son hombres y que, despés de siglos fregando suelos agachadas, tuvo que ser un hombre el que tuvo la idea de la fregona (ponerle un palo al trapo del suelo). Todo esto es, lógicamente, provocado por la situación de opresión cultural en que ha vivido la mujer. Esa es una explicación, una "etiología", pero los hechos reales son que, todavía, aunque se aprecian cambios significativos, el camino de la genialidad está escaso de mujeres.

Si se hicieran dos listas de los hombres y mujeres más eminentes en poesía, pintura, escultura, música, historia, ciencia y filosofía, y se pusiera media docena de nombres en cada ramo, toda comparación entre las dos listas sería imposible. *Darwin.*

La mayor capacidad de la más sabia mujer no pasa de la que tiene cualquier hombre cuerdo a los catorce años de su edad. *Baltasar Gracián.*

Pensar es una función que tiende a ser mucho más dominante en hombres que en mujeres. *Karl G. Jung.*

Por las razones que sean (y parecen ser muchas) las mujeres son menos creativas que los hombres. *JM Bardwick.*

Tener genialidad es tener profundidad y si alguien intentase combinar mujer y profundidad somo sujeto y predicado sería refutado por todas partes. Una mujer genio es una contradicción en los términos puesto que genio es simplemente masculinidad intensificada, perfectamente desarrollada y universalmente consciente. *Otto Weininger.*

Sin duda existen algunas mujeres distinguidas, muy superiores al hombre medio, pero resultan tan excepcionales como el nacimiento de cualquier monstruosidad, como, por ejemplo, un gorila con dos cabezas. *Le Bon.*

La débil razón de la mujer (...) padece miopía intelectual que, por una especie de intuición, le permite ver de un modo penetrante las cosas próximas; pero su horizonte es muy pequeño y se le escapan las cosas lejanas. De ahí viene el que todo cuanto no es inmediato, o sea, lo pasado y lo venidero, obre más débilmente sobre la mujer que sobre nosotros. *Schopenhauer.*

Hasta hoy, afortunadamente, el aclarar cuestiones era asunto de hombres, una prerrogativa de los hombres. *Nietzsche.*

El mayor vigor intelectual y fuerza creativa del hombre se debe probablemente a la selección natural, combinada con la herencia de hábitos, siendo los hombres más capaces los que más éxito han tenido para defenderse y para mantenerse a sí mismos, a sus mujeres y a sus descendientes. *Darwin.*

La mente masculina es creadora, proyectada hacia fuera y más predispuesta a elaborar ideas abstractas. *Conversations-Lexicon oder Leipzig.*

La mujer huye de abstracciones y busca las realidades. *John Stuart Mill.*

La principal distinción en las facultades intelectuales de los dos sexos se manifiesta en que el hombre llega en todo lo que acomete a un punto más alto que la mujer, así se trate de cosas en que se requiera pensamiento profundo, o razón, imaginación o simplemente el uso de los sentidos y de las manos. *Darwin.*

La razón por la que las mujeres no son creativas es que carecen de ciertas características masculinas como son la resolución, la iniciativa, la independencia, y la expresión fundada en un pensamiento analítico y lógico. *R. Helson.*

Las mujeres representan el triunfo de la materia sobre la mente, y los hombres el triunfo de la mente sobre la moral. *Oscar Wilde.*

Cuando el asno trepe por una escalera de mano encontraremos sabiduría en una mujer. *Thiselton-Dyer.*

Ninguna mujer es un genio. Las mujeres son un sexo decorativo. *Oscar Wilde.*

Entre diez mil individuos elegidos al azar, 60 tenía un cociente intelectual superior a 160: eran 55 hombres y sólo 5 mujeres. *Eysenck.*

Los resultados de pruebas de inteligencia en mujeres tienen a agruparse en valores medios, mientras que las grandes variaciones (por arriba y por abajo) se dan en varones. *AW Heim.*

La mujer está absolutamente lejos de la genialidad. No hay ninguna mujer que sea un genio, nunca hubo ninguna, y nunca puede haberla. ¿Cómo puede ser que un ser sin alma posea el genio? *Otto Weininger.*

En los raros y aislados casos en que las mujeres se aproximan al genio también se acercan a la masculinidad. *Otto Weininger.*

43. FEMINISMO.

Marcha feminista pidiendo el derecho de sufragio para la mujer. Caricatura de la época.

43

FEMINISMO O GUERRA DE SEXOS

Del feminismo no hablan sólo las feministas, por eso recojo algunas citas en esta antología sobre el machismo. Y también porque en algunos planteamientos feministas pueden verse algunos aspectos que no son, para algunos y algunas, ventajosos para la mujer. En una situación clara de explotación de la mujer es necesario apoyar cambios para resolver esta injusticia. Pero quizá no todas las feministas tengan razón en los métodos.

La mujer fracasa siempre que intenta defender a "la mujer". *Nietzsche.*

En nuestros días, las mujeres occidentales se sienten inseguras acerca de su propia femineidad, por haber adoptado la idea de que imitar el comportamiento masculino las hará más poderosas y libres. *J H Matlary.*

El igualitarismo nunca conseguirá hacer justicia a las mujeres, porque varones y mujeres no son iguales. *Luce Irigaray.*

Mujer: animal que suele vivir en la vecindad del hombre y que tiene una rudimentaria actitud para la domesticación. Algunos de los zoólogos más viejos le atribuyen cierta docilidad vestigial adquirida en una antigua época de reclusión pero los naturalistas del postfeminismo niegan semejante virtud y declaran que la mujer no ha cambiado nada desde el principio de los tiempos. *Bierce.*

Ya empiezan a elevarse voces de mujeres que, ¡por san Aristófanes!, nos hacen temblar, y que nos amenazan con decirnos, con una claridad médica, qué es lo que exige ante todo y sobre todo la mujer del hombre. ¿No es una prueba de muy mal gusto que la mujer se prepare así para hacerse científica? *Nietzsche.*

El feminismo ya no es sólo una amenaza sino una realidad, quizá el hecho central de la vida americana actual. La América feminista es una ideología que habitualmente obliga a rendir tributo a sus principios, incluso a sus oponentes. Es hora de que empecemos a rechazarlo. *Michael Levin.*

En los medios de comunicación actuales hay, para algunos temas, un prejuicio anti-varón. *Brot A, Kammer J.*

Soñar que el hombre y la mujer puedan tener igualdad de derechos, una misma educación e idénticos deberes constituye un signo característico de superficialidad. *Nietzsche.*

Las mujeres tienden a interiorizar los valores masculinos a la vez que luchan contra ellos. *JM Bardwick.*

La mujer que busca una existencia individual frente al hombre, para quien ha sido creada, se vuelve repugnante y digna de mofa, lo que evidencia que el verdadero fin de la mujer es existir para otros. *Kierkegard.*

Las "acciones feministas" deben considerarse no como una ayuda a las mujeres sino como una penalización a la familia. Es ilusorio que esa discriminación inversa beneficie a las mujeres: al penalizar a un hombre se está penalizando a su mujer e hijos. *Michael Levin.*

El feminismo moderno tiene muy poca base antropológica en sus postulados. En lugar de investigar lo que realmente puede significar el hecho de ser mujer, el femisnismo actual parece asumir y mostrar un agresivo y masculino punto de vista en el que ambos sexos se hallan enzarzados en la disputa por el poder. *JH Matlary.*

Cuando una mujer quiere ser algo más que mujer es cuando peor está defendiendo sus propios intereses. *Sanial-Duray.*

El verdadero sentido de la emancipación de la mujer es su masculinización. Quiere decir que tratan de imitar al hombre y apetecen sus derechos. *Nietzsche.*

Las mujeres corren el peligro de perder sus privilegios al usurpar el lugar del otro sexo. No pueden exigir una cosa y otra. *Conan Doyle.*

240

En el feminismo veo una degeneración de los instintos de las mujeres actuales: deberían saber que por este camino destruyen su poder. En cuanto renuncien a su posición y establezcan una seria competencia con el hombre en el sentido político y civil tendrán que renunciar al trato dulce y galante que hasta ahora se les había prodigado. *Nietzsche.*

Demuestra que sus instintos están corrompidos, además de que tiene muy mal gusto, la mujer que apela precisamente a Madame Roland, a Madame de Staël o a Monsieur George Sand, como si de este modo demostrara algo en favor de "la mujer en sí". *Nietzsche.*

No somos feministas. No entendemos que la manera de respetar a la mujer consista en sustraerla a su magnífico destino y entregarla a funciones varoniles. *José Primo de Rivera.*

La mujer americana surge como, probablemente, el más privilegiado de los grandes grupos de las historia, disfrutando de un nivel nunca visto de influencia, poder, ocio y salud. Y lo hacen aprovechando el trabajo, disciplina y esfuerzos de otro grupo, sus hombres, a los que han engañado haciéndoles creer sus quejas de que ellas son las víctimas. *Robert Schaeffer.*

Las mujeres libran una batalla perdida cuando intenta convertir a los hombres en algo que no son. No nos gusta comprometernos, no nos gusta ser suaves, vulnerables o pasivos. ¡Nos gusta comer carne! *Jack Nicholson.*

El mensaje de la emancipación femenina es un mensaje descubierto únicamente por el intelecto judío. *Hitler.*

El que una mujer demande emanciparse y su cualificación para ello está en proporción directa con la cantidad de masculinidad que tenga. *Otto Weininger.*

Las mujeres gobiernan América porque América es una tierra en que los jóvenes no quieren hacerse mayores. *Salvador de Madariaga.*

La naturaleza delicada de las mujeres necesita protección. Su emancipación nos arrebataría la cosa más encantadora que el mundo puede brindarnos: nuestro ideal de feminidad. *Freud.*

Desde la Revolución francesa la influencia de la mujer ha disminuído, en la medida que han aumentado sus pretensiones y derechos. *Nietzsche.*

El feminismo anarquizante y libertario, ateo y materialista, amenaza despojar de sus nativos encantos a la mujer, convirtiéndola en un marimacho. *OS Marden.*

El movimiento feminista se resiste a la psicología evolucionista porque les preocupa que sus explicaciones impliquen una desigualdad entre los sexos, promuevan los estereotipos sexuales y fomenten el pesimismo sobre las posibilidades de cambiar de status. *DM Buss.*

El feminismo acostumbre a no temer al hombre. Pero la mujer que "olvida ese temor" sacrifica sus más femeniles instintos. *Nietzsche.*

El feminismo ha minado la posibilidad de alcanzar un igualdad real entre hombres y mujeres. El feminismo promociona lo "políticamente correcto" y han transformado su inicial reclamo de igualdad por una caza de brujas, acusando a los hombres de   actos de violencia doméstica, abuso sexual y discriminación que no han cometido. *N. O. M., N. Z. M. F. E. R. A. et al (Asociaciones masculinas).*

Hay una tendencia de los medios de comunicación a considerar cualquier afirmación feminista como si fuese real. Las mujeres activistas han usado declaraciones políticas disfrazadas como hechos para manipular la opinión pública no sólo respecto a la violación, sino también sobre el divorcio, custodia de los hijos, violencia doméstica, equiparación salarial y acoso sexual. *Jack Kammer.*

Las mujeres no son más felices por conducir un camión, adentrarse en las profundidades de una mina de carbón o convertirse en soldados de élite. En un momento dado fue importante demostrar que las mujeres podíamos hacer todo lo que hacen los hombres, pero una vez obtenido el acceso a todos esos puestos de trabajo, ¿qué hemos conseguido? La mayoría de las mujeres no eligen esa clase de profesiones. *J. H. Matlary.*

Como la ideología feminista es incompatible con la naturaleza humana, la sociedad nunca la adoptará voluntariamente. Por eso, las feministas tienen que movilizar la maquinaria coercitiva del estado para conseguir sus objetivos. Bajo la fuerza federal, las corporaciones, universidades, y los gobiernos locales o estatales dedican enormes cantidades de tiempo y dinero para identificar y promocionar selectivamente a hembras poco cualificadas a costa de varones mejor cualificados. Se calcula que esto provoca en Estados Unidos una pérdida de productividad del 36 por ciento. *Michael Levin.*

El día en que, sin comprender las ocupaciones inferiores que la naturaleza les ha asignado, las mujeres abandonen el hogar y tomen parte en nuestras batallas, ese día se pondrá en marcha una revolución social, y todo lo que sustenta los sagrados lazos de la familia desaparecerá. *Le Bon.*

La mujer aspira a la misma independencia económica y jurídica que un dependiente de comercio. "La conversión de la mujer en dependiente de comercio" es un hecho que se encuentra a las puertas de la nueva sociedad que se está configurando. *Nietzsche.*

Pocos hombres hay aquí; por eso se masculinizan las mujeres. Pues sólo el que sea bastante hombre podrá "redimir" a la mujer en la "mujer". *Nietzsche.*

La mujer quiere independizarse, y para ello trata de enseñar al hombre lo que es la "mujer en sí". Este es uno de los peores progresos dentro del afeamiento general que afecta a Europa. *Nietzsche.*

Las feministas actuales insisten en ver la historia como un escenario lacrimógeno con el macho opresor y la mujer víctima. Pero es más exacto ver a los hombres, ahuyentados por la ansiedad sexual de sus madres, formar alianzas entre grupos en que los machos se integran para crear las complejas estructuras de la sociedad, el arte, la ciencia y la tecnología. *Camille Paglia.*

La familia tradicional se está conviertiendo en un sistema de vida alternativo como se ve en los textos escolares actuales: las chicas son competitivas y agresivas mientras los muchachos son tímidos y pasivos; la maternidad nunca aparece como deseable. El Gobierno, a todos los niveles, promociona la agenda feminista radical. *Michael Levin.*

Sufragio femenino es el derecho de una mujer a votar como le indica un hombre; se funda en la responsabilidad femenina que es algo limitada. *Bierce.*

Hasta ahora hemos sido muy corteses con las mujeres. Pero llegará un tiempo en que para tratar con una mujer habrá primero que pegarle en la boca. *Nietzsche.*

Cuando se habla de la liberación de la mujer, el hombre dice sí con la cabeza y no con el corazón. *Nuria Espert.*

La emancipación de la mujer (a la que aspiran ellas mismas y cerebros masculinos superficiales) aparece como un notable síntoma del debilitamiento y del enervamiento reciente de los instintos verdaderamente femeninos. *Nietzsche.*

44. VARIOS.

Damas de azul (siglo 16 aC).

Fresco en Palacio de Cnosos. Heraklion.

44

VARIOS

Muchas citas no tenían cabida en los capítulos anteriores, y las que resultaban afines no alcanzaban número suficiente para un apartado. Por ello van a continuación, en una especie de mezcolanza de despedida. Otras que repiten ideas anterioes sólo aparecen en la biblikografía, agrupadas por autores.

Dios, que por ser Dios pudo escoger, se hizo hombre y no mujer. *José Luis Coll.*

Para mi mujer (X), sin cuya ausencia no hubiese sido posible que yo escribiese este libro. *Desconocido.*

Así como la materia apetece la forma, así la mujer al varón. *Fernando de Rojas.*

Cualquier hombre medianamente inteligente y sensible debería confesar que es o ha sido machista. Lo contrario es una hipocresía. *Adolfo Marsillach.*

El problema de la mujer siempre ha sido un problema de hombres. *Simone de Beauvoir.*

Lo que defiende a las mujeres es que piensan que todos los hombres son iguales, mientras que lo que pierde a los hombres es que creen que todas las mujeres son diferentes. *R. Gómez de la Serna*

Las mujeres más felices, como las naciones más felices, no tienen historia. *George Eliot.*

Las mujeres son vulgares, es la ley de la Naturaleza. *Epicteto.*

Evita que me una a una mujer que no sea tonta. *Moliere.*

Jamás a una mujer se le engaña completamente. *J. Conrad.*

Mujer hermosa y castillo en la frontera provocarán peleas. *Wilson.*

Amor es lo que inventamos para que las mujeres se desnuden. *Desconocido.*

Las mujeres nos aman por nuestros defectos; y si tenemos muchos nos perdonan todo, hasta nuestra inteligencia. *Oscar Wilde.*

En el manuscrito del amor el hombre escribe demasiado y la mujer va tachando. *P. Masson.*

El coito es la única función reproductora de la mujer que realmente debería estar libre de sufrimiento. *Marie Bonaparte.*

La religión monoteista (judaismo, cristianismo, islam) ha sido fundada y ha de ser regida por varones. *Xavier Pikaza.*

Agradezco a Dios no ser mujer para así librarme de tantas atolondradas acciones como se les achaca. *Shakespeare.*

Hay dos cosas que me dan verdadero miedo: las serpientes y las mujeres. Tienen muchas cosas en común; una de ellas es que lo último que se les muere es la parte de abajo. *Truman Capote.*

Generalmente se ama a las mujeres bellas por inclinación, a las feas por interés, y a las virtuosas por razonamiento. *A. de la Houssaye.*

Las mujeres raramente son amadas como ellas quisieran, es decir por un Dios todopoderoso que les diera todo y no les pidiera nada. *H. Regnier.*

Lo que hace la mujer con mil pasos, por mucho que se apresure, de un salto lo hace el hombre. *Goethe.*

En lo que toca al comer es poco lo que les basta a las mujeres, por razón de tener menos calor natural; y así es en ellas muy feo ser golosas y comedoras. *Fray Luis de León.*

Alabado sea Dios por no haberme hecho gentil, por no haberme hecho mujer, por no haberme hecho ignorante. *Oración de rabinos.*

Las mujeres son realmente insaciables; les prometemos amor y ellas nos reclaman la felicidad. *M. Houber.*

Las mujeres no son dignas de la vida. *Santo Tomás Apóstol.*

Callada y con traje negro cualquier mujer parece revestida de inteligencia. *Nietzsche.*

Me resulta más fácil sentarme sobre un barril de pólvora que hablar con mujeres. *Chejov.*

Cuando un hombre sufre y se sacrifica, todo el amor de la mujer consiste en mover la cola de su vestido y tratar de tenerle bien atado. *Chejov.*

Lo único que se puede esperar de las mujeres es desorden y problemas. *Chejov.*

Tres cosas hay en el mundo que la mujer nunca comprenderá: libertad, igualdad y fraternidad. *Chesterton.*

No hay desvergüenza como la de la mujer cogida in fraganti. La culpabilidad le presta ánimos y violencia. *Juvenal.*

Sería necesario que los hombres engendraran hijos de alguna otra manera y que no existiera la raza femenina: así no habría mal alguno para los hombres. *Eurípides.*

Respecto a las mujeres, he perdido ya dos virtudes teologales, la fe y la esperanza. Réstame sólo el amor, es decir, la tercera virtud, de la cual no puedo zafarme, aunque quisiera, a pesar de que nada crea ni espere. *Leopardi.*

Las mujeres quieren por curiosidad, por vanidad, por espíritu de imitación y, con suma frecuencia, por aburrimiento; pero también en ciertos casos quieren por amor. *H. Kana.*

La mujer quiere ser amada sin razón, sin motivo. *Amiel.*

El amor de una mujer es incompatible con el amor a la humanidad. *Conde de Lautréamont.*

Para que a una mujer le parezca interesante cualquier hombre, basta con que lleve una temporada durmiendo sola. *Jardiel Poncela.*

¡Qué difícil es saber por qué se amó a una mujer que hemos dejado de amar! *H. Regnier.*

El amor es como esos hoteles que sólo ponen muebles de lujo en el vestíbulo. *P. J. Toulet.*

Una mujer que es amada siempre tiene éxito. *Vicky Baum.*

Las mujeres vulgares son las que saben algo sobre el amor. Las mujeres maravillosas están demasiado ocupadas en ser maravillosas. *Katharine Hepburn.*

Amo al ratón Mickey más que a cualquier mujer que conozca. *Walt Disney.*

Amar a mujeres inteligentes es un placer homosexual. *Baudelaire.*

Lo que amamos en las mujeres es que, cuando "se dan", dan también un espectáculo. *Nietzsche.*

Solamente el último amor de una mujer puede igualar el primer amor de un hombre. *Balzac.*

Amargura hallaréis hasta en el cáliz del mejor amor. *Nietzsche.*

250

Amamos a las mujeres en proporción a su extrañeza para con nosotros. *Baudelaire.*

Los hombres quieren ser el primer amor de la mujer; las mujeres inteligentes quieren ser el último amor del hombre. *Oscar Wilde.*

Con frecuencia las mujeres creen amar aunque no amen: el ocuparse de un amorío, la emoción que da la intriga galante, la inclinación natural al placer de ser amadas y la contrariedad que se siente al rechazar algo, les convencen de que aquello es una pasión, cuando no es más que coquetería. *La Rochefoucault.*

En fin, la mujer más loca, / más vana y más arrogante, / de las burlas del amor, / contra gusto suyo, sale / enamorada y casada, / que es lo peor. *Calderón de la Barca.*

La debilidad de la mujer, las necesidades de su sexo, sus inclinaciones naturales, el predominio que en ella tiene el sentimiento sobre la reflexión, todo está indicando que no ha nacido para mandar al varón, a quien la naturaleza ha hecho reflexivo, de corazón menos sensible, sin los medios y las artes de seducir, pero con el aire y la fuerza del mando. *Balmes.*

En cuerpo y espíritu el hombre es más fuerte que la mujer. *Darwin.*

El hombre más insignificante (en lo que concierne a virtudes naturales) es más y de mejor condición que la más noble mujer sobre la tierra. *Boccaccio.*

Por degradado que sea un hombre está muy por encima de la mejor de las mujeres, tanto, que resulta imposible la comparación. *Otto Weininger.*

Hay pocas mujeres cuyo mérito dure más que su belleza. *La Rochefoucault.*

No es que la mujer sea un ser inferior, es que el hombre es un ser superior. *F. Parturier.*

No hay veneno peor que el de la serpiente; no existe cólera mayor que la de una mujer. *Siracida.*

Casóse con una de estatura desmedrada Demócrito, siendo él de grande y crecida, al preguntarle por qué se había casado con una mujer tan pequeña respondió: -Elegí del mal el menor. *Demócrito.*

Hay dos cosas que me dan verdadero miedo: las serpientes y las mujeres. Tienen muchas cosas en común; una de ellas es que lo último que se les muere es la parte de abajo. *Truman Capote.*

Vivir con leones y con dragones es más pasadero que hacer vida con la mujer que es malvada. *Eclesiastés.*

La mujer es la sopa del hombre; y cuando un hombre ve que otros quieren mojar los dedos en su sopa muestra una cólera extrema. *Moliere.*

La mujer que contra su voluntad ha sido entregada en matrimonio a un hombre, es enemiga de su marido. *Plauto.*

Tomad, dice, cabellos de una mujer, ponedlos bajo tierra bien sazonada, donde haya habido un estercolero durante el invierno, y al principio de la primavera o del estío, cuando el cabello se haya calenado por el calor del sol, engendrará serpientes, que seguidamente darán nacimiento a otras de la misma especie. *Alberto el Grande.*

Ya sabe, a las mujeres cualquier cosa les impresiona, ¡y a la mía sobre todo!, y no deberíamos ir en contra de ello, ya que su organización nerviosa es mucho más maleable que la nuestra. *Gustave Flaubet.*

La mujer es animal imperfecto y que no se le han de poner embarazos donde tropiece y caiga, sino quitárselos y despejarle el camino de cualquier inconveniente, para que sin pesadumbre corra ligera a alcanzar la perfección que le falta, que consiste en el ser virtuosa. *Cervantes.*

Belladona: en italiano significa mujer hermosa, en nuestro idioma, un veneno mortífero: un ejemplo irrefutable de que ambas lenguas coinciden en lo esencial. *Bierce.*

Físicamente, el hombre es más tiempo hombre que la mujer, mujer. Por lo que respecta al matrimonio, la diferencia de duración que existe entre la vida amorosa del hombre y la de la mujer resulta, pues, de quince años. *Balzac.*

Decía Lotario que tenían necesidad los casados de tener cada uno algún amigo que le advirtiese de los descuidos que en su proceder hiciese, porque suele acontecer que con el mucho amor que el marido a la mujer tiene, o no le advierte, o no le dice, por no enojarla, que haga o deje de hacer algunas cosas, que el hacerlas, o no, le sería de honra, o de vituperio; de lo cual, siendo del amigo advertido, fácilmente pondría remedio en todo. Cervantes.

¿Puede la mujer ser sabia, valerosa y justa como el hombre? *Aristóteles.*

Darwin, Ortega y Gasset, San Pablo, Nietzsche, Freud, Sócrates, Cervantes, Goethe, Schopenhauer, Aristóteles, Balzac y otros ilustrados expresaron opiniones claramente machistas.

Bibliografía
y
Citas por autor

En la parte anterior hemos agrupado por temas o tópicos las citas, seleccionando sólo las que nos han parecido más definitorias o curiosas para el lector.

En nuestra labor de búsqueda bibliográfica habíamos recogido muchas más citas, de los propios autores, de recopilaciones, de libros electrónicos o de páginas de Internet. Ahora las ofrecemos todas juntas (incluyen las de la primera parte), dispuestas según autores y , en muchos casos, por la obra de procedencia.

Acarín, Nolasc.
El cerebro del Rey. Ediciones RBA, Barcelona 2000.

Hay diferencias cerebrales por las que los hombres son más propicios para la orientación visual-espacial.

Acidalius.
La mujer no forma parte del género humano.
Mulieres homine non esse.

Acton, William. (siglo XIX).
Las mujeres honradas casi nunca desean gratificaciones sexuales para sí mismas; se entregan a sus maridos sólo para complacerlos, y de no ser por su deseo de maternidad preferirían ser relevadas de su función.

Alas, Leopoldo.
El gallo de Sócrates y otros cuentos. Espasa Calpe, 1973.

La única tentación seria es la mujer.

Alemán, Mateo.
Guzmán de Alfarache.

No hay mujer tan alta que no huelgue ser mirada, aunque el hombre sea muy bajo.

Alexis.
Los adivinos.

Los hombres casados han vendido la libertad de palabra y el bienestar en la vida; de las mujeres como esclavos viven.

Alfonso X, el Sabio.
Non es guisada nin honesta cosa que la mujer tome oficio de varón.

Algren, Nelson.
Newsweek, 02/07/1956.

Nunca duermas con una mujer cuyos problemas sean peores que los tuyos.
Never sleep with a woman whose troubles are worse than your own.

Allais, Alphonse.
¡Ah, el eterno femenino!, decía aquel señor cuya mujer nunca acababa de morirse.

Allen.
La comisura anterior (que conecta los hemisferios cerebrales) es más grande en mujeres y en varones homosexuales que en los varones heterosexuales.

Almodóvar
La flor de mi secreto. Jacinta. 1995.

La mujer que enviuda o que es abandonada por su marido (que para el caso es lo mismo) debe volverse a su pueblo, con su madre, ir a visitar la ermita aunque no sea cristiana, y quedarse con su gente de antes, porque si no, va por ahí como vaca sin cencerro.

Amiel, Henri-Fréderic.
Se entiende a la mujer como se entiende el lenguaje de los pájaros. O por intución o de ninguna manera.

Amiel, Henri-Fréderic.
Journal intime, II.

Si el hombre se engaña siempre en sus juicios sobre la mujer, es porque olvida que ella y él no hablan un mismo lenguaje, y que sus palabras no tienen el mismo valor y la misma significación, especialmente cuando se habla de sentimientos.
Si l'homme se trompe toujours plus ou moins sur la femme, c'est qu'il oublie qu'elle et lui ne parlent pas tout à fait la même langue, et que les mots n'ont pas pur eux le même poids el la même signification, surtout dans les questions de sentiment.

El alma de la mujer tiene algo oscuro y misterioso que hace languidecer las energías viriles.
L'âme de la femme a quelque chose d'obscur, de mystérieux, qui alanguit les énergies viriles.

La mujer quiere ser amada sin razón, sin motivo.
La femme veut être aimé sans raison, sans pourquoi.

Anacreonte
Odas. La belleza.

Zeus concedió los cuernos al toro, los cascos al caballo, las patas ligeras a la liebre, la boca armada de dientes al león, las espinas a los peces, las alas rápidas a los pájaros, y al hombre la razón. Nada le quedó para ser concedido a la mujer. Y entonces le otorgó la belleza, para que dispusiera de ella en lugar de las garras, las alas o cualquier otra cosa.

Anacreonte. Citado por Puleo, Alicia H.
A las mujeres, la Naturaleza les rehusó la prudencia, que es atributo de los hombres.

Anastasi, Anne.
Psicología diferencial. Aguilar, Madrid 1958.

En pruebas de información general, de razonamiento aritmético y de aptitud espacial los chicos logran mejores puntuaciones que las chicas.

Anastasie A, Foley J.
Differential psychology: inndividual and group differences in behavior.

Las niñas son más sensibles a los estímulos sociales y tienen un menor umbral sensitivo para el tacto y dolor.

Anfis.
Atamante.

Una prostituta es, con mucho, más complaciente que una esposa.

Ankney CD.
Sex differences in relative brain size: the mismeasure of woman, too?

En hombres y mujeres del mismo peso, el cerebro masculino tiene 100 gramos más en promedio.

Anónimo.
Primero un beso y después las uñas: así lo hacen todas.
Erst Kuss und dann die Kralle/ So machen es alle.

Lo malo de una mujer con el corazón roto es que empieza a repartir los pedazos.

Anónimo. Cit. en F.Voneisen. Junggesellen-brev.
La vida de la mujer puede dividirse en tres fases: sueña el amor, practica el amor y llora el amor.
Das Leben der Frau kann in drei Abschnitte eingetei!t werden: sie traümen die Liebe, sie übe die Liebe, sie bedauern die Liebe.

Los pasos de una mujer joven y hermosa no son observados con tanta atención y severidad por nadie, como por las feas.

Dí a la mujer una sola vez que es hermosa y el diablo se lo repetirá diez veces cada día.

Anónimo. Citado en Buss, DM.
La evolución del deseo. Alianza, Madrid 1994.

La mujer se casa creyendo que su marido cambiará. El hombre se casa creyendo que su mujer no cambiará. Ambos se equivocan.

Anónimo. Compendio de la humana salud
(Manuscrito de la Bibl. Nacional, I-51). Herrera T (ed). Spanish Medical Texts Series. Madison.The Hispanic Seminary of Medieval Studies, 1987.

La naturaleza purga ese veneno superfluo cada mes, y si no lo echase fuera de sí, se haría una losa, y de ahí nacerían muchos males: como alienación de pensamiento y tener síncopes y otras terribles dolencias.
La natura purga aquella superfluidad venenosa cada mes, & si no la botasse fuera de sí / hazerse hía una losa / y ende nascerían muchas passiones: como alienación de piensa / & sincopizar: & ottras terribles dolencias.

¿Porqué las mujeres después de cincuenta años no tienen menstruos? Responde porque entonces son mañeras. O, de otra manera y mejor, porque la naturaleza está entonces tan debilitada que no los puede expeler, y por eso congregan en sí aquella materia mala, en tanto que con su aliento infectan a los muchachos y abundan en ellas romadizos y tos la mayoría de las veces. Débese el hombre por tanto, por consejo de los médicos, guardarse de la comunicacion de las viejas.
¿Porqué las mujeres después de cinquenta años no tienen menstruos? Responde porque entonces son mañeras. O en otra manera y mejor / porque la natura está entonces tan debilitada / que no los puede expellir, & porende congregan en sí aquella materia mala / en tanto que con su aliento infecionan los mochachos & habundan en ellas romadizos & tos las mas vezes. Dévese el hombre porende, por

consejo de los phísicos, guardarse de la comunicacion de las viejas.

¿Por qué los hombres que copulan con mujeres menstruantes se vuelven roncos? Responde que porque por el aliento ellos atraen el aire infectado de las mujeres, a los miembros especiales y a los instrumentos de la voz, y aquel aire infecto causa la ronquedad.
¿Porqué los hombres que se ayuntan con las mujeres mestruosas / tornan roncos? Responde porque los tales por el aliento / atrahen el ayre infeccionado delas mujeres / a los miembros especiales / & instrumentos de la voz. / & aquel ayre infecto / causa la ronquedad.

¿Por qué las mujeres que quedan embarazadas en el tiempo que purgan el menstruo conciben y paren las criaturas leprosas o monstruosas o que tienen algún defecto? Responde porque, como ya se dijo, esa materia es superflua, venenosa y defectuosa en sus operaciones y machada, y como escribe el filósofo en el libro de las causas, que la semejanza de la causa resplandece y se demuestra en el efecto.
¿Porqué las mujeres que se fazen preñadas enel tiempo que purgan el mestruo / conciben / & paren las criaturas lebrosas / o monstruosas / o que tienen algun defecto? Responde porque como ya es dicho / aquella materia es superflua / venenosa / & defectuosa en sus operaciones & polluta. / & como escribe el philósopho enel libro delas causas/ que la semejança dela causa / resplandesce / & se demuestra en el efecto.

Anónimo. Grim, II, 1.
El diablo no puede sujetar la lengua de una mujer.
The devil cannot tie a woman's tongue.

Anónimo. Las mil y una noches.
No te apoyes en mujeres, no confíes en sus corazones. Ellas te jurarán un amor mentiroso.

La malicia de las mujeres es tremenda.

Con Alá buscaremos refugio de los trucos y malicia de las mujeres...

Nunca hubo mujer casta sobre la faz de la tierra.

Anónimo. Refranero popular.
A la noche putas, y a la mañana comadres.

Anónimo. The five senses, IV, 5.
Antes se equipa un barco que se arregla una dama.
A ship is sooner rigged by far than a gentrlewoman made ready.

APA (Asociación Americana de Psicología).
http://www.apa.org/releases/intell.html,46\clipim\200 0\11\apaiq\apaiq. htm

Entre hombres y mujeres hay diferencias de inteligencia que son evidentes para capacidades específicas y que podrían ser de base genética.

Aranda, Juan de.
Lugares comunes.

La mujer es arma del diablo, cabeza de pecado y destrucción del Paraíso.

La muger es arma del diablo, cabeza de pecado y destruyción del Parayso.

Arcipreste de Hita (Juan Ruiz).
(La mujer) cuanto es más sosañada y avergonzada, cuanto es más manchada y herida por el hombre, tanto más por él anda muerta, loca perdida: no se preocupa del tiempo que con él está.

Quanto es más sosañada, quanto es más corrida, quanto es más por ome magada e ferida, tanto más por él anda uerta, loca perdida: non cuyda ver la ora que con él sea yda.

Todas las hembras tienen en sí estas maneras: al principio siempre son ariscas, muestran que tienen saña y son muy esquivas; amenazan, pero no hieren; en celo, son arteras.

Todas las fenbras han en sy estas maneras: al comienco del fecho syenpre son rreferteras, muestran que tieren saña e son muy rregateras, amenasan; mas no fieren: en celo son arteras.

Con mujer no te obsesiones, no te abrigues con ella.

Con muger non t'enpereces, non t'enbuelvas en tabardo.

(La mujer) por mejor tiene ser un poco forzada, que como desvergonzada decir "actúa con juicio"; con un poco de fuerza se encuentra más disculpada: en todas las alimañas es cosa probada.

Por mejor tyen' ka dyela de ser un poco forcada; que dezir: "faz tu ta'ente", como desvergoncada; con poquilla de fuerca fynca más desculpada: en todas las animalyas esta es cosa provada.

La mujer cortejada se ciega: pierde el seso y el buen sentido.

Ciega la muger seguida, non tyene seso nín tyento.

Mujeres alevosas de corazón traidor, que no tenéis miedo, mesura ni pavor, de mudar donde queréis vuestro falso amor, ¡ay, muertas os veáis de rabia y de dolor!

Mugeres alevosas de coracón traydor, que non avedes miedo, mesura nin pavor de mudar do queredes el vuestro falso amor, ¡ay, muertas vos veades de ravia e de dolor!

Toda mujer de mundo y señora de alcurnia, gusta del dinero y de muchas riquezas; yo nunca vi hermosa que quisiese pobreza; donde hay muchos dineros, y es mucha la nobleza.

Toda muger del mundo e dueña de alteza págase del dinero e de mucha riqueza: yo nunca vy fermosa que quysyese pobreza: do son muchos dineros, y es mucha nobleza.

Mujer muy pretendida olvida la cordura.

Muger mucho seguida olvida la cordura.

Mira mujer donosa y hermosa y lozana, que no sea muy alta, y tampoco enana; si puedieses, no quieras amar a mujer villana, pues de amor no sabe y es como bausana.

Cata muger donosa e fermosa e locana, que non sea muy luenga, otrosí nin enana; sy podieres, non quieras amar muger villana, ca de amor non sabe e es como bausana.

A toda cosa brava el mucho tiempo amansa: la cabra montés muy perseguida se cansa, el cazador que la sigue la coge cuando desansa: la esposa muy brava se amansa usándola.

A toda cosa brava grand tiempo lo amanssa: la çierva monteyna mucho segida canssa, caçador que la sigue, tómala quando descanssa: la dueña mucho brava usanso se faz' manssa.

El miedo y la vergüenza hace a las mujeres no hacer lo que quieren como tú lo quires.

El miedo e la verguenca faze a las mugeres non fazer lo que quieren como tú lo quieres.

Donde no mora un hombre, la casa poco vale. Así estáis, hija, viuda o soltera, solas, sin compañero, como la tortolilla: por eso creo que estáis amarillas y flacas, pues donde sólo hay mujeres, nunca faltan rencillas.

Mas do no mora ome, la casa poco val'. Así estades, fija, biuda e mancebilla, sola, sin conpañero como la tortolilla: deso creo que estades amariella e magrilla, que do son todas mugeres nunca mengua rrensilla.

Si quieres amar señoras u otra cualquier mujer, muchas cosas habrás antes de aprender; para que ellas te quieran en amor acoger, acierto primero a escoger la mujer.

Sy quisyeres amar dueñas o otra qualquier muger, muchas cosas avrás antes a deprender, para que te ella quiera en amor acoger: sabe primeramente la muger escoger.

Si no la cortejo ni la uso, el amor se perderá; si ve que la olvido, ella a otro amará; amor con uso crece, con desuso mengua; cuando a la mujer olvides, ella te olvidará.

Si la non sigo, non uso, el amor se perderá; sy veye que la olvido, ella otro amará: el amor con uso crece, desusando menguará; do la muger olvidares, ella te olvidará.

Amistad, familia y sangre: todo lo altera la mujer.

Amistat, debdo e sangre, toda la muger muda.

Talante de mujeres ¿quién lo puede entender, sus malas maestrías y su mucho malsaber? Cuando están encendidas y quieren hacer el mal, todo lo echan a perder: alma y cuerpo y fama.

Talante de mugeres ¿quién lo puede entender, sus malas maestrías e su mucho malsaber? Quando son encendidas e mal quieren fazer, alma e cuerpo e fama, todo lo dexan perder.

Tu amor no vale para cualquier mujer. No ames las casadas, que no te convienen; es amor baldío, que de gran locura viene.

259

Para todas mugeres tu amor non conviene: no quieras amar dueñas, que a ty non avyene; es un amor baldío, de grand locura viene...

Hazle pronto la vergüenza perder, porque esto ayuda mucho, si la quieres tener: una vez que pierde la vergüenza, la mujer hace más diabluras de las que el hombre quiere.

Ffazle una vegada la verguença perder, porque esto faz' muncho, sy la quieres aver: desque una vez perde verguenca la muger más diabluras face de quantas ome quier.

La mujer muy sañuda y que el hombre la guerrea bien, las dominaciones la vencen, por muy brava que sea.

La muger byen sañuda e qu' el ome byen guerrea, los doñeos la vencen, por muy brava que sea.

Mujer, molino y huerta requieren uso. Es cosa cierta: molino andando gana, huerta bien labrada da la mejor manzana, mujer muy requerida, siempre anda lozana.

Muger, molyno e huerta, syenpre quieren el uso (...) Esto es cossa cierta: molyno andando gana, huerta mijor labrada da la mejor mancana: muger mucho seguida, siempre anda loçana.

En la cama muy loca, en la casa muy cuerda: no olvides tal esposa, sino acuérdate de ella.

En la cama muy loca, en la casa muy cuerda: non olvides tal dueña, mas della te acuerda.

Torre alta, en cuanto tiembla, tiene que caer, mujer que está dudando, es fácil tenerla.

Torre alta, desque tyembla, non ay synon caer; la muger qu'está dubdando, lygera es de aver.

Del mal, tomar lo menos, dice el sabio. Por eso de las mujeres, la mejor es la más pequeña.

Del mal, tomar lo menos: díselo el sabidor; ¡Por end' de las mugeres la menor es mijor!

A toda mujer que mira mucho o está risueña, dile sin miedo tus deseos, no tengas vergüenza; de mil apenas una te dirá que no; aunque la mujer calle, en eso piensa y sueña.

Toda muger que mucho otea ó es rrysueña, dyl' sin miedo tus deseos, non te envargue vergueña; a pena de mill una te lo niegue; más desdeña: aunque la muger calle, en ello piensa e sueña.

Yo nunca vi mujer hermosa que quisiese pobreza.

Yo nunca vy fermosa que quisyese pobreza.

Guárdate, no la tengas la primera vez, no acometas cosas que se encuentre asustada, sin su gusto no sea tocada ni preñada; una vez échale el cebo, que venga segura (...) el tiempo todas las cosas trae a su lugar (...), sé sutil y detalloso y conseguirás tu amiga.

Guárdate, non la tengas la primera vegada, non acometas cosas porque fynque espantada, syn su placere non sea tanida nin trexnada; una vez échale cebo, que venga segurada (...). el tyenpo todas cosas trae a su lugar (...) sey sotil e acucioso e avrás tu amiga.

Arcipreste (cit. Martínez de Toledo, Alfonso).
El Corbacho, o Reprobación del amor mundano.

La mujer es porfiada y desobediente.

La mujer ser murmurante y detractora; que si con mil habla, de mil habla: cómo van, cómo están, cuál es su estado, cuál es su vida, cuál su manera.

La muger ser murmurante e detractadora, regla general es dello; que sy con mill fabla, de mill fabla: cómo van, cómo están, qué es su estado, qué es su vida, quál es su manera.

Dar no es su condición y así al hombre le ocurre con la mujer, como al padre o la madre con su hijo.

Dar non es de su condición, e asy constesce al hombre con la muger, como al padre e madre con su fijo.

Aretino, P.
Il filosofo.
La mujer, por rica que sea, no vale nada si no imita las costumbres del marido.
La donna, quanto si voglia ricca, niente vale non imitando i costumi del marito.

Argyle, Michael.
Bulletin of the British Psychological Society 1984; 37.
Las mujeres gustan de hacer relaciones entre iguales pero están menos capacitadas para afrontar grupos jerárquicos, estructurados para tareas compartidas, y raramente surgen como líderes de esos grupos.
Many studies have shown how women like to form close relationships with equals but are less able or willing to cope with hierarchical, structured groups engaged in joint tasks, and rarely emerge as the leaders of such groups.

Arias, Imanol.
El País, 23/12/01
Tengo una mujer que me dura, luego manda; ahora soy un corderito.

Ariosto.
Orlando furioso, VIII, 42.
¿Qué puede tener de bueno en este mundo la mujer a la que se arrebató la castidad?
Che aver può al mondo più di buono a cui la castità levata sia?

Aristófanes.
Lo único en el mundo peor que una mujer es otra.

Aristóteles.
De generatione animalium, l. I, c. 2 y 14; l. 4, c. I y 2; Metafís., I, 6.
En la generación, el varón es acto, idea y forma; la mujer, potencia y materia, y al formarse el nuevo ser, sale hembra cuando no alcanza a la debida proporción para que se forme varón.

Aristóteles
Historia animalium

La mujer es más propensa al desaliento, menos esperanzada que el hombre, más falta de vergüenza, más falsa al hablar, más despectiva.

En cualquier tipo de animal, siempre la hembra es de carácter más débil, más maliciosa, menos simple, más impulsiva y más atenta a ayudar a las crías.

La mujer es más compasiva que el hombre, más fácil de mover a las lágrimas, al mismo tiempo que es más celosa, más quisquillosa, más apta para reprender y zaherir.

La mujer es también más débil, más retraída, más difícil de mover a la acción, y requiere menor cantidad de alimento.

Aristóteles.
La naturaleza sólo hace mujeres cuando no puede hacer hombres.

Aristóteles. Citado en Amorós, C.
Diez palabras clave sobre mujer. Ed. Verbo divino,

En un embrión, el cuerpo (soma) procede de la madre mientras que el alma (psyché) y la esencia son originados por el padre.

En la reproducción, el semen aporta el alma o la vida, mientras que lo femenino es el origen de la materia. La sangre menstrual aporta la materia (hyle) y el esperma la forma (demiourgón).

Lo masculino representa el poder (dynamis) y lo femenino la carencia (adynamis).

La relación ideal entre marido y mujer es la aristocracia, con la regencia de los mejores. El lugar asignado a la mujer es la casa y la reproducción.

En la marcha de la economía doméstica los agentes son la mujer y el esclavo. Allí se realizan los trabajos de mantenimiento del cuerpo en la esfera de la necesidad (anankaia), trabajos que hay que tener resueltos para la entrada (de los hombres) en la vida pública o política, que precisa del ocio (skolé).

La mujer es un hombre mutilado, una deformación de nacimiento.

Aristóteles.Citado por: Pikaza X.
El varón representa los aspectos positivos de la vida (luz, actividad, inteligencia); la mujer los negativos (oscuridad, pasividad, sentimiento).

Aristóteles.
Historia de los animales, III.

La mujer no echa pelos en la barbilla, pero a algunas les salen unos pocos cuando se interrumpe la menstruación.

Aristóteles.
La política. Alba, Madrid 1996.

La mejor virtud de la mujer es un modesto silencio.

El macho debe mandar a la hembra; es éste un orden natural que no puede quebrantarse.

El padre de familia está investido de una autoridad natural sobre su mujer.

¿Puede la mujer ser sabia, valerosa y justa como el hombre?

La prudencia, la fuerza y la injusticia en el hombre tendrán siempre el sello del mando; en la mujer, el de la obediencia.

El esclavo está absolutamente privado de voluntad; la mujer la tiene, pero sometida.

La época del matrimonio debe fijarse en los 18 años para las mujeres y en poco menos de 37 para los hombres.

La unión en edad más formada asegura la moderación del instinto porque las mujeres que antes disfrutan del amor suelen ser más lascivas.

El hombre siente una inclinación invencible hacia la mujer, que le es inferior en fuerza e inteligencia.

Lo masculino está por naturaleza más dotado para mandar y dirigir que la mujer.

La naturaleza, teniendo en cuenta la necesidad de la conservación, ha creado a unos seres para mandar y a otros para obedecer. Ha querido que el ser dotado de razón y de previsión mande como dueño. La naturaleza ha fijado, por consiguiente, la condición especial de la mujer y la del esclavo.

En toda clase de animales, el emparejamiento de individuos demasiado jóvenes produce crías débiles, las más veces hembras y de formas raquíticas.

El saber del hombre no es el de la mujer, ni son iguales en el valor o la equidad, que la fuerza del uno estriba en el mando y la de la otra en la sumisión.

El valor y la prudencia difieren completamente de la mujer al hombre. Un hombre parecería cobarde si sólo tuviese el valor de una mujer valiente; y una mujer parecería charla-tana si no mostrara otra reserva que la que muestra el hombre que sabe conducirse como es debido.

En la familia, las funciones del hombre y las de la mujer son muy opuestas, consistiendo el deber de aquél en adquirir y el de ésta en conservar.

El hombre libre manda al esclavo de muy distinta manera que el marido manda a la mujer. El esclavo está absolutamente privado de voluntad; la mujer la tiene, pero subordinada.

Para hacer grandes cosas es preciso ser tan superior a sus semejantes como lo es el hombre a la mujer o el señor al esclavo.

Un modesto silencio hace honor a la mujer.

Aristóteles.
Moral.

La mujer, sin duda, es inferior al hombre, pero su relación con éste es más íntima que la del hijo y la del esclavo.

Hay diferencias de consideración en el afecto del padre por el hijo, que es relación de bienhechor a favorecido, y en la del marido por la mujer, que es relación de jefe a súbdito.

Hay una relación en la desigualdad que es la que une al soberano con el súbdito, al superior con el inferior, al marido con la mujer y, en general, que existe respecto de todos los seres entre quienes se da relación de superior a subordinado.

Aristóteles.
Poética.

No es apropiado en el carácter de una mujer ser viril o inteligente.

Arnold AP.
Genetically triggered sexual differentiation of brain and behavior. Horm Behav 1996; 30: 495-505.

Las diferencias entre sexos en anatomía y función del cerebro se producen por la acción de hormonas gonadales (esterorides) durante la vida embrionaria y neonatal. Pero también hay un control genéntico directo , no hormonal de la diferenciación sexual del cerebro.

Ateneo de Náucratis.
Sobre las mujeres. La cena de los eruditos, libro XIII.

Las mayores guerras surgieron por culpa de mujeres (...) Y también casas enteras fueron arruinadas por mujeres.

Auden WH.
Si los hombres supiesen lo que las mujeres hablan de ellos cuando están solas, la raza humana dejaría de existir.
If men knew what women said about them in private, the human race would cease to exist.

Auguez.
Moderne et recoco, 5.

Recuerdo haber oído hablar de dos mujeres que se querían sinceramente y vivían en paz sin maldecirse recíprocamente a pesar de ser ambas jóvenes: la una era sorda y la otra ciega.

Averroes.
La mujer es un hombre imperfecto.

Ser bella y amada es condición de muchas mujeres. Ser fea y saber hacerse amar es, quizá, la máxima expresión del genio de la mujer.

Avicena.
Canon.

Si la substancia retenida es sangre mentrual, el peligro es que degenere en locura, puesto que la sangre menstrual contiene los cuatro humores, y si se encuentra el humor melancólico en forma abundante se propaga al cerebro y provoca locura.

Aytoum, W.E.
Charles Edward at Versailles.

El amor de la mujer está escrito en el agua; la fidelidad de la mujer se dibuja en la arena.
Woman's love is writ in water! Woman faith is traced on sand!

Azorín (José Martínez Ruiz).
La perfecta casada.

La mejor de las mujeres es inaguantable. ¡Lo que serán las otras! ¡Y lo que será el matrimonio!

Azorín (Martínez Ruiz, José).
Cuando la mujer ve al hombre amado y éste no advierte su presencia, no piensa "le he visto", sino "no me ha visto".

B.Boismont y S. Icard.
La mujer tiene cierto grado de tendencias psicóticas en el período premenstrual.

Balmes, Jaime.
Ética.

La mujer debe a su marido sumisión y obediencia en todo lo concerniente al buen orden doméstico.

La debilidad de la mujer, las necesidades de su sexo, sus inclinaciones naturales, el predominio que en ella tiene el sentimiento sobre la reflexión, todo está indicando que no ha nacido para mandar al varón, a quien la naturaleza ha hecho reflexivo, de corazón menos sensible, sin los medios y las artes de seducir, pero con el aire y la fuerza del mando.

Balzac, Honoré de.
El que puede gobernar a una mujer, puede gobernar una nación.
Qui peut gouverner une femme,peut gouverner une nation.

El destino de la mujer y su única gloria es hacer latir el corazón de los hombres.
La destinée de la femme et sa seule gloire sont de faire battre le coeur des hommes.

El despecho de una mujer deseada tiene muy poderosos atractivos; tanto la sumisión como la cólera es en ella tan imperiosa y ataca tantas fibras en el corazón del hombre, que le penetra y le subyuga.

Todo es tan fugaz en la mujer...

Balzac, Honoré de.
Honorine.

El instinto de las mujeres equivale a la perspicacia de los grandes hombres.
L'instinct chez les femmes équivaut à la perspicacité des grands hommes.

Balzac, Honoré de.
Les employés.

A ninguna mujer le complace que se alabe a otra mujer en su presencia; todas se reservan en tal caso para decir la palabra final que pue a vinagrar la alabanza.

Aucune femme n'aime à entendre faire devant elle l'éloge d'une autre femme; toutes se réservent en ce cas la parole afin de vinaigrer la louange.

Balzac, Honoré de.
Eugenia Grandet.

El texto de la vida femenina será siempre sentir, amar, sufrir y sacrificarse.

Balzac, Honoré de.
Fisiología del matrimonio.

Por muy malicioso que sea un hombre, nunca dirá de las mujeres tantas cosas malas o buenas como las que ellas piensan de sí mismas.
Un homme, quelque malicieux qu'il puisse être, ne dira jamais des femmes autant de bien ni autant de mal qu'elles en pensent elles-même.

Excitar deseos es el fin de todos los gestos de la mujer.
Exciter des désirs celui de tous ses gestes (de la femme).

La jaqueca es una afección que tiene infinitos recursos para las mujeres. Esta enfermedad, que es la más fácil de fingir, porque no ofrece síntomas visibles, se adquiere con decir únicamente: - Tengo jaqueca. Una mujer se ríe entonces de vosotros, pues no existe persona en el mundo que pueda dar un mentís a su cráneo (...) La jaqueca es la reina de las enfermedades, el arma más poderosa y más terrible que emplean las mujeres contra sus maridos.

Hasta la edad de treinta años, el rostro de una mujer es un libro escrito en lengua extranjera y que aún se puede traducir. Pero, cuando pasa de los cuarenta años, una mujer se convierte en un jeroglífico indescifrable, y solo una vieja puede adivinar a otra vieja.

Una mujer es una variedad rara en el género humano de la que vamos a dar seguidamente los principales caracteres fisiológicos. Esta especie es debida a los cuidados particulares que los hombres hayan podido aplicar a su cultivo, gracias al poder del oro y al calor moral de la civilización. Se la reconoce generalmente por la blancura, finura y suavidad de la piel...

Las mujeres más virtuosas tienen en sí algo que no es casto.

Un marido no debe dejar nunca que su mujer vaya sola a casa de su madre.

Entre las mujeres que os presentan batalla con los ataques de nervios, existen algunas, más rubias, más delicadas, más sencillas que las otras, que tienen el don de las lágrimas. ¡Saben llorar tan admirablemente! Lloran cuando quieren, como quieren y tanto como quieren.

Sus madres, sus institutrices, les repiten con voz infatigable que toda la ciencia de una mujer consite en la manera como sabe manejar esa hoja de higuera (vestidos) con que se tapó nuestra madre Eva.

Existe un lazo secreto entre las mujeres, como entre todos los sacerdotes de una misma religión. Se odian pero se protegen.

Físicamente, el hombre es más tiempo hombre que la mujer, mujer. Por lo que respecta al matrimonio, la diferencia de duración que existe entre la vida amorosa del hombre y la de la mujer resulta, pues, de quince años.

Debéis retrasar lo más que os sea posible el momento en que vuestra mujer os pida un libro.

(Las mujeres) saben vender caro lo que no tienen, y lo venden caro para que el precio compense la vulgaridad de lo que dan.

Las mujeres proceden con admirable arte a la investigación de las cuerdas que más vibran en el corazón de sus maridos; y, una vez que hayan encontrado el secreto, se apoderan codiciosamente de este principio; después, como el niño a quien se da un juguete mecánico cuyo resorte irrita su curiosidad, llegarán hasta estropearlo, golpeando incesantemente, sin preocuparse de las fuerzas del instrumento; con tal que ellas logren su objeto.

La mujer es una propiedad que se adquiere por contrato, y es un mueble, porque la posesión sirve de título; en fin, hablando propiamente, la mujer no es más que un anexo del hombre.

El arte pérfido de las reticencias, las malicias del silencio, la maldad de las hipótesis, la falsa ingenuidad de una pregunta, todo lo emplean (las mujeres) contra vosotros.

Las neurosis son de dos clases por lo que atañe al empleo que de ellas hacen las mujeres casadas: neurosis clásicas y neurosis románticas.

La edad en que se casan las mujeres es, por término medio, la de veinte años; a los cuarenta ya no pertenecen al amor.

Balzac, Honoré de.
Los Chuanes

La mujer tiene un instinto que le impulsa a jugar con su presa como el gato juega con un ratón. Ese instinto de la mujer que la hace despótica cuando no está oprimida.

Sois demasiado hermosa para ser mujer honrada.

Balzac, Honoré de.
Modeste Mignon.

Para saber hasta dónde llega la crueldad de esos encantadores seres que nuestras pasiones tanto enaltecen, es preciso ver a las mujeres entre ellas.
Pour savoir jusqu'où va la cruauté de ces charmants êtres que nos passions grandissent tant, il faut voir les femmes entre elles.

Balzac, Honoré de.
Pensées et maximes

Solamente el último amor de una mujer puede igualar el primer amor de un hombre.

263

Il n'ya que le dernier amour d'une femme qui puisse égaler le premier amour d'un homme.

Barbusse, Henri.

Las mujeres se inclinan, por no se sabe qué, a ver sólo los defectos en un hombre de talento, y las cualidadades en un tonto.

Es la eterna historia del juguete que los hombres creen recibir y del tesoro que las mujeres creen dar.

Bardwith, Judith M.
Psicología de la mujer. Ed.del Prado, Madrid 1994.

La mujer tiene una relación ambivalente con los aspectos corporales de su sexualidad, ya que le auguran dolor, sangre y mutilación, pero también amor, placer y creatividad.

La mujer es más protectora, dependiente, pasiva, receptiva, maternal, intuitiva, empática y lábil, y estas características aumentan a medida que la niña se transforma en mujer.

Por las razones que sean (y parecen ser muchas) las mujeres son menos creativas que los hombres.

Para las muchachas adolescentes y "veinteañeras" la meta fundamental es el matrimonio, en fuerte contraste con el carácter vocacional en las finalidades de los chicos.

La pasividad, la dependencia y la falta de autoestima son las cualidades de personalidad en que se diferencian las mujeres de los hombres.

La menopausia provoca cambios psico-somáticos muy acusados que incluyen irritabilidad, crisis de llanto, depresión, confusión e incapacidad para concentrarse. Las mujeres pueden volverse intolerantes, ansiosas, hipocondríacas, deprimidas.

Para la mayoría de las mujeres, el acto sexual es importante porque el varón así lo determina y carece de verdadera importancia por sí mismo.

La mente masculina discrimina, analiza, separa y perfecciona. La mente femenina capta relaciones, posee una percepción intuitiva de los sentimientos, tiene tendencia a unir más que a separar.

En todas las culturas se manifiestan ideas negativas respecto a la menstruación y a las mujeres menstruantes: es sucia, impura, tabú.

La mujer madura es su cuerpo: éste es el medio con que atrae a los hombres, los maneja, les ama, obtiene su amor y satisface sus necesidades sexuales y reproductoras.

Las mujeres tienen miedo consciente a que el varón les deje si rehúsan el contacto sexual, y un temor inconsciente a que las abandonen precisamente por haberlo hecho.

Las niñas mantienen relaciones de dependencia afectiva como los niños pequeños y continuarán, durante un extenso período de su vida, evaluando su yo en función de valoraciones que reflejan las de otras personas.

El erotismo femenino es fundamentalmente psicológico. Cuando preguntamos a las mujeres por qué hacen el amor son muy pocas las que contestan que lo hacen por placer; es una sexualidad alejada de las sensaciones corporales directas, tanto en las solteras como en las casadas.

Es frecuente encontrarse con mujeres cuya estima hacia sí mismas depende totalmente de las reacciones de los demás, y esto es síntoma de indigencia y vulnerabilidad.

Según el psicoanálisis, la mujer psicológicamente madura se caracteriza por las cualidades de pasividad, masoquismo y narcisismo.

La niña seguirá teniendo a lo largo de su existencia una gran necesidad de aprobación por parte de otras personas.

Las diferencias psicológicas entre los sexos se basan, en parte, en las diferencias genitales.

En la mujer las fuentes más importantes de satisfacción narcisista son el sexo y, sobre todo, el embarazo y la maternidad.

Hay una evidente dependencia de la mujer con relación a terceros, como génesis de su autoestima, y ésta es una diferencia fundamental. La persona madura depende menos de cómo se ve reflejada en los demás.

En hebreo antiguo, para hablar de la menstruación se usaba la misma palabra que para describir a los leprosos.

Hasta en el acto sexual la mujer encuentra erótico un dolor discreto. El dolor elevaría la intensidad de la sensación física de la unión genital.

En la mujer hay una pasividad saludable en que responde a la frustración y la agresión elaborando (de pensamiento y fantasía) soluciones de compromiso, en lugar de hacerlo con actividad exterior directa.

La mujer expresa su enojo mediante las palabras y la manipulación interpersonal. A veces observamos lo que denominamos "tiranía del débil": la utilización de la debilidad por parte de la mujer para conseguir que otros hagan las cosas por ella.

La niña adecua su conducta a las expectativas de padres, compañeras y maestro.

La ansiedad primordial de la niña radica en su preocupación por que se le acepte y se le quiera.

¿Quién es es afortunado que no ha conocido a una víbora (que siempre se concibe como mujer), una arpía (también mujer), una chismosa (de nuevo en femenino) o una "madre judía" (no necesariamente judía)?

La maternidad es la base fundamental del placer femenino.

Las mujeres y las niñas son menos agresivas desde el punto de vista de las manifestaciones motrices.

En el mundo competitivo del trabajo los hombres presentan una clara ventaja sobre las mujeres por sus cualidades de independencia y agresión.

Según el psicoanálisis, la sexualidad femenina normal se basa en la pasividad y en un masoquismo que no alcanza a ser autodestructivo porque la mujer es también narcisista.

En los primeros años de colegio, la niña está más capacitada para dar el máximo de sí al mundo "puro" de los estudios, porque se encuentra menos preocupada por el control y la expresión de sus impulsos prohibidos. Esto permite a las niñas aprender más rápidamente que los varones en los primeros años estudiantiles, especialmente cuando se pone énfasis en estudios memorísticos que no requieren conceptos abstractos, independientes.

Su constitución sexual y la presión social hacen que la mujer reprima su agresividad y la vuelva contra sí misma. El desarrollo equilibrado exige que estos impulsos destructorres se vinculen a los impulsos eróticos lo que consideramos como un masoquismo necesario.

Comparadas con los hombres, las mujeres aparecen como más dependientes del amor y el aprecio de otros, para convencerse de su propia valía.

La femineidad exige la renuncia a la sexualidad clitorial: la niña debe ser más mujer y menos varón; eso se consigue en parte por el paso de la energía libidinal del clítoris a la vagina.

La agresión femenina suele ser sutil, menos fácil de reconocer como tal, que la agresión evidente, manifiesta e inmediata del varón.

En la personalidad de la mujer se dan cambios regulares, predecibles, mutaciones que se correlacionan con las producidas en el ciclo menstrual.

En la mujer, los cambios emocionales se correlacionan con los niveles de estrógenos y progesterona en las distintas fases del ciclo menstrual.

Las mujeres neuróticas reaccionan con más fuerza ante el proceso menstrual y las alteraciones emocionales propias del ciclo, pero creo que las variaciones emocionales aparecen en las mujeres normales con aproximada frecuencia.

Las diferencias constitucionales entre niños y niñas les llevan a percibir y sufrir el mundo que les rodea de modo diferente.

Los hombres y mujeres difieren psicológicamente en cuanto a estilo de vida, organización del ego, cualidades de personalidad, motivaciones y fines.

En la mujer el narcisismo sirve como una especie de defensa, mediante la cual la integridad del yo no se disuelve al tener que aceptar las exigencias de los demás.

Las mujeres tienden a interiorizar los valores masculinos a la vez que luchan contra ellos.

Barnes F.
En la mujer algunas enfermedades psiquiátricas se producen por un pólipo del útero que obstrucción

mecánicamente la salida del flujo menstrual y se curarn después de la intervención quirúrgica.

En la mujer algunas enfermedades psiquiátricas se producen por un pólipo del útero que obstrucción mecánicamente la salida del flujo menstrual y se curarn después de la intervención quirúrgica.

Baroja, Pío.
Al hombre le gusta todavía el misterio y la confusión. La ciudad monstruo, la mujer fatal, son caras ilusiones de su alma.

Una mujer puede ser inculta y enormemente agradable, pero un atractivo fuerte no es una cosa ordinaria. La mujer que tiene un encanto así, con saber leer y escribir, y las cuatro reglas, le basta y le sobra.

Cuando una mujer no tiene dotes de atracción extraordinarias tiene que defenderse de otras maneras, y si es mediocre y su cultura es también mediocre, no se defiende.

Barrie, J.M (Sir).
What every woman knows (1918), act 1.

El encanto es una especie de flor de la mujer. Si lo tiene, no necesita nada más, y si no lo tiene, no importa qué otra cosa tenga.
Charm... it's a sort of bloom on a woman. If you have it, you don't need to have anything else; and if you don't have it, it doesn't much matter what else you have.

Basta, Jan.
El hombre ama poco y a menudo, la mujer mucho y raramente.

Baudalaire, Charles.
Amar a mujeres inteligentes es un placer homosexual.
Aimer les femmes intelligentes est un plaisir de pédéraste.

En toda mujer de letras hay un hombre fracasado.

Baudalaire, Charles.
Las flores del mal.

¡Mi mujer ha muerto, soy libre!

Baudalaire, Charles.
Mi corazón al desnudo y otros papeles íntimos. Visor, Madrid 1983

Lo que la joven es en realidad: una pequeña tonta y una pequeña puerca; la más grande imbecilidad unida a la depravación más grande.

Amamos a las mujeres en proporción a su extrañeza para con nosotros.

Las voluptuosidades del que mantiene a una amante participan a la vez del ángel y del propietario.

Sólo existen dos lugares donde se paga para tener el derecho de gastar: las letrinas públicas y las mujeres.

La mujer es lo contrario del dandy. De modo que debe producir horror.

La mujer tiene hambre y quiere comer, sed y quiere beber. Se encuentra en celo y quiere ser jodida. ¡Menudo mérito! La mujer es "natural", es decir, abominable. Por ello es siempre vulgar, o sea, lo contrario del dandy.

¿Por qué el hombre mundano ama a las putas más que a las mujeres de mundo, siendo ambas igualmente estúpidas? A investigar.

La mujer no sabe separar el alma del cuerpo. Es simplista como los animales. Un satírico diría que esto es porque no posee nada más que cuerpo.

Mientras más cultiva el hombre las artes, menos se empalma. Se produce un divorcio más y más sensible entre el espíritu y el bruto. Sólo el bruto se empalma bien y la jodienda es el lirismo del pueblo.

Joder es aspirar a entrar en el otro y el artista no sale jamás de sí mismo.

De la necesidad de pegar a las mujeres.

Siempre me ha extrañado que se permitiese a las mujeres entrar en las iglesias. ¿Qué conversación pueden tener con Dios?

En el amor, como en casi todos los negocios humanos, el acuerdo es el resultado de un malentendido. Ese malentendido es el placer.

No pudiendo suprimir el amor, la Iglesia ha querido, al menos, desinfectarle y ha creado el matrimonio.

Baudalaire, Charles.
Spleen et idéal, XXVII.
La fría majestad de la mujer estéril.
La froide majesté de la femme stérile.

Baum, Vicky.
Una mujer que es amada siempre tiene éxito.

Beau, Marie Jeanne (Condesa du Berry).
Cuando una mujer tiene miedo de su rival está perdida.

Beaumont F, Fletcher J.
Philaster, II, 4ª.
Despúes de comer, los hombres deben andar una milla y las mujeres hablar una hora: éste es su ejercicio.
As men do walk a mille, women should talk an hour, afte supper: 'tis ther exercise.

Beauvoir, Simone de.
El hombre es el Sujeto y la mujer es la Otra.

El problema de la mujer siempre ha sido un problema de hombres.

Las mujeres no nacen hembras, es la sociedad la que les hace así.

Beer, M.
En: F.Voneisen. Liebesbrevier.

El corazón de la mujer solamente conoce una felicidad en este mundo: amar y ser amada.

Beerbohm, Max (Sir).
Zuleika Dobson (1911), cap. 6.
La mujer que es realmente amable con los perros es siempre la que no ha podido inspirar simpatía en los hombres.
You will find that the woman who is really kind to dogs is always one who has failed to inspire sympathy in men.

Beckford, William.
Vatbeck, cuento árabe.
Era tan malvada como pueda serlo una mujer, que ya es decir.

Benavente, Jacinto.
La ciudad alegre y confiada.
Suprime la vanidad en las mujeres y habrás suprimido la mitad,por lo menos, de la ambición de los hombres.

Benavente, Jacinto.
Los intereses creados..
La timidez del hombre hace ser algo más atrevidas a las mujeres.

Benedek, Therese F.
Psychosexual functions in women. Ronald Press, New York 1952.
La psicología de la mujer es variable y va cambiando con su ciclo menstrual.

La mujer tiene emociones cíclicas que van en paralelo con su ciclo hormonal; sus respuestas psicodinámicas son igualmente cíclicas y relacionadas con lo anterior.

Benedek, Therese F.
Sexual funtions in women and their disturbance. En: Arieti S. American handbook of Psychiatry. Basic books, New York 1959.
El que una mujer sea maternal depende del nivel hormonal de progesterona tanto como de su personalidad previa.

Benedeck TF, Rubenstein B.
The sexual cycle in women: the relation between ovarian function and psuchodynamic processes. National Research Council, Washington 1942.
Antes de la menstruación la mujer tiene menor control emocional, las frustraciones parecen insoportables y sufre una regresión a respuestas más infantiles.

En los días previos a la menstruación hay una regresión de la integración psicosexual: enfado, excitabilidad, fatiga, manías, llanto y temor a la mutilación.

Conforme aumentan los estrógenos la tendencia sexual de la mujer se pueden entrever en los sueños, las fantasías, las emociones conscientes e incluso en la misma conducta.

Después de la menstruación, conforme van aumentando los estrógenos, las emociones de la mujer cambian, se van exteriorizando, se hacen activas y heterosexuales en una tendencia que apunta biológicamente hacia la cópula.

Berger, John.
Los hombres miran a las mujeres. Las mujeres que están siendo miradas se vigilan entre sí.
Men look at women. Women watch themselves being looked at.

Biblia
La mujer sabia edifica su casa ; mas la necia con sus manos la derriba.

Ligera es la maldad comparada con la maldad de la mujer; caiga sobre ella la suerte de los pecadores.

Biblia (apócrifa de Enoch o Henoch). Génesis.
Las mujeres son buenas para ser tomadas como era bueno para comer el fruto del paraíso.

Biblia. Eclesiastés.
La lujuria de la mujer, en las procacidades de los ojos y en los párpados se conoce.
Fornicatio mulieris in extollentia oculorum et in palpebris illius agnoscitur.

La gracia de la mujer hacendosa alegrará al marido.
Gratia mulieris sedulae delectabit virum suum.

Toda malicia es muy pequeña comparada con la malicia de la mujer.
Brevis omnia malitia super malitiam mulieris.

No hay peor ira que la de la mujer.
Non est ira super iram mulieris.

Para el hombre tranquilo, una mujer habladora es como pendiente arenosa para los pies de un anciano.
Sicut ascensus arenosus in pedibus veterani, sic mulier linguata homini quieto.

Donde no hay mujer se lamenta el necesitado.
Ubi non est mulier, ingemiscit egens.

Hallé que la mujer es más amarga que la muerte, que es lazo de cazador y red su corazón, cadenas sus manos.
Inveni amriorem morte mulierem, quae laqueus venatorium est, et sagena cor eius, vincula sunt manus illius.

Entre mil hombres encontré un solo hombre; entre todas las mujeres, no encontré ninguna.
Virum de mille unam reperi; mulierem ex omnibus non inveni.

No tengas celos de tu mujer, para que no enseñarle lecciones malas contra tí.
Non zeles mulierem sinus tui, ne ostendat super te malitiam doctrinae nequam.

No frecuentes el trato con la bailarina, ni la escuches, no sea qu perezcas con su persuasión.
Cum saltatrice ne assiduus sis; nec audias illam, ne forte pereas in efficatia illius.

A causa de la hermosura de una mujer han perecido muchos.
Propter speciem mulieris multi perierunt.

Biblia. Eclesiastés.
La maldad de la mujer es todas las maldades.

La mujer rencillosa es casa que se llueve, y lo que turba la vida es casarse con una aborrecible.

No hay ira que iguale a la de la mujer enojada.

Vivir con leones y con dragones es más pasadero que hacer vida con la mujer que es malvada.

Todo mal es pequeño en comparación de la mujer mala: a los pecadores le caiga tal suerte.

Quebranto de corazón y llaga mortal es la mala esposa.

La mujer que no da placer al marido es cortamiento de piernas y decaimiento de manos.

La mujer celosa es dolor de corazón y llanto contínuo, y el tratar con la mala es tratar con los escorpiones.

Nunca permitas que una mujer perversa viaje por ahí.

Biblia. Ezequiel..
El que sea justo y haga juicio y justicia, no banquetee por los montes y no alce los ojos a los ídolos de Israel; no deshonre a la mujer de su prójimo y no se llegue a la menstruada...

Biblia.Éxodo.
No codiciarás los bienes ajenos: la mujer de tu prójimo, ni su buey, ni su asno, ni nada que sea de él.

Biblia. Génesis.
La mujer deseará al marido y él la dominará.

Biblia. Job.
Has hablado como una de esas mujeres necias.
Quasi una de stultus mulieribus locuta es.

La mujer es enemiga del amistad, pena que no se puede huir, mal necesario, tentación natural, calamidad deseada, peligro doméstico, detrimento deleitable, naturaleza del mal y pintada con el color del bien.

Biblia. Levítico.
Yavé habló a Moisés: Cuando una mujer dé a luz y tenga un hijo, será impura durante siete días. Si da a luz una hija será impura durante dos semanas.

Biblia. Proverbios
¿Quién hallará una mujer fuerte?
Mulierem fortem quis inveniet?

No prestes atención a falacias de mujer.

Ne attendas fallaciae mulieris.

La mujer sabia edifica su casa, mas la necia con sus manos la destruye.

Sapiens mulier aedificat domum suam; insipiens structam quoque manibus destruet.

Quien retiene a una mujer adúltera es necio e impío.

Qui tenet uxorem adulteram, stultus est et impius.

La mujer virtuosa es como corona de su marido, pero la desvergonzada es como la carcoma de sus huesos.

Mulier diligens corona est viro suo. Et putredo in ossibus eius, quae confusione res dignas gerit.

La mujer dio principio al pecado, y por su causa morimos todos.

Como joya de oro en hocico de cerdo, así es la mujer hermosa sin criterio.

Los labios de una mujer desconocida gotean como un panal de miel, y su boca es más suave que el aceite: pero al final es amarga como el ajenjo y corta como una espada de doble filo.

Biblia. Siracida.
No hay veneno peor que el de la serpiente; no existe ira mayor que la de una mujer.

Por culpa de las mujeres muchos se han arruinado.

Bierce, Ambrose.
La mujer: ¡Quién pudiera caer en sus brazos sin caer en sus manos!

Here's to Woman! Would that we could fall into her ams without falling into her hands.

El que mejor vive con las mujeres es el que sabe cómo vivir sin ellas.

He gets on best with women who knows how to get on without then.

Bierce, Ambrose.
Diccionario del diablo (1911). M.E. Editores, Madrid 1997.

Debilidad: ciertos poderes primarios de la mujer tirana por los cuales mantiene el dominio sobre el macho de su especie, para someterlo al servicio de su voluntad y paralizar sus ímpetus rebeldes.

Weaknesses: Certain primal powers of Tyrant Woman wherewith she holds dominion over the male of her species, binding him to the service of her will and paralyzing his rebellious energies.

La mujer es la especie más ampliamente distribuída de todas las bestias de presa; infesta todas las partes habitables del globo, desde las dulces montañas de Groenlandia hasta las virtuosas playas de la India.

The species is the most widely distributed of all beasts of prey, infesting all habitable parts of the globe, from Greeland's spicy mountains to India's moral strand.

Sufragio femenino es el derecho de una mujer a votar como le indica un hombre; se funda en la responsabilidad femenina que es algo limitada.

By female suffrage is meant the right of a woman to vote as some man tells her to. It is based on female responsibility, which is somewhat limited.

La mujer pertenece a la especie de los gatos, es flexible y grácil en sus movimientos, especialmente la variedad americana (Felis pugnans), es omnívora, y puede enseñársele a callar.

The creature (woman) is of the cat kind. The woman is lithe and graceful in its movement, especially the American variety (felis pugnans), is omnivorous and can be taught not to talk.

Mujer: animal que suele vivir en la vecindad del hombre y que tiene una rudimentaria actitud para la domesticación. Algunos de los zoólogos más viejos le atribuyen cierta docilidad vestigial adquirida en una antigua época de reclusión pero los naturalistas del postfeminismo niegan semejante virtud y declaran que la mujer no ha cambiado nada desde el principio de los tiempos.

Woman: An animal usually living in the vicinity of Man, and having a rudimentary susceptibility to domestication. It is credited by many of the elder zoologists with a certain vestigial docility acquired in a former state of seclusion, but naturalists of the postsusananthony period, having no knowledge of the seclusion, deny the virtue and declare that such as creation's dawn beheld, it roareth now.

Belleza: un poder por el que la mujer encanta a su amante y aterroriza a su marido.
Beauty: The power by which a woman charms a lover and terrifies a husband.

Para los hombres, un hombre es sólo su mente. ¿Quién se preocupa de su cara o ropas? Pero la mujer es el cuerpo de la mujer.
To men a man is but a mind. Who cares what face he carries or what form he wears? But woman's body is the woman.

Boda: una mujer con una excelente posibilidad de felicidad tras ella.
Bride: A woman with a fine prospect of happiness behind her.

Curiosidad: una censurable característica del alma femenina.
Curiosity: An objectionable quality of the female mind.

Indiscreción: el delito de la mujer.
Indiscretion: The guilt of woman.

Señorita: título que identifica a las mujeres solteras para indicar que están en el mercado.
Miss: The title with which we brand unmarried women to indicate that they are in the market.

La boca es para el hombre la puerta del espíritu; en la mujer, es el desahogo del corazón.
Mouth: In man, the gateway to the soul; in woman, the outlet of the heart.

Amor: una locura transitoria que se cura mediante el matrimonio.
Love: A temporary insanity cureable by marriage.

La doncella es joven, pertenece al sexo desagradable, su conducta es imprevisible y tienen opiniones que incitan al crimen.

Belladona: en italiano significa mujer hermosa, en nuestro idioma, un veneno mortífero: un ejemplo irrefutable de que ambas lenguas coinciden en lo esencial.

Bión.
La mujer fea daña la vista, y la hermosa ofende el juicio y la razón.

Block JH.
Merrill-Palmer Quarterly 1976; 22.

Los hombres son mejores en problemas de razonamiento que requieren reestructuración; son más dominantes, tienen mayor y más potente autoestima, son más curiosos y exploradores, más activos y más impulsivos.
Meta-analysis shows men are] better on insight problems requiring restructuring; more dominant and have a stronger, more 'potent' self-concept; more curious and exp!oring, more active and more impulsive.

Bocaccio, Giovanni.
Filostrato, III, 30.
La mujer, siempre voluble como hoja al viento.
Volubil sempre como foglia al vento.

Boccaccio, Giovanni.
The most pleasant and delectable questions of love. Electronic Text Center, University of Virginia Library

El corazón de las mujeres es inconstante.

El hombre más insignificante (en lo que concierne a virtudes naturales) es más y de mejor condición que la más noble mujer sobre la tierra.

Sin duda, lo que una mujer más estima es su virginidad, y tiene su explicación: porque de eso depende el honor del resto de su vida.

Mientras los granjeros tienen un gallo para diez gallinas, diez hombres apenas son suficientes para servir a una mujer.

Boecio.
La mujer es un templo levantado sobre una cloaca.

Bogumil, Goltz.
Charakteristk u. Naturgeschichie der Frauen.

Tres judíos reunidos no tienen tanto ingenio ni desfachatez para el fraude como una sola mujer.
Drei Juden zusammen haben nicht soviel Talent und Frechheit im Schmuggeln wie eine Frau.

Bonaparte, Marie.
Female sexuality. Grove Press, New York 1962.

El coito es la única función reproductora de la mujer que realmente debería estar libre de sufrimiento.

Bonaparte, Napoleón.
Las batallas contra las mujeres son las únicas que se ganan huyendo.

Lo que se necesita de sueño es cuatro horas para el hombre y cinco para la mujer, los cretinos necesitan más.

La mujer es nuestra propiedad; nos pertenece como los árboles frutales pertenecen al hortelano que los ha cuidado.

La mujer más insigne es la que mayor número de hijos da a la patria.

Bonnin, C.I.B.
Pensées.

La compañía habitual de las mujeres es tan peligrosa como el uso desmedido del vino: mata moralmente.
La société habituelle des femmes est aussi pernicieuse que l'usage hor de raison du vin: elle tue moralement.

Börne, Ludwig.
Fastengpredigt über die Eifersucht.

La mujer más dulce y noble posee por lo menos una paletada de carbón infernal.
Die sanfteste, edelmütigste Frau besitzt von der Hölle wenigstens ein volles Kohlenbecken.

Inspirar amor es la incesante aspiración de la mujer.
Liebe einzuflössen ist das unaufhörliche Bestreben der Weiber.

Borrás, Jaime.
Una mujer puede ocultar su rostro con una sonrisa.

Bourdeille, Pierre.
¿Quién es más fogosa: la casada, la viuda o la soltera?

Las mujeres que se vuelven a casar recuerdan a los cirujanos avaros que no quieren curar de una vez las llagas de un pobre herido, para prolongar el tratamiento y ganar más dinero.

¿Quién es más fogosa: la casada, la viuda o la soltera? Aunque las mozas, con el calor de la sangre están predispuestas a querer mucho, no puede ser tanto como las casadas y viudas, que tienen más experiencia en el negocio? Esto es razón natural, como la del ciego de nacimiento, que no habiendo visto nunca la luz, no puede codiciarla tanto como el que vio y fue privado de la vista.

Es más cómodo enamorarse de la casada que, muchas veces, cuando su marido le ha engañado, golpeado o injuriado, se complace en hacerle cornudo a modo de venganza, pues nada hay tan vengativo como la mujer.

Para satisfacer mejor su deseo, ¿de quién debe enamorarse un hombre: de la casada, la viuda o la soltera? Es más cómodo enamorarse de la casada, aunque esos amores sean peligrosos, pues cuanto más sopla el fuego más se le enciende, que todas las cosas se deterioran con el uso menos la lujuria, que aumenta. La viuda, que ha pasado tiempo sin sentir sus efectos, casi no la siente, y más se anima por los recuerdos que por el deseo. La soltera, que sólo sabe y conoce lo que es por su imaginación, lo desea sin ardores. Sin embargo, la casada, más ardiente que las otras, desea entregarse muchas veces.

Bourget, P.
La duchesse bleue.

Siempre hay un rincón de silencio en las más sinceras confesiones de las mujeres.
Il ya toujours un coin de silence dans les plus sincères confessions des femmes.

Breslau N, Davis GC, Andreski P, Peterson EL, Schultz LR.
Sex differences in posttraumatic stress disorder. Arch Gen Psychiatry 1997; 54:1044-1048.

Las mujeres son más susceptibles que los varones a desarrollar estrés después de un estímulo traumático, sobre todo antes de la adolescencia.

Bretón, André.
Primer manifiesto surrealista.

¿Acaso lo esencial no es que seamos dueños de nosotros mismos, y, también, señores de las mujeres y del amor?

British Medical Journal, 1878
citado por Bosch et al 1999.

La carne se corrompe si la toca una mujer que está menstruando.

Broca P.
Paris 1871.

Nos está permitido suponer que el tamaño relativamente pequeño del cerebro de la mujer depende en parte de su inferioridad física y en parte de su inferioridad intelectual.

No debemos olvidar que las mujeres son, por regla general, un poco menos inteligentes que los hombres; una diferencia que no debemos exagerar pero que es, no obstante, real.

Brot Armin, Kammer Jack.
Gender bias in the media: the other side of the story. On balance: the journalism of gender.

En los medios de comunicación actuales hay, para algunos temas, un prejuicio anti-varón. (...)
An anti-male bias exists in today's media coverage of various issues. Greater media coverage is given to women with cancer, even though more men suffer from it; that female soldiers were given proportionally more coverage than men during Desert Storm, and that almost no media coverage is given to male victims of domestic violence.

Broverman et al.
Psychol. Rev. 1968; 75. Citado en Willerman L. The Psychology of Individual and Group Differences. WH.Freeman, San Francisco 1979.

Los hombres superan a las mujeres en pruebas de laberinto, dibujos en espejo, contar hacia atrás o tiempo de reacción.

Browning, R.
In a Balcony.

Para las mujeres no existe otro bien en la vida que el amor.
For women there is no good of life but love.

Bruyère, J. de la.
Caractéres: Des femmes.

Las mujeres quedan unidas a los hombres prestándole sus favores.
Les femmes s'attachent aux hommes par les faveurs qu'elles leur accordent.

Buck, Pearl S.
Lo que más gusta a las mujeres son los pequeños detalles de los hombres: un cochecito, un brillantito, una finquita de recreo y otras menudencias.

Buda.
Las mujeres son embusteras y pérfidas. Son móviles como la llama del relámpago y su conducta es confusa.

Bunge, Carlos Octavio.
La perfidia femenina. Ediciones elaleph.com, 2001.

No hay que creer en los ataques de nervios, lágrimas y escenas de las mujeres.

Cuanto menos siente una mujer, más irritable se muestra. Sus sentimientos están en la epidermis, su corazón es lógico y frío.

No todos los hombres son negociantes, pero la generalidad de las mujeres lo son por temperamento.

En toda mujer hay un poco de madrastra, en toda madrastra hay su poco de mujer. La suegra no es más que una forma de madrastra, y con la suegra toda tutela femenina que no se base en el amor.

Donde más se revela la perfidia femenina es en los casos de "odio conyugal". Por brutal e impulsivo que sea el marido no alcanza nunca el refinamiento de perfidia de la esposa: insulta como un loco, pega como un borracho y tortura suave y delicadamente, envenenando a pequeñas dosis, enloqueciendo a alfilerazos.

Por herencia y organización fisiológica en la mujer priman tres condiciones: espíritu de conservación, irritabilidad y aptitud para el fraude.

La mujer es enemiga de las innovaciones, tiene intenso apego a las formas tradicionales y es avara. No hay mejores administradores que las viudas.

La mujer, aunque con menos invención creadora que el hombre, posee sin embargo una lógica utilitaria o instintiva, mejor sentido práctico, efecto de su egoismo, de su menor imaginación, de su mayor concentración en el hogar y de su espíritu esencialmente conservador.

Contra la lenta acción de la esposa no hay defensa posible. Y es muy curioso el fenómeno psicológico de cómo una mujer infiltra sus ideas en el ánimo de su marido y lo convence.

Lo que en la mujer llamamos crueldad o egoismo es sólo resultado de la "política femenina", astucia y fraude, la política del débil. La política femenina sería una resultante de factores psicológicos: sentimientos antialtruistas e incapacidad de imponerlos franca y abiertamente.

La mujer es menos susceptible de sentimientos generosos y altruistas que el varón.

Los intelectuales tienen una marcadísima propensión hacia las mujeres histéricas.

Burton, Robert.
Anatomy of melancholy (1621).
¡Oh insaciable y antinatural lujuria de la mujer! ¿Qué país o pueblo no lo lamentará?
Of woman's unnatural, insatiable lust what country, what village does not complain?

Buss DM et al.
La evolución del deseo. Alianza, Madrid 1996.

En el sistema de elección de pareja la mujer da una importancia primordial al nivel económico del hombre (estudiados 10.000 individuos de 37 culturas de los 6 continentes).

En el hombre y otros machos se observa el "efecto Coolidge": la excitación sexual con la misma pareja disminuye progresivamente mientras aumenta ante cada nueva hembra. Este fenómeno es adaptativo porque fomenta una mirada itinerante (relaciones extramatrimoniales).

La mujer trata de ascender de posición económica mediante el matrimonio para acceder a los recursos.

En las culturas en que la comunidad comparte la comida, las mujeres tienen menores incentivos para casarse.

La prostitución predomina por dos factores interactivos: el deseo masculino de sexo ocasional a bajo coste y el deseo femenino (por elección propia o necesidad económica) de ofrecer servicios sexuales a cambio de ganancias materiales.

Las relaciones sexuales ocasionales también permiten a las mujeres un beneficio adaptativo crucial: la obtención inmediata de recursos. Sexo por recursos o recursos por sexo se han intercambiado en millones de transacciones a lo largo de los milenios de la existencia humana.

Una mujer puede ascender de posición social al emparejarse con un hombre prestigioso aunque sólo sea una relación temporal, pues accede durante algún tiempo a un estrato social más elevado donde puede encontrar una pareja permanente.

En la pareja, la mujer emplea el malhumor y volubilidad emocional para imponer pequeños costes al hombre y luego usa el modo en que éste reacciona para medir su grado de compromiso.

La mujer escoge al hombre en parte por sus recursos externos. Una vez casados, ella es la que más se queja de que dichos recursos son insuficientes.

La elección femenina se basa posiblemente en la evolución de las preferencias de la hembra por el macho que le ofrece recursos en el reino animal. Dondequiera que la hembra muestra preferencias por un compañero, su criterio clave son los recursos del mismo.

En la pareja, la mujer emplea el malhumor y volubilidad emocional para imponer pequeños costes al hombre y luego usa el modo en que éste reacciona para medir su grado de compromiso.

El movimiento feminista se resiste a los hallazgos de la psicología evolucionista porque les preocupa que sus explicaciones impliquen una desigualdad entre los sexos, promuevan los estereotipos sexuales y fomenten el pesimismo sobre las posibilidades de cambiar de status.

A lo largo de miles de generaciones, en las mujeres se desarrolló la preferencia por hombres que dieran señales de estar dispuestos a comprometerse con ellas.

La obtención inmediata de recursos es un beneficio adaptativo crucial que las mujeres se aseguran mediante las relaciones sexuales ocasionales.

El intento de los hombres, a medida que envejecen, de emparejarse con mujeres más jóvenes, no se debe a inmadurez psicosexual, sino que refleja un deseo universal con una larga historia evolutiva.

Las preferencias femeninas por hombres con recursos originaron presiones selectivas para que los varones compitieran y se arriesgaran más, por lo que los hombres mueren antes.

El valor de una mujer depende de la edad, por lo que el hombre dedica menos esfuerzos a conservar a una esposa mayor que a una joven.

Para intentar descubrir las intenciones de alguien que sale con ellas, las mujeres pasan horas hablando con sus amigas de los detalles de la interacción que tienen con su pareja o con su posible pareja. Se cuentan las conversaciones y las analizan en sus más mínimos detalles.

Cuando la mujer busca una relación de compromiso impone costes de noviazgo, exigiendo tiempo prolongado, energía y compromiso antes de consentir en tener relaciones sexuales.

Acostarse con la mujer de otro hombre supone el robo ilegal de sus recursos. En todas partes parece que el hombre considera a la mujer como un bien que posee y controla; en todas partes reacciona ante su infidelidad como lo haría ante un robo.

Las mujeres provocan celos como táctica para obtener información sobre el nivel de compromiso de los hombres, y para elevarlo.

Las mujeres no se limitan en mejorar su apariencia, también critican el aspecto de las demás; afirman que sus rivales son gordas, feas y carecen de atractivo físico, descalificándolas ante el hombre deseado.

El macho humano, durante toda la vida, sería promiscuo en su elección de pareja sexual, si no hubiera restricciones sociales.

Los celos fueron una estrategia evolutiva desarrollada para combatir la infidelidad. Una mujer a cuyo marido le gustarse flirtear corría el peligro de perder los recursos, el compromiso y la inversión en los hijos.

Las mujeres, al igual que algunos pájaros, prefieren hombres con "nidos" deseables.

En la historia evolutiva humana, los hombres que no acumulaban recursos no atraían a las mujeres.

Aunque la distancia filogenética entre un insecto y un ser humano es muy grande, muestran paralelos sorprendentes en su lógica adaptativa para retener a la pareja. En ambos casos, el macho lucha por inseminar a la hembra y evitar que le sea infiel. Y ambas hembras lucha por asegurarse una inversión a cambio de su disponibilidad sexual.

Buttler, Samuel.
Atrib.

Los bandidos te piden la bolsa o la vida; las mujeres exigen ambos.
Brigands demand your money or your life; women require both.

Byron, George.
Es fácil morir por una mujer, lo difícil es vivir con ella.

Byron, George.
Don Juan

El amor en la vida del hombre es una cosa aparte; pero en la mujer es toda la vida.
Man's love is of man's life a thing apart, 'Tis woman's whole existence.

Las mujeres lo perdonan todo excepto su cara.
The women pardoned all except her face.

La venganza es dulce, especialmente para las mujeres.
Sweet is revenge- especially to women.

Estoy contra todas las mujeres de cualquier condición. Su obstinación, orgullo e indecisión. Nunca conocen su propio pensamiento dos días seguidos.
Against all women of whate'er condition, especially sultanas and their ways. Their obstinacy, pride, and indecision, their never knowing their own mind two days.

¡Qué extraña es la mujer! Su cabeza es un torbellino, y el resto de ella es un remolino hondo y peligroso. Sea casada o viuda, doncella o madre, puede cambiar su pensamiento como el viento: lo que haya dicho o hecho no importa para lo que dirá o hará.
What a strange thing is man? and what a stranger is woman! What a whirlwind is her head, and what a whirlpool full of depth and danger is all the rest about her! Whether wed or widow, maid or mother, she can change her mind like the wind: whatever she has said or done, is light to what she 'll say or do!

En su primera pasión la mujer quiere al amante; en todas las demás no quiere más que al amor.
In her first passion woman loves her lover, over, in all the others all she loves is love.

Byron, George.
Sardanápalus, III, 1.

Todas las pasiones desmedidas son hembras.
All passions in excess are female.

Calderón de la Barca, Pedro.
El que va a decir mujer empiece a decir mudanza.

Una mujer que llora, al mismo tiempo mata que enamora.

Mujer, llora y vencerás.

Calderón de la Barca, Pedro.
A secreto agravio, secreta venganza

¿Qué me podrás responder, /mujer tan fácil, liviana, / mudable, inconstante y vana, / y mujer, en fin, mujer,/ que pueda satisfacer / a tu mudanza y olvido?

La mujer más cuerda, de haber amado, amada no se acuerda.

Calderón de la Barca, Pedro.
El Alcalde de Zalamea.

Llantos no se han de creer de viejo, niño y mujer.

Mas tengo por disparate / aparte el guardar una mujer / si ella no quiere guardarse.

¡Cuántos yerros a hacer / obliga al más cuerdo el necio / discurso de una mujer!

Calderón de la Barca, Pedro.
No hay burlas con el amor.

En fin, la mujer más loca, / más vana y más arrogante, / de las burlas del amor, / contra gusto suyo, sale / enamorada y casada, / que es lo peor.

Sepa una mujer hilar, coser y echar un remiendo, que no ha menester saber gramática, ni hacer versos.

Para una vez, no hay mujer mala, ni comedia, como ni para dos veces comedia ni mujer buena.

Verdad es que la casada, por fruta vedada, alegra bien, como también por fruta agridulce la doncella. Y pues que de frutas va, la viuda a mí me contenta, por fruta sin hueso, como me refrena la soltera, porque, a dos favores, es la soltera fruta injerta; la fregona, porque es fruta más barata, aunque más puerca; y a las demás del rebusco, ¡lavarlas para comerlas!

Unas horas de romance le bastan a una mujer. Bordar, labrar y coser sepa sólo; deje al hombre el estudio.

¡Vive Dios, que antes me deje / morir, que a una mujer siga, / ni solicite, ni ronde, / ni mire, ni hable, ni escriba!

Campoamor, Ramón de.
Los pequeños poemas: Don Juan, II, XI.

Estos bellos seres, aunque tanto se ocupan de los hombres, se ocupan mucho más de las mujeres.

Cantor, Eddy.
El matrimonio es tratar de solucionar entre dos los problemas que nunca habrían surgido de estar solos.

Capote, Truman.
Música para camaleones. Anagrama, Barcelona 1997.

Las mujeres son como las moscas: se posan en el azúcar o en la mierda.

Hay dos cosas que me dan verdadero miedo: las serpientes y las mujeres. Tienen muchas cosas en común; una de ellas es que lo último que se les muere es la parte de abajo.

Carcino
Para significar cosa mala basta decir hembra.

Carcino.
Sémele.

¿Qué necesidad hay de hablar mal en detalle de las mujeres? Bastaría con decir tan sólo "mujer".

Carrel, Alexis.
Las mujeres han de recibir una educación superior, no para ser doctoras, abogadas o catedráticas, sino para educar a sus hijos a ser seres humanos de calidad.

Carter, Craig.
Rights of manhood (1990)

Los hombres viven en, promedio, ocho años menos que las mujeres, mueren con más frecuencia de ataques cardíacos, cáncer de pulmón y enfermedades debidas al estrés, o asesinados y, en caso de guerra, es el único sexo al que movilizan.
Men live, on the average, eight fewer years than women, die from heart attacks, lung cancer and stress-elated diseases at much higher rates, are murdered at a three-to-one clip, and are the only sex drafted in wartime.

Castiglione, B.
Il cortegiano, III.

Mucho falta a la mujer que carece de belleza.
Molto manca a quella donna a cui manca la bellezza.

Castillejo, C. de.
Poesías, I y II.

Porque Dios así las crió / sujetas a liviandad, / que no hay más seguridad / con su sí que con su no.

No se puede tomar tino/ a la hembra, ni le tiene / porque nunca va ni viene / sino fuera de camino.

Catalina, Severo.
La mujer.

La mujer es un ser indefinible porque es un ser ineducado.

La niña aprende a disimular y enseña más tarde a la mujer a engañar.

Catón
Dística, 4, 45.

Cuando tu mujer se queje del servicio, no le hagas mucho caso.
Nil temere uxori de servis crede querenti.

Catulo.
Carmina 70, 3

Lo que una mujer dice a su apasionado amante hay que escribirlo en el viento y en las rápidas aguas.
Mulier cupido quod dicit amanti in vento et rapida scribere oportet aqua.

Cavia, Mariano de.
La presencia de una mujer todo lo dulcifica y embellece, siempre que no sea la mujer propia o su señora madre.

Cela, Camilo José.
La familia de Pascual Duarte.

Las mujeres son como los grajos, de ingratas y malignas.

Cervantes Saavedra, Miguel de.
La mujer ha de ser buena y parecerlo, que es más.

No hay carga más pesada que la mujer liviana.

Cervantes Saavedra, Miguel de.
Don Quijote

La natural inclinación de las mujeres, que, por la mayor parte, suele ser desatinada y mal compuesta.

Hablo de la ligereza de las mujeres, de su inconstancia, de su doble trato, de sus promesas muertas, de su fe rompida y, finalmente, del poco discurso que tienen en saber colocar sus pensamientos e intenciones.

Como la carne de la esposa sea una misma con la del esposo, las manchas que en ella caen, o los defectos que se procura, redundan en la carne del marido.

Y ésta fue la ocasión, señores, de las palabras y razones que dije a esta cabra cuando aquí llegué: que por ser hembra la tengo en poco.

Es de vidrio la mujer; pero no se ha de probar si se puede o no quebrar, porque todo podría ser. Y es más fácil el quebrarse, y no es cordura ponerse a peligro de romperse lo que no puede soldarse.

La mujer es animal imperfecto y que no se le han de poner embarazos donde tropiece y caiga, sino quitárselos y despejarle el camino de cualquier inconveniente, para que sin pesadumbre corra ligera a alcanzar la perfección que le falta, que consiste en el ser virtuosa.

Decía Lotario que tenían necesidad los casados de tener cada uno algún amigo que le advirtiese de los descuidos que en su proceder hiciese, porque suele acontecer que con el mucho amor que el marido a la mujer tiene, o no le advierte, o no le dice, por no enojarla, que haga o deje de hacer algunas cosas, que el hacerlas, o no, le sería de honra, o de vituperio; de lo cual, siendo del amigo advertido, fácilmente pondría remedio en todo.

Comprad joyas con que cebarla; que las mujeres suelen ser aficionadas, y más si son hermosas, por más castas que sean, a esto de traerse bien y andar galanas.

La hermosura de algunas mujeres tiene días y sazones, y requiere accidentes para diminuirse o acrecentarse, y es natural cosa que las pasiones del ánimo la levanten o abajen, puesto que las más veces la destruyen.

La buena mujer estaba obligada a no dar ocasión a su marido a que riñese, sino a quitarle todas aquellas que le fuese posible.

La que es buena por temor, o por falta de lugar, yo no la quiero tener en aquella estima en que tendré a la solicitada y perseguida que salió con la corona del vencimiento.

El casado a quien el cielo había concedido mujer hermosa tanto cuidado ha de tener qué amigos lleva a su casa, como en mirar con qué amigas su mujer conversa, porque lo que no se hace ni concierta en las plazas, ni en los templos, ni en las fiestas públicas (...), se concierta y facilita en casa de la amiga o la parienta de quien más satisfacción se tiene.

Todo el honor de las mujeres consiste en la opinión buena que de ellas se tiene.

Hase de usar con la honesta mujer el estilo que con las reliquias: adorarlas y no tocarlas.

Decía él, y decía bien, que el casado a quien el cielo había concedido mujer hermosa tanto cuidado había de tener qué amigos llevaba a su casa, como en mirar con qué amigas su mujer conversaba, porque lo que no se hace ni concierta en las plazas, ni en los templos, ni en las fiestas públicas, ni estaciones, cosas que no todas veces las han de negar los maridos a sus mujeres, se concierta y facilita en casa de la

amiga o la parienta de quien más satisfacción se tiene.

Pero, ¿quién hay en el mundo que se pueda alabar que ha penetrado y sabido el confuso pensamiento y condicion mudable de una muger? Ninguno, por cierto. Ninguno, por cierto.

Es natural condición de las mujeres desdeñar a quien las quiere y amar a quien las aborrece.

Cervantes Saavedra, Miguel de.
El casamiento engañoso.

Y no se le tendra a mal a mujer alguna, de que procure buscar marido honrado, aunque sea por medio de qualquier embuste.

Cervantes Saavedra, Miguel de.
El celoso extremeño. SA de Promoción y Ediciones, Madrid 1984.

Quien tiene costumbre / de ser amorosa / como mariposa / se irá tras su lumbre / aunque muchedumbre / de guardas le pongan.

Madre, la mi madre / guardas me ponéis, / que si yo no me guardo, / no me guardaréis.

Cervantes Saavedra, Miguel de.
El juez de los divorcios (entremés). S.A. Promoción y Ediciones, Madrid 1984.

Aunque la rabia de celos / es tan fuerte y rigurosa,/ si los pide una hermosa, / no son celos, sino cielos.

Cervantes Saavedra, Miguel de.
El vizcaíno fingido (entremés). S.A. Promoción y Ediciones, M84.

La mujer más avisada / o sabe poco, o no nada.

Cervantes Saavedra, Miguel de.
La gitanilla

El que quisiere, puede dexar la muger vieja, como el sea moço, y escoger otra que corresponda al gusto de sus años.

Libres vivimos de la amarga pestilencia de los celos entre nosotros: aunque hay muchos incestos, no hay ningun adulterio, y, cuando le hay en la mujer propia o alguna bellaqueria en la amiga, no vamos a la justicia a pedir castigo; nosotros somos los jueces y los verdugos de nuestras esposas o amigas; con la misma facilidad las matamos y las enterramos por las montañas y desiertos, como si fueran animales nocivos.

Cervantes Saavedra, Miguel de.
La guardia cuidadosa (entremés). S.A. Promoción y Ediciones, M84.

Siempre escogen las mujeres / aquello que vale menos / porque excede su mal gusto / a cualquier merecimiento.

Cervantes Saavedra, Miguel de.

Los trabajos de Persiles y Segismunda.

La cólera de la mujer no tiene límite.

Cesáreo de Arles.

Si alguno conoce a su mujer cuando está en sus reglas, o no se contiene el día dominical o en otras solemnidades, entonces los niños concebidos nacerán o leprosos o epilépticos o quizá demoníacos.

Chamfort.
Maximes et pensées.

Las mujeres poseen una célula menos en el cerebro y una fibra más en el corazón.
Les femmes ont dans la tête une case de moins et dans le coeur une fibre de plus.

Por mal que un hombre pueda pensar de las mujeres, no hay mujer que no piense todavía de ellas mucho peor.
Quelque mal qu'un homme puisse penser des femmes, il n'ya pas de femme qui n'en pense encore plus mal que lui.

Hay que escoger entre amar a las mujeres o conocerlas: no existe un término medio.
Il faut choisir: aimer les femmes ou les connaître: il n'y a pas de milieu.

Un hombre abandonó a las coristas de la Opera, por haber apercibido en ellas la misma falsedad que en las mujeres honestas.
Un homme quitta les filles de l'Opéra parce qu'il avait vu autant de fausseté que dans les honnêtes femmes.

Leyendo la Biblia he observado que, cuando trata de reprochar a los hombres por sus locuras o delitos les llama hijos de los hombres, y cuando se trata de tonterías o debilidades les llama hijos de las mujeres.

La mujer que se estima a sí misma más por las cualidades de su alma o de su espíritu que por su belleza, es superior a su sexo.

Chaucer.
Cuentos de Canterbury.

Dios nos ha otorgado, por naturaleza, que todas las mujeres tengamos lágrimas, mentiras y capacidad de liar las cosas.

Chaviano, Daína.
El hombre, la hembra y el hambre. Planeta, Barcelona 1998.

Era la mujer perfecta: una dama en el salón, una reina en la cocina y una puta en la cama.

Chejov, Anton.
Si tienes miedo a la soledad, no te cases.
If you are afraid of loneliness, don't marry.

Chejov, Anton.
Piezas humorísticas. Ediciones Ostrov, 1998.

Lo único que se puede esperar de las mujeres es desorden y problemas.

Sería más fácil encontrar un gato con cuernos o una chocha blanca que una mujer constante.

Me resulta más fácil sentarme sobre un barril de pólvora que hablar con mujeres.

Cuando un hombre sufre y se sacrifica, todo el amor de la mujer consiste en mover la cola de su vestido y tratar de tenerle bien atado.

Chejov, Anton.
Tío Vanya (1897).

Una mujer puede llegar a ser amiga de un hombre sólo en las siguientes etapas: primero conocerle, luego ser su amante, y sólo entonces ser su amiga.

Cuando una mujer no es bella, la gente le dice siempre: "tienes unos ojos preciosos, tienes un pelo bonito".

Chesterfield
Lettres.

Procura que no se te escape una sola palabra sobre su experiencia, porque la experiencia implica edad, y la sospecha de una edad avanzada no la perdona jamás ninguna mujer, por vieja que sea.

Chesterton, Gilbert Keith.
On women.

Tres cosas hay en el mundo que la mujer nunca comprenderá: libertad, igualdad y fraternidad.

En todas las leyendas los hombres han encontrado a las mujeres sublimes de una en una, pero insoportables en rebaño.

Chincholle, C.
Les phrases courtes.

Mujer sin amor es como hombre sin trabajo.
Femme sans amour égale homme sans travail.

Christie, Agatha.
Cartas sobre la mesa.

Nunca te cases, chico; aguanta a morir para conocer el infierno.

Churchill, Major Seton.
Forbidden Fruit for Young Men. Nisbet, London 1887.

Los hombres se guían por su intelecto y las mujeres sólo por su corazón.
Men are guided by their Intellects only, while women are guided by their hearts only.

Ciber, Colley.
Love's last shift.

No se encontraría ningún demonio en los infiernos capaz de afrontar la furia de una mujer burlada.
He shall find no Fiend in Hell can match the fury of a disappointed woman.

Cicerón.
Confía tu barca a los vientos, pero no fíes tu corazón a las hermosas, porque las olas son menos pérfidas que las promesas de una mujer.

Las mujeres apenas dejan huella en los anales de la Historia.

Clarasó, Noel.
No importa que las mujeres nos fastidien; lo que no soportamos es que nos fastidie siempre la misma.

La mujer de otro, si nos gusta, tiene una ventaja: que ya es de otro. Y si no nos gusta, esta ventaja aparece mucho más clara.

Un hombre sólo puede hacer dos cosas duraderas con la mujer: o discutir o casarse con ella. Éste es un gran argumento a favor de la discusión.

Clouston
Mental Diseases, 1887.

(La menstruación) tiene una psicología particular cuyas principales características son una ligera irritabilidad o tendencia hacia la desinhibición justo antes de que comience, una ligera dismunución de energía, o tendencia hacia la parálisis mental y la depresión durante los dos primeros días, así como un considerable exceso de energía y excitación de los sentimientos durante la primera semana después de que ha cesado.
It has a psychology of its own, of which the main features are a slight irritability or tendency toward lack of mental inhibition just before the process commences each month, a slight diminution of energy or tendency to mental paralysis and depression during the first day or two of its continuance, and a very considerable excess of energizing power and excitation of feeling during the first week or ten days after it has entirely ceased.

Cocteau, Jean.
Hay tres cosas que jamás he podido comprender: el flujo y reflujo de las mareas, el mecanismo social y la lógica femenina.

Cohen, Leonard.
Hay una guerra entre el hombre y la mujer.
There's a war between man and woman.

No me di cuenta del culo tan perfecto que tenías hasta que saliste de la habitación. Perdóname por no haberme enamorado de tu sensibilidad, de tu cultura, de tu belleza, de tu inteligencia.

Cole JR, Zuckermann H.
Investigación y Ciencia, 1985.

De los estudios sobre los resultados logrados por científicos en el ámbito de la investigación, siempre juzgados de forma cuantitativa, se desprende que las mujeres publican, a lo largo de toda su carrera, menos que los hombres con edades, puestos de trabajo y campos de interés comparables.

Colette, Sidonie-Gabrielle.
Chéri (1920).

Vamos a comprar cartas de juego, buen vino, agujas de hacer punto, todas las menudencias necesarias para tapar una gran carencia, para disimular al monstruo: la mujer vieja.
Allons acheter des cartes à jouer, du bon vin, des marques de bridge, des aiguilles à tricoter, tous les bibelots qu'il faut pour boucher un grand trou, tout ce qu'il faut pour déguiser le monstre: la vieille femme.

Colette, Sidonie-Gabrielle.
Claudine à Paris.

Las mujeres solteras no son mujeres.
Les femmes libres ne sont pas des femmes.

Coll, José Luis.
Programa TV (Este país necesita un repaso. Tele5, 1995)

Dios, que por ser Dios pudo escoger, se hizo hombre y no mujer.

Coll, José Luis.
(citado en Tele 5, Missisipí 31/03/97)

Un salido es el que hace el amor frecuentemente con la propia esposa.

Collins DW, Kimura D.
A large sex difference on a two-dimensional mental rotation task.

Se sabía que las mujeres realizan peor los tests de rotación espacial en tres dimensiones (Test de rotación mental de Vandenberg) pero que esa desventaja también se observa en los tests de dos dimensiones.

Comte, A.
Pensées et préceptes.

Una mujer sin ternura es una monstruosidad social de la naturaleza; más aún que un hombre sin valor.
Toute femme sans tendresse constitue une mostruosité sociale encore plus que toute homme sanas courage.

Conan Doyle, Sir Arthur.
Sherlock Holmes pregunta a un amigo al que no ve desde niños: - ¿Dónde está tu querida esposa? - Yo no estoy casado. - ¡Qué inteligente!

Conan Doyle, Sir Arthur.
Cuentos de médicos y militares. Alfaguara, Madrid 1996.
Para ser mujer, mi esposa es anormalmente razonable.

Las mujeres corren el peligro de perder sus privilegios al usurpar el lugar del otro sexo. No pueden exigir una cosa y otra.

Conde de Lautréamont (Ducasse, Isidore).
Poésies.

El amor de una mujer es incompatible con el amor a la humanidad.
L'amour d'une femme est incompatible avec l'amour de l'humanité.

Confucio
El hombre que pierde una buena mujer no sabe lo que gana.

Congreve, William.
Old Bachelor.

¡Oh, tú, mujer maldita, querida y destructora!
O thou delicious, damned, dear, destructive woman!

Congreve, William.
The mourning bride (1697).

No hay en los Cielos una cólera como la del amor convertido en odio, ni conocen los Infiernos una furia como la de una mujer despechada.
Heaven has no rage, like love to hatred turned, nor Hell a fury, like a woman scorned.

Connolly, Cyril.
Unquiet Grave (1944).

No hay furia como la de la mujer que busca un nuevo amante.
There is no fury like a woman looking for a new lover.

Conrad, J.
Under Wetern Eyes.

Jamás a una mujer se le engaña completamente.
No woman is ever completely deceived.

Conversations-Lexicon
oder Handwörterbuch für die gebildeten Stände.
Leipzig / Altenburg 1815. citado por Amorós.

El varón tiene que producir por medio de su trabajo, la mujer tiene que conservar.

En la forma del varón se manifiesta más la idea de fuerza (...) La mente masculina es creadora, proyectada lejos de sí y más predispuesta a elaborar objetos abstractos.

Entre las pasiones y los afectos, los más rápidos y centrífugos corresponden al varón, mientras que los lentos y dirigidos hacia el interior son propios de la mujer.

El varón pertenece a la ruidosa vida pública, la mujer al círculo silencioso del hogar.

Corán.
Vuestras mujeres son para vosotros un campo de siembra; id a vuestro sembrado según queráis (Ellas son tierra fecunda, propiedad de los maridos).

Casaos de entre las mujeres que sean buenas para vosotros con dos, tres o cuatro. (El esposo puede tener muchas mujeres, siempre que las compre o pague).

La mujer es cuerpo de conquista, campo de recreo, ámbito de gozo, campo de siembra, posesión suprema, cielo o premio final, descanso del guerrero macho.

El dominio masculino es indispensable para que los hombres puedan apropiarse del producto de la fecundidad femenina.

Manda a las mujeres que creen que humillen sus miradas y que observen la continencia, que no dejen ver de sus adornos más que lo que está en el exterior, que cubran sus senos con un velo, que no dejen ver sus encantos más que a sus maridos o a sus padres o a los padres de sus maridos, a sus hermanos o a los hijos de sus hermanos, a los hijos de sus hermanas o a las mujeres de éstos o a sus esclavos o a los criados varones que no necesitan mujeres o a los niños que no distinguen todavía las partes sexuales de una mujer.

Reprenderéis a aquellas cuya desobediencia temáis; las relegaréis en lechos aparte, las azotaréis; pero, tan pronto como ellas os obedezcan, no les busquéis camorra. Dios es elevado y grande.

Las mujeres virtuosas son obedientes y sumisas: conservan cuidadosamente, durante la ausencia de sus maridos, lo que Dios ha ordenado que se conserve intacto.

Los hombres son superiores a las mujeres, a causa de las cualidades por medio de las cuales Dios ha elevado a éstos por encima de aquéllas.

Te interrogarán sobre las menstruaciones de las mujeres. Diles: es un inconveniente. Separaos de vuestras esposas durante este tiempo y no os acerquéis a ellas hasta que estén purificadas. Cuando estén purificadas, vedlas, como Dios os lo ha ordenado.

Cörvos, Joseph v.
del Liebesbravier, de F.Vonsisen

Lo que la perla representa para la concha es el amor para ciertos corazones femeninos: su único tesoro, pero también su enfermedad incurable.

Courty, P.
Poésies et pensées.

Dos mujeres, cuando han pasado una hora hablando mal de una tercera, se imaginan seriamente que son amigas hasta la muerte.
Quand deux femmes ont passé une heure à dire du mal d'une troisiéme, elles s'imaginent sérieusement qu'elles son amies jusqu'a la mort.

Coward, Noël.
Private lives (1930).

A algunas mujeres habría que pegarles con regularidad, como a un gong.

Certain women should be struck regularly, like gongs.

Cowie J et al.
Delinquency in Girls. Citado en: D'Orban PT. British Journal of Psychiatry

Los delincuentes mujeres tienen más desviaciones sociales y psicológicas.
Female delinquents are known to deviate more from social and psychological norms than male delinquents.

Cowley (nacida Parkhouse), Hannah.
Who's the dupe? (1779).

¿Qué es la mujer? Nada más que uno de los disparates agradables de la naturaleza.
But what is woman?: only one of Nature's agreeable blunders.

Crow, TJ.
1992, 'Sexual selection, Machiavellian intelligence, and the origins of

Al seleccionar la personalidad de su pareja hay diferencias entre los sexos. Los varones escogen los rasgos asociados con juventud y sociabilidad y las mujeres prefieren los que denotan ambición y éxito.
One may assume that the sexes differ....in their selection of personality characteristics [in their preferred mates] -- males perhaps selecting for the livelier emotional expression associated with youth and sociability, and females for the more restricted affective expression that goes with ambition and success.

Customer, FTD.
Una mujer se mide por lo que es, un hombre se mide por lo que hace.
A woman measures herself by what she is. A man measures himself by what he does.

Dahl, Roald.
Relatos de lo inesperado. Anagrama, Barcelona 1997.

El divorcio se ha convertido en una operación lucrativa, de sencillo arreglo y fácil olvido, que las hembras ambiciosas pueden repetir cuantas veces gusten, negociando beneficios que alcanzan cifras astronómicas.

Dai XY, Lynn R.
J Social Psychol 1994, 134:123.

Las pruebas de inteligencia dan resultados diferentes entre varones y mujeres según estudios realizados en americanos, chinos y escoceses. La consistencia de datos entre culturas diferentes apoya que las diferencias de inteligencia entre sexos tengan una base biológica.

D'Almeras (1903).
La mujer debe regresar a la única carrera digna de su conciencia el matrimonio.

Dalton, Katharina.
The premenstrual syndrome. CC Thomas, Springfield 1964.

Los trastornos premenstruales pueden conducir, en casos extremos, a una agresividad irracional de la mujer, que llega a incidir en el terreno criminal.

De las mujeres que se suicidan o complican en crímenes violentos, una gran proporción lo hacen durante la menstruación o los cuatro días anteriores.

Dame Freya Stark.
The Valleys of the Assassins (1934).

La gran ventaja, y casi la única, de ser mujer, es que una puede pretender ser más estúpida de lo que es y nadie se sorprende.
The great and almost only comfort about being a woman is that one can always pretend to be more stupid than one is and no one is surprised.

Dandú.
Ningún hombre casado compadece a otro por ser soltero; y si a veces le dice que le compadece, miente para quedar bien.

Darwin, Charles.
citado por Bosch et al 1999.

La diferencia de facultades mentales entre hombres y mujeres se debe al proceso de selección sexual, mediante el cual el hombre más valiente, fuerte e ingenioso consigue a la mujer más bonita y sana.

Darwin, Charles.
El origen de las especies. Ed. Fraile, Madrid 1994.

Las mujeres son causa constante de guerras entre los miembros de la misma tribu y entre distintas tribus. Así debió suceder, sin duda, en los tiempos antiguos: "Num fuit ante Helenam mulier teterrima belli causa".
The women are the constant cause of war both between members of the same tribe and between distinct tribes. So no doubt it was in ancient times; "num fuit ante Helenam mulier teterrima belli causa".

Si se hicieran dos listas de los hombres y mujeres más eminentes en poesía, pintura, escultura, música, historia, ciencia y filosofía, y se pusiera media docena de nombres en cada ramo, toda comparación entre las dos listas sería imposible.
If two lists were made of the most eminent men and women in poetry, painting, sculpture, music (inclusive both of composition and performance), history, science, and philosophy, with half-a-dozen names under each subject, the two lists would not bear comparison.

No cabe la menor duda que el tamaño mayor y fuerzas del hombre, comparados con los de la mujer, juntamente con sus espaldas más anchas, sus músculos más desarrollados y formas más angulosas, y su mayor valor y ardimientos belicosos, se deben principalmente a herencia de sus antecesores machos semihumanos.

En los pueblos civilizados cesaron hace ya tiempo los combates por la posesión de la mujer; pero los hombres, por regla general, tienen que hacer un trabajo más fuerte que las mujeres para asegurar su respectiva subsistencia, y de ahí que su superior fortaleza se siga manteniendo.

Podemos inferir de la ley de la desviación de los tipos medios (de Galton) que si los hombres están en decidida superioridad sobre las mujeres en muchos aspectos, el término medio de las facultades mentales del hombre estará por encima del de la mujer.

En todas partes tienen las mujeres conciencia del valor de su belleza, y cuando tienen a mano los medios ponen sumo deleite en decorarse y engalanarse con toda clase de adornos.

En cuerpo y espíritu es el hombre más fuerte que la mujer.

Darwin, Charles.
El origen del hombre y la selección en relación con el sexo (1871).
Las facultades intelectuales de los hombres son siempre superiores a las de las mujeres, sea cual sea la dedicación, y ya se requiera sagacidad, razón, imaginación, o el mero uso de los sentidos y las manos.

Darwin, Charles.
The descent of man and selection in relation to sex (1874).
Las mujeres son conscientes siempre del valor de su belleza, y cuando tienen medios, disfrutan más arreglándose con todo tipo de ornamentos.
Women are everywhere conscious of the value of their own beauty; and when they have the means, they take more delight in decorating themselves with all sorts of ornaments than do men.

El mayor vigor intelectual y fuerza creativa del hombre se debe probable a la selección natural, combinada con la herencia de hábitos, siendo los hombres más capaces los que más éxito han tenido para defenderse y para mantenerse a sí mismos, a sus mujeres y a sus hijos.
The greater intellectual vigour and power of invention in man is probably due to natural selection, combined with the inherited effects of habit, for the most able men will have succeeded best in defending and providing for themselves and for their wives and offspring.

El hombre es mas valiente, agresivo y enérgico que la mujer, y tiene más inventiva. Su cerebro es más grande.
Man is more courageous, pugnacious and energetic than woman, and has a more inventive genius. His brain is absolutely larger.

Los hombres que son ricos por primogenitura pueden seleccionar generación tras generación a las mujeres más bellas y encantadoras; y éstas generalmente serán sanas de cuerpo y activas de mente.
The men who are rich through primogeniture are able to select generation after generation the more beautiful and charming women; and these must generally be healthy in body and active in mind.

El hombre se diferencia de la mujer en tamaño, fuerza, cabellera, etc, y también en la mente, de la misma manera que eso ocurre en los dos sexos de muchos mamíferos.
Man differs from woman in size, bodily strength, hairiness, etc., as well as in mind, in the same manner as do the two sexes of many mammals.

La actual desigualdad de poder mental entre los sexos no desaparecería con una educación temprana similar; ni puede haber sido producida por diferencias en esa educación.
The present inequality in mental power between the sexes would not be effaced by a similar course of early training; nor can it have been caused by their dissimilar early training.

Las monas hembras al principio tenían sus cuerpos sin pelo como adorno sexual. No es improbable que, con el mismo propósito, las hembras fueran modificados en otros aspectos, de modo que las mujeres adquieron voces más dulces y se hicieron más bellas que los hombres.
The females (ape-like progenitors) apparently first had their bodies denuded of hair, also as a sexual ornament. It is not improbable that the females were modified in other respects for the same purpose and by the same means; so that women have acquired sweeter voices and become more beautiful than men.

El hombre es más poderoso en cuerpo y mente que la mujer y, en estado salvaje, la esclaviza más que cualquier macho a su hembra; por eso, no sorprende que haya obtenido las ventajas de la selección (evolutiva).
Man is more powerful in body and mind than woman, and in the savage state he keeps her in a far more abject state of bondage than does the male of any other animal; therefore it is not surprising that he should have gained the power of selection.

La causa de la diferencia de poder mental entre el hombre y la mujer se debe probablemente al papel de la selección sexual.
Difference in the mental powers of the two sexes: With respect to differences of this nature between man and woman, it is probable that sexual selection has played a highly important part.

Podemos concluir que el mayor tamaño, fuerza, agresividad y energía del hombre, en comparación con la mujer, fue adquirido en tiempos primitivos y luego fue aumentando, principalmente porque los machos rivales compiten por la posesíon de las hembras.

We may conclude that the greater size, strength, courage, pugnacity, and energy of man, in comparison with woman, were acquired during primeval times, and have subsequently been augmented, chiefly through the contests of rival males for the possession of the females.

Nadie discute que, en temperamento, el toro difiere de la vaca, el verraco de la cerda, el semental de la yegua y, como saben los cuidadores de animales, los machos de los monos superiores de sus hembras. La mujer parece diferenciarse del hombre en cuanto a disposición mental.

No one disputes that the bull differs in disposition from the cow, the wild-boar from the sow, the stallion from the mare, and, as is well known to the keepers of menageries, the males of the larger apes from the females. Woman seems to differ from man in mental disposition.

Como las mujeres han sido seleccionadas por su belleza durante mucho tiempo, no sorprende que algunas de sus variaciones sucesivas hayan podido transmitirse exclusivamente al mismo sexo; en consecuencia, que ellas habrían transmitido la belleza más a sus hijas que a sus hijos y, de ese modo, las mujeres se han hecho más bellas que los hombres.

As women have long been selected for beauty, it is not surprising that some of their successive variations should have been transmitted exclusively to the same sex; consequently that they should have transmitted beauty in a somewhat higher degree to their female than to their male offspring, and thus have become more beautiful, according to general opinion, than men.

De ese modo, el hombre se ha ido convirtiendo en superior a la mujer, Y es bueno que en los mamíferos prevalezca la ley de que los caracteres se transmitan igual a ambos sexos porque, si no, la dotación mental del hombre habría sido tan superior a la de la mujer, como lo es el decorativo plumaje de pavo real comparado con el de la pava.

Thus, man has ultimately become superior to woman. It is, indeed, fortunate that the law of the equal transmission of characters to both sexes prevails with mammals; otherwise, it is probable that man would have become as superior in mental endowment to woman, as the peacock is in ornamental plumage to the peahen.

Para que la mujer pudiera alcanzar el nivel del hombre, debería entrenársele, cuando es casi adulta, en la energía, en la perseverancia y en que ejercitase al máximo la razón e imaginación para que tuviese la probabilidad de transmitir esas cualidades, principalmente a sus hijas. Sin embargo, no todas las mujeres podrían ser mejoradas, salvo que, durante muchas generaciones, las más destacadas se casaran y tuvieran mucha más descendencia que las otras.

In order that woman should reach the same standard as man, she ought, when nearly adult, to be trained to energy and perseverance, and to have her reason and imagination exercised to the highest point; and then she would probably transmit these qualities chiefly to her adult daughters. All women, however, could not be thus raised, unless during many generations those who excelled in the above robust virtues were married, and produced offspring in larger numbers than other.

Aunque ya no pelean por sus mujeres, los hombres tienen que mantenerse a sí mismos y a sus familias; y esto tenderá a mantener o aumentar sus poderes mentales, y, en consecuencia, la actual desigualdad entre los sexos.

As before remarked of bodily strength, although men do not now fight for their wives, and this form of selection has passed away, yet during manhood, they generally undergo a severe struggle in order to maintain themselves and their families; and this will tend to keep up or even increase their mental powers, and, as a consequence, the present inequality between the sexes.

Está generalmente admitido que en la mujer las facultades de intuición, de rápida percepción y quizá también las de imitación, son mucho más vivas que en el hombre; más algunas de estas facultades, al menos, son propias y características de las razas inferiores, y por tanto corresponden a un estado de cultura pasado y más bajo.

It is generally admitted that with woman the powers of intuition, of rapid perception, and perhaps of imitation, are more strongly marked than in man; but some, at least, of these faculties are characteristic of the lower races, and therefore of a past and lower state of civilisation.

La principal distinción en las facultades intelectuales de los dos sexos se manifiesta en que el hombre llega en todo lo que acomete a un punto más alto que la mujer, así se trate de cosas en que se requiera pensamiento profundo, o razón, imaginación o simplemente el uso de los sentidos y de las manos.

The chief distinction in the intellectual powers of the two sexes is shewn by man's attaining to a higher eminence, in whatever he takes up, than can woman-- whether requiring deep thought, reason, or imagination, or merely the use of the senses and hands.

D'Azeglio, Massimo.
Il miei ricordi, XV.

Debe decirse la verdad y mantener la palabra dada a cualquiera, incluso a las mujeres.

De Goncourt.
Journal.

La religión es una parte del sexo de la mujer.
La religion est une partie du sexe de la femme.

de la Houssaye, Amelot.
Réflexions.

Generalmente se ama a las mujeres bellas por inclinación, a las feas por interés, y a las virtuosas por razonamiento.
On aime d'ordinaire les belles femmes par inclination, les laides par intérêt, et les vertueuses par raison.

de la Roche, Abbé.
Mélange de maximes.

El amor, sobre todo en los hombres, quita el espíritu a los que lo tienen y se lo da a los que no lo tienen.
L'amour, surtout dans les hommes, ôte l'esprit à ceux qui en ont et en donne à ceux qui n'en ont point.

de Staël, Anne Luoise Germaine.
El amor es la historia de la vida de las mujeres, y un episodio en la de los hombres.

Decourcelle, A.
Les formules du Dr. Grigoire.

Angel: la mujer soñada. Demonio: la mujer que se tiene.
Ange: la femme qu'on rêve. Démon: la femme qu'on a.

Dekker, Thomas.
Donde no hay mujeres, los hombres puede vivir como dioses.
Were there no women, men might live like gods.

Demócrito
Casóse con una de estatura desmedrada Demócrito, siendo él de grande y crecida, al preguntarle por qué se había casado con una mujer tan pequeña respondió: -Elegí del mal el menor.

La gala más preciosa de la mujer es el hablar escaso.

El aderezo de la mujer y su hermosura es el hablar escaso y limitado.

Demóstenes.
La mujer desbarata en un día lo que el hombre medita en un año.

Tenemos prostitutas para nuestro placer, concubinas para servirnos y esposas para el cuidado de nuestra descendencia.

Desconocido
Apagada la lámpara, todas las mujeres son iguales.
Extincta lucerna, omnis mulier eadem.

¿Qué cosa hay peor que una casa en la que manda la mujer?
Qui peius domo ubi femina habet imperium?

Toda la mujer consiste en el útero.
Tota mulier est in utero.

La mujer que es honesta está satisfecha con un solo varón.
Uxor contenta est, quae bona est, uno viro.

Mujer, caballo y vestido, si los prestas a deshonestos, cuando los reclamas, nunca los devuelven sin daño.
Uxor, equus, vestis, si praestita sunt inhonestis, numquam redduntur sine damno, quando petuntur.

Pasará a ser esclavo el que se casa con una mujer mala.
Servus erit qui ducem pravam uxorem.

Los ruegos y las lágrimas son las armas de la mujer.
Preces et lacrimae sunt arma feminae.

Es propio de los hombres el obrar, de las mujeres hablar.
Facere virorum est, loqui mulierum.

Mientras llora una mujer, estudia cómo engañar.
Dum femina plorat, decipere laborat.

A la mujer, ni siquiera muerta se le debe creer.
Mulieri, ne mortuae quidem credendum est.

He conocido la condición de las mujeres: no quieren cuando tú quieres; cuando no quieres, lo desean aún más.
Novi ingenium mulierum: nolunt ubi velis, ubi nolis cupiunt ultro.

El silencio adorna a la mujer.
Mulierem ornat silentium.

Son buenas las ataduras del matrimonio, pero ataduras al fin.
Bona vincula nuptiarum, sed tamen vincula.

El nogal, el asno y la mujer está regidos por ley semejante: ninguno de los tres hará nada si cesan los golpes.
Nux, asinus, mulier, simili sunt lege ligata; haec tria nihil recti facient si berbera cessent.

Apagada la lámpara, todas las mujeres son iguales.
Sublata lucerna, omnes mulieres aequales sunt.

A quien una mujer no le castiga, es merecedor de varias.
Quem una uxor non castigat, dignus es pluribus.

Nada más inseguro que el viento, la suerte y la mujer.
Nihil vento, sorte, femina, infidius.

La mujer es lo que es a causa del útero.
Femina est quod est propter uterum.

Mentir, llorar, coser, Dios se lo dio a la mujer.
Fallere, flere, nere, Deus dedit in muliere.

Es cosa sabida cuánto puede una mujer furiosa.
Notumque furens quid femina possit.

La mujer raras veces es buena, pero la que es buena merece una corona.
Femina raro bona, sed quae bona, digna corona.

A las mujeres, en ciertos casos, les está permitido ignorar el derecho.
Feminis in quibusdam causis, ius ignorare permissum est.

Poca o ninguna paz hay donde la mujer usurpa las funciones del varón.
Ibi nihil parumve pacis, ubi mulier viri partes sibi arrogat.

Ni hoy, ni mañana, ni ayer, des crédito a la mujer.

Non hodie, nec heri, nec cras crede mulieri.

Hace muy poco era rico; tres cosas me dejaron desnudo: el juego, el vino y las mujeres; por estas tres cosas he pasado a ser pobre.
Dives eram dudum; fecerunt me tria nudum, alea, vina, venus; tribus his sum factus egenus.

Es más segura una ola que la palabra de una mujer.
Feminea tutior unda fide.

Lo que no puede el diablo, lo puede la mujer.
Quod non potest diabolus, mulier vincit.

Mujer, por así decir, vértice de todos los males.
Mulier, sive vortex malorum omnium

Toda saturación es mala; pero de mujeres, pésima.
Omnis saturatio, mala; sed autem mulierum, pessima.

Desconocido
¿Qué diferencia hay entre una princesa y una bruja? Dos años de matrimonio.

Amor es lo que inventamos para que las mujeres se desnuden.

Para mi mujer, sin cuya ausencia no hubiese sido posible este libro.

Siempre es el malo el que hace latir de prisa el corazón de una chica.

Tres veces te engañé, tres veces te engañé: la primera por coraje, la segunda por capricho, la tercera por placer. Y después de estas tres veces, después de estas tres veces, no quiero volverte a ver.

Destouches.
Le dissipateur.

Las mujeres siempre llevan una segunda intención.
Les femmes ont toujours quelque arriére-pensée.

Deutsch, Helene.
The psychology of women. Grune and Stratton, New York 1944.

La mujer verdaderamente femenina es pasivo-narcisista.

En todas las culturas y razas, con muy pocas excepciones, se identifica lo masculino con lo activo y lo femenino con lo pasivo.

Dicho alemán.
Cuando el diablo no puede ir, manda a una vieja.
Wo der Teufel nicht hinkommen kann, schickt er ein altes Weib

Diderot, Denis.
Los móviles de las mujeres son tres: el interés, el placer y la vanidad.

La mujer es una cortesana.

Diderot, Denis.
Mélanges de littérature et de philosophie.

Si oís a una mujer maldecir el amor, (...) tened la seguridad de que perdió sus encantos.

Diderot, Denis.
Principes de politique des souverains.

El enemigo más poderoso de un soberano es su mujer, si aparte de tener hijos sabe hacer algo más.
L'ennemi le plus dangereux d'un souverain c'est sa femme, si elle sait faire autre chose que des enfants.

Diderot.
Citado por Puleo, Alicia H.

Las mujeres son organismos en los que el corazón predomina sobre la cabeza. Y gracias a ese órgano peculiar que es el útero pueden saltar las barreras del tiempo y ser pitonisas.

Diderot.
Enciclopedia.

La misma debilidad de los órganos que da mayor vivacidad a la imaginación de las mujeres hace que su mente tenga menos capacidad de reflexión.

El arte de gustar, ese deseo de gustar a todos, esas ganas de gustar más que otra, ese silencio del corazón, esa alteración del intelecto, esa mentira continua llamada coquetería parece ser un carácter básico de las mujeres, nacido de su condición naturalmente subordinada.

Hay menos unión entre las mujeres que entre los hombres porque las primeras sólo tienen una finalidad.

Las mujeres son vengativas. La venganza, que es el acto de un poder momentáneo, es una prueba de debilidad. Las más débiles y las más tímidas deben ser crueles.

Hay menos unión entre las mujeres que entre los hombres porque las primeras sólo tienen una finalidad.

La misma debilidad de los órganos que da mayor vivacidad a la imaginación de las mujeres hace que su mente tenga menos capacidad de reflexión.

Dietrich, Marlene (Marie Magdalene von Losch)
La mayoría de las mujeres se proponen cambiar a los hombres y cuando lo consiguen se dan cuenta de que ya no les gustan.

Dionisio de Alejandría.
Carta canónica, 2

Es innecesario afirmar que las mujeres con la menstruación deben mantenerse alejadas de la Eucaristía: las buenas cristianas no necesitaban que se les recordara una prohibición tan evidente.

Disney, Walt.
Amo al ratón Mickey más que a cualquier mujer que conozca.
I love Mickey Mouse more than any woman I have ever known.

Disraelí, Benjamín.
Lothair.

Todas las mujeres deberían casarse, y ningún hombre.
Every woman should marry, and no man.

Doctor Johnson.
La Naturaleza ha dado tanto poder a las mujeres que la Ley, sabiamente, les da muy poco.
Nature has given women so much power that the law has very wisely given them very little.

Döhlher KD, Jarzab B.
Sexual differentiation of the brain, 1992.

La hipótesis térmica de Empédocles de Acras (460 a.C.) invocaba el efecto de la temperatura sobre la determinación sexual. La concepción en un útero caliente produce un macho y la concepción en un útero frío, una hembra.

Dossi, C.
Note azzurre, 139.

El vestido es la mujer.
L'abbigliamento è la donna.

Dostoievski. Fiodor M.
La vida de toda mujer, a pesar de lo que ella diga, no es más que un eterno deseo de encontrar a quien someterse.

He preguntado a muchos una definición de la mujer y nadie fue capaz de dármela; lo pregunto al diablo y desvía la conversación para evitar confesar su ignorancia.

Dostoievski. Fiodor M.
Los hermanos Karamazoff.

Tan solo el demonio sabe lo que es la mujer; yo no lo sé en absoluto.

Duke
Prologe to Lee's Lucius Junius Brutus.

¡Hállame un solo hombre de sentido al que una mujer no haya conseguido convertirlo en un necio!
Find me one man of sense in all your roll, whom some one woman has not made a fool.

Dumas, Alexandre.
Les mohicanes de Paris.

En todos los asuntos hay una mujer; cuando me cuentan una historia digo: ¡Buscad la mujer! Se busca la mujer y, cuando se le encuentra... No se tarda en encontrar al hombre.
Il y a une femme dans toutes les affaires; aussitòt qu'on me fait un rapport, je dis: Cherchez la femme! On cherche la femme, et quand la femme est trouvée... On ne tarde pas à trouver l'homme.

Dumas, Alexandre.

Pensées

Según la Biblia, la mujer es la última cosa que Dios hizo. Debió hacerlo el sábado por la noche; se nota la fatiga.
La femme est, selon la Bible, la dernière chose que Dieu a faite. Il a dû la faire le samedi soir; on sent la fatigue.

La mujer nos inspira para las grandes cosas, y luego nos impide acabarlas.

Dworkin, Andrea.
Life and Death, Virago, 1997.

La sexualidad masculina es un sistema moral por el que el macho se apropia de los cuerpos de las mujeres, según la filosofía de hombres como Kinsey, Sade, Tolstoy, Freud y Henry Miller.
Male sexuality is as "an ethic of male entitlement to women's bodies" drawn from the philosophies of real men: Kinsey, Havelock Ellis, de Sade, Tolstoy, Isaac Bashevis Singer, Freud, Robert Stoller, Norman Mailer, Henry Miller.

Los hombres son aún el enemigo.
Men are still enemy.

Las mujeres deben ser conquistadas, tomadas por la fuerza: cuando las mujeres dicen no, quieren decir sí, la violación les produce un éxtasis y las mujeres disfrutan con el dolor (según la filosofía de hombres como Kinsey, Sade, Tolstoy, Freud y Henry Miller).
An ethic drawn from the philosophies of real men (Kinsey, Havelock Ellis, de Sade, Tolstoy, Isaac Bashevis Singer, Freud, Robert Stoller, Norman Mailer, Henry Miller) suggests that women must be conquered, taken by force: that women say no but mean yes; that forced sex is ecstatic and that women crave pain.

D'Ysarn-Freissinet.
Pensées grises.

Las mujeres que se creen incomprendidas son las que los hombres comprenden mejor.
Les femmes qui se disent incomprises sont celles que les hommes comprennent le mieux.

Eça de Queiroz, José María.
Las mujeres aceptan la parte material del hombre más fácilmente que su lado espiritual. A los ojos de Laura, lo que perjudicó a Petrarca fueron sus sonetos.

Eckermann.
Gespräche mit Goethe, 18/01/1825.
Las aptitudes de la mujer de su casa cesan tan pronto como contrae matrimonio.
Bei Frauenzimmertalenten habe ich immer gefunden, dass sie mit der Ehe aufhörten.

Eckhardt, Fritz.
Los hombres entienden las discusiones como el arte de hacer callar al adversario; las mujeres, como el arte de no dejar la posibilidad de hablar.

Eliot, George.
Las mujeres más felices, como las naciones más felices, no tienen historia.

Ellis, Havellock.
La manifestación externa del ciclo fisiológico mensual influye durante todo el mes sobre el conjunto del organismo físico y psíquico de la mujer. En cualquier actividad orgánica que investiguemos con cierta precisión, encontraremos huellas de ese ritmo. Puede decirse que mientras que un hombre vive en un plano, una mujer siempre está en la subida o bajada de una curva. Este hecho es de primordial importancia al estudiar los fenómenos fisiológicos o psicológicos de las mujeres. Y si no lo tenemos siempre presente no podemos obtener ningún conocimiento verdadero de la vida física, mental o moral de las mujeres.
It is but the outward manifestation of a monthly physiological cycle, which influences throughout the month the whole of a woman's physical and psychic organism. Whatever organic activity we investigate with any precision, we find traces of this rhythm. While a man may be said, at all events relatively, to live on a plane, a woman always lives on the upward or downward slope of a curve. This is a fact of the very first importance in the study of the physiological or psychological phenomena in women. Unless we always bear it in mind we cannot attain to any true knowledge of the physical, mental or moral life of women.

Ellys B, Symons D.
Sex differences in sexual fantasy: an evolutionay psychological approach.

El rasgo más llamativo de las fantasías masculinas es que el sexo es deseo y gratificación física en estado puro, despojado de molestas relaciones, elaboración emocional, tamas complicadas, flirteo, cortejo y juego previo. Y tales fantasías delatan una psicología adapatativa a la búsqueda del acceso sexual a varias mujeres. Por el contrario, las fantasías sexuales femeninas suelen contener compañeros conocidos y se centran en características personales y emocionales, ternura, amor y compromiso.

Emerson.
Beauty

La belleza sin gracia es un anzuelo sin cebo.
Beauty without grace is a hook without bait.

Empédocles de Acras.
La concepción en un útero caliente produce un macho y la concepción en un útero frío, una hembra

Engels, F.
The Origin of the Family, Private Property, and the State. Viking Penguin,

La primera clase de antagonismo que aparece en la historia coincide con el desarrollo de antagonismo entre hombre y mujer en el matrimonio monógamo.

The first class antagonism which appears in history coincides with the development of the antagonism between man and woman in monogamian marriage

English Lunacy Commissioners.
Informe. Inglaterra 1888.

Las enfermedades uterinas y ováricas son causa de trastornos mentales.

Epicteto.
Pensées et entretiens (tr. Dacier). http://abu.cnam.fr.

Las mujeres son vulgares, es la ley de la Naturaleza. Mientras las mujeres son jóvenes son llamadas señoras por sus maridos. Estas mujeres, ciendo que sus maridos sólo las consideran por el placer que les dan, sólo se dedican a arreglarse para agradar, y ponen toda su confianza y esperanzas en sus adornos.

Epigrama medieval.
¿Qué cosa hay más ligera que una pluma? El polvo. ¿Y más que el polvo? El viento. ¿Y más que el viento? La mujer. ¿Y más que la mujer? Nada.
Quid pluma levius? Pulvis. Quid pulvere? Ventus. Quid vento? Mulier. Quid muliere? Nihil.

Erasmo de Rótterdam.
Compórtate con tu mujer como lo harías con la del otro.

La mujer para el hombre es un fin; el hombre para la mujer es un medio.

Erasmo de Rótterdam.
Elogio de la locura.

Platón, al vacilar entre incluir a la mujer en la categoría de los animales racionales o en la de los irracionales, no pretendió más que señalarnos la insigne necedad de este sexo.

En el hogar, la compañía de la mujer suaviza y enduza con su necedad la melancolía y aspereza de la índole juvenil.

Si, por ventura, alguna mujer quisiera aparecer como sabia, únicamente lograría ser dos veces necia: sería como intentar llevar un buey al gimnasio.

¿Qué hombre ofrecería su cabeza al yugo del matrimonio si, como suelen hacer los sabios, pensase antes seriamente en los inconvenientes de la vida conyugal? El matrimonio se lo debéis a la necedad.

¿Qué otra cosa ambicionan más las mujeres en la vida que agradar mucho a los hombres? ¿No tienden a este fin sus adornos, sus tintes, sus baños, sus peinados, sus afeites, sus perfumes y cuantos artificios emplean para componerse, pintarse y fingir el rostro, los ojos y el cutis?

Es la mujer un animal inepto y necio pero, por lo demás, complaciente y gracioso.

La mujer será siempre mujer, es decir estulta, aunque se ponga la máscara de persona.

Erikson, EH.
Inner and outer space: reflections on womanhood. Daedalus, Spring 1964.

Las niñas aprenden a contar antes, pero los varones resuelven mejor las tareas de razonamiento aritmético.

Erikson, EH.
Sex differences in the play configuration of preadolescents. Am J Orthopsychiatry 1951; 21:667.

Los muchachos presentan tendencias hacia lo objetivo y lo relacionado con las cosas y las niñas hacia lo intuitivo y lo relacionado con la gente.

Espert, Nuria.
Cuando se habla de la liberación de la mujer, el hombre dice sí con la cabeza y no con el corazón.

Espronceda, José de.
El diablo mundo. Canto a Teresa.

Es la mujer ángel caído, o mujer nada más y lodo inmundo.

La mujer, hermoso ser para llorar nacido.

Esquilo
Las Euménides.

La que es llamada la madre no es el origen de su vástago, sino sólo la que cuida del embrión recién sembrado. El macho -el que cabalga- lo engendró. Debe haber un padre, no una madre.

Esquirol.
Des maladies mentales, París 1838.

De las mujeres con trastornos mentales, un porcentaje significativo son causados por desórdenes menstruales.

Eubulo.
Crisila.

Mala muerte tenga quien se casa por segunda vez. El que lo hace la primera vez es ignorante de semejante mal, pero el que repite debería haberse enterado de qué desgracia es la mujer.

Eurid. apud Pol.

Mujeres somos, damos consejos muy pobres, acarreamos daños y desdichas poderosísimas y en la fábrica de un engaño somos grandes artífices.
Mulieres sumus ad omnia consilia pauperrimae, malorum autem omnium artifices sapientissimae.

Eurípides
No hay peor mal que una mala mujer.

Eurípides
Ifigenia en Aulida.

Es cosa fácil hallar una mala mujer y muy difícil hallarla buena.

Eurípides.
Andrómaca.

Las mujeres utilizan pociones y hechizos con intenciones malignas.
Tú encontrarás muchas excusas porque eres mujer.

Eurípides.
Electra.

Una mujer que, en ausencia del marido, pierde el tiempo acicalándose, ha de considerarse, sin más, como infiel.

Eurípides.
Hipólito.

La mujer es el peor de los males.

Las mujeres de la clase alta son las primeras en practicar el adulterio.

¡Oh Zeus! ¿Por qué dispusiste que las mujeres viesen la luz del sol, si son cebo engañoso para los hombres? Aborrezco a la mujer sabia. Que no viva bajo mi techo la que sepa más que yo, y más de lo que conviene a una mujer. Porque Venus hace a las doctas las más depravadas.

¡Qué azote tan grande es la mujer, que el padre, que la engendra y educa, da además la casa para librarse de ella!

Eurípides.
Las troyanas.

Una mujer, sea inocente o culpable, se expone a la maledicencia por el solo hecho de estar poco en su casa.

Eurípides.
Medea

Si su vida sexual es satisfactoria, las mujeres son enteramente felices.

Las mujeres son el mejor invento del diablo.

De todos los seres que viven y piensan, las mujeres son las más desgraciadas.

Las mujeres inteligentes son peligrosas.

Sería necesario que los hombres engendraran hijos de alguna otra manera y que no existiera la raza femenina: así no habría mal alguno para los hombres.

Eurípides.
Meleagro.

Una mujer debe ser buena para todo dentro de la casa e inútil para todo lo de fuera.

Eurípides.
Orestes

Las mujeres son una fuente de dolores.

Eysenck HJ.
Genius: the Natural History of Creativity. Cambridge University Press. 1995

Entre diez mil individuos escogidos al azar se seleccionó los que tenía un cociente intelectual de más de 160: había 5 mujeres y 55 varones.
In 10,000 individuals randomly selected, there would be five females, but 55 males with an IQ as high as [160]."

No hay mujeres en las lista de eminentes científicos, o matemáticos. Ninguna mujer aparece entre los cien mejores escultores, pintores, dramaturgos o compositores. Y es raro encontrar alguna en la relación de los principales científicos.
There are no women among Roe's (1953) eminent scientists...or among members of the Royal Society; none in a list of the leading mathematicians (Bell, 1965), and none would be found among the 100 best known sculptors, painters or dramatists. Simonton (1992) found no women in a list of the most famous 120 composers from the Renaissance to the twentieth century, and hardly any women among his scientists.

Eysenck HJ.
En Al-Issa I. Gender and psychopathology. Academic Press, New York

La sociedad ha facilitado el diferente papel de hombres y mujeres que, en cualquier caso, vienen predispuestos a desarrollar por su naturaleza biológica.
Society has tended to insist on men and women playing roles that they were in any case pre-disposed to play by virtue of their biological nature.

Eysenck HJ.
Pesonality and individual differences (1994).

Las mujeres tienen sólo 400 óvulos y emplean largos periodos de tiempo gestando y cuidando a sus bebés. Los hombres dan millones de espermatozoides cada vez que se aparean. Así, inexorablemente, varones y hembras están en polos opuestos en sus estrategias reproductivas.
Women have overall only 400 ova to play with, and have to spend lengthy periods of time carrying and caring for their babies. Men have millions of sperm to dispense each time they mate. Thus males and females are inexorably driven to the opposite poles of the r/K reproductive strategies dimension.

Fagus.
Aphorismes, 29.

La mujer apenas tiene conciencia de si miente o no.
Une femme sait rarement elle-même si elle ment ou non.

Fang J, Fishbein W
Sex differences in paradoxical sleep: influences of estrus cycle and ovariectomy. Brain Res 1996; 734: 275-285.

Las mujeres tienen menos sueño paradójico, tanto de día como de noche, en comparación con los hombres, y sobre todo durante las noches de proestrus y menos en las metestrus y diestrus. La ovariectomía modifica las diferencias de sueño paradójico por las noches.

Farinelli
Corvacho, I, 5

Esperar firmeza en amor de mujer es querer agotar río caudaloso con cesta o espuerta o con muy ralo farnero.
Esperar firmeza en amor de muger es querer agotar río cabdal con cesta o espuerta o con muy ralo farnero.

Farrére, G.
L'homme qui assassina.

El amor es un malentendido entre una dama y un caballero: un malentendido que se prolonga.

Faulkner, William.
Las mujeres no son más que órganos genitales articulados y dotados de la facultad de gastar todo el dinero del marido.

Feijóo, B.J.
Cartas eruditas.

Es ciertísimo, que las mujeres en el arte de disimular exceden mucho a los varones, los cuales nunca aciertan a contrahacer el idioma, y carácter de la sinceridad con la perfección que ellas.

Feijóo, B.J.
Teatro crítico.

En las mujeres la naturaleza puso por antemural la vergüenza, contra todas las baterías del apetito; y rarísima vez se le abre a esta muralla la brecha por la parte inferior de la plaza.

Fernández de Moratín, Leandro.
Apuntaciones sueltas de Inglaterra.

La mujer que gusta de domar caballos, despídase de enamorar corazones: toda acción de fuerza es extraña en ellas.

Feshback, Norma.
Free Press, 1966. (Citado por Bardwick).

Si usted cree que las niñas están hechas de "azúcar, nata y toda cosa grata" está equivocado. La agresividad de las niñas es mínima en el plano físico pero emplean el negativismo pasivo, la obstinación, el rechazo, la agresión verbal y social.

Ficino, Marsilio.
Comentario sobre la Enéada de Plotino.

La virtud generativa en cada animal se esfuerza por producir un macho, en tanto éste es lo más perfecto en su género.

Ficino, Marsilio.
Comentario sobre la Enéada de Plotino.

La virtud generativa en cada animal se esfuerza por producir un macho, en tanto éste es lo más perfecto en su género.

Fidias.
Citado en Fray Luis de León. La perfecta casada, XV. M.E. Editores, Madrid

Las mujeres han de guardar siempre la casa y el silencio.

Flanklín, Benjamín.
Ten tus ojos bien abiertos antes del matrimonio; y medio cerrados después de él.

Flaubert, Gustav.
La mujer es una obra del hombre. Dios creó la hembra y, de ella, el hombre hizo a la mujer, que es una obra artificiosa, resultado de la civilización.

Flaubert, Gustav.
Pensées.

La mujer es un animal vulgar, del que el hombre se ha creado un ideal demasiado bello.
La femme est un animal vulgaire dont l'homme s'est fait un trop bel idéal.

La mujer es un producto del hombre. Dios creó la hembra y el hombre ha hecho la mujer: es el resultado de la civilización, es decir, una obra artificiosa.
La femme est un produit de l'homme. Dieu a créé la femelle et l'homme a fait la femme: elle est le résultat de la civilisation, une oeuvre factice.

Flaubet, Gustave.
Madame Bovary.

¡Pobre mujercita! Sueña con el amor, como una carpa con el agua en una mesa de cocina. Con tres palabritas galantes, se conquistaría, estoy seguro, ¡sería tierna, encantadora!... Sí, pero ¿cómo deshacerse de ella después?

Así son las mujeres: tienen celos de la ciencia, pero luego se oponen a que uno disfrute de las más legítimas distracciones.

Ya sabe, a las mujeres cualquier cosa les impresiona, ¡y a la mía sobre todo!, y no deberíamos ir en contra de ello, ya que su organización nerviosa es mucho más maleable que la nuestra.

Un hombre, al menos, es libre; puede recorrer las pasiones y los países, atravesar los obstáculos, gustar los placeres más lejanos. Pero a una mujer esto le está continuamente vedado.

La mujer rica parece tener a su alrededor, para guardar su virtud, todos sus billetes de banco como una coraza en el forro de su corsé.

Flechter, John.
The scornful lady (1616), ac. 3.

No hay más purgatorio que la mujer.
There is no other purgatory but a woman.

Fontenelle.
Citations.

Una mujer bella es el paraíso de los ojos, el infierno del alma y el purgatorio del bolsillo.
Une belle femme est le paradis des yeux, l'enfer de l'âme et le purgatoire de la bourse.

Foucault, Michel.
Los hombres ven los objetos, las mujeres ven las relaciones entre objetos.
Men see objects, women see the relationship between objects.

France, Anatole.
L' île des pingouins.

La mujer es una trampa diestramente construída; uno queda cazado en cuanto la husmea.
La femme est un piège adroitment construit: on y est pris dès qu'on l'a flairé.

El pudor proporciona a las mujeres una atracción invencible.
La pudeur communique aux femmes un attrait invincible.

Las mujeres inspiran tantos más deseos cuanto menos pueden satisfacerlos.
(Les femmes) inspirent d'autant plus le désir, qu'elles le contentent moins.

France, Anatole.
La vie littéraire.

La mentira de una mujer amada constituye el más dulce de todos los beneficios mientras se cree en ella.

France, Anatole.
Le jardin d'Epicure.

Las mujeres sois un secreto y un pecado. Soñamos en vosotras y nos condenamos por vosotras.
(Les femmes), vous êtes un secret et vous êtes un péché. On rêve de vous et l'on se damne pour vous.

Francisco I, rey de Francia.
Toda mujer es voluble.
Toute femme varie.

Frank R.
Tensión premenstrual, 1931.

Próxima a la menstruación, la mujer sufre trastornos recurrentes emocionales, físicos y de comportamiento.

Fray Luis de León.
La perfecta casada. Introducción. M.E. Editores, Madrid 1996.

Muchas mujeres se engañan, que piensan que el casarse no es más que dejar la casa del padre y pasarse a la del marido, y salir de servidumbre y venir a libertad y regalo.

Las mujeres son, de su cosecha, apetitosas de ser preciadas y honradas, como lo son todos los de ánimo flaco.

Las mujeres gustan de vencerse entre sí unas a otras aun en cosas menudas y de niñería.

Gusta una mujer de parecer más hermosa que otra; y si en ser mujer de su casa le hace ventaja, hace caso de honra sobre cualquier menudencia..

La primera alabanza de una mujer buena es decir que es dificultosa de hallar.

Fray Luis de León.
La perfecta casada, I. M.E. Editores, Madrid 1996.

La mujer es de natural flaca y deleznable, más que ningún otro animal.

Cosa de tan poco ser como es esto que llamamos mujer, nunca ni emprende ni alcanza cosa de valor.

Una mujer buena será con el marido guarda de su casa, maestra de sus hijos y provisora de sus excesos.

Fray Luis de León.
La perfecta casada, III. M.E. Editores, Madrid 1996.

El ser honesta una mujer no se cuenta; porque si no tiene esto, no es ya mujer, sino alevesa ramera y vilísimo cieno, y basura, la más hedionda de todas y la más despreciada.

El quebrar la mujer a su marido la fe es perder las estrellas su luz, y caerse los cielos, y quebrantar sus leyes la naturaleza.

El gastar en la mujer es contrario de su oficio y demasiado para su necesidad, y, para los antojos, vicioso y muy torpe, y negocio infinito que asuela las casas y empobrece a los moradores.

El gasto de las mujeres es todo en el aire, muy grande y aquello en que se gasta ni vale ni luce.

Como los caballos desbocados cuanto más corren, tanto van más desapoderados, así la sed de las mujeres crece en ellas, y cuanto más gastan, tanto les aplace más el gastar.

Así como en el hombre tener entendimiento y razón no pone en él loa, porque tenerlo es su propia naturaleza, así la mujer no es tan loable por ser honesta, cuanto es torpe y abominable si no lo es.

La mujer, por ser de natural flaco y frío es inclinada al sosiego y a la escasez, y es buena para guardar.

Los fundamentos de la casa son la mujer y el buey; el buey para que are y la mujer para que guarde.

En lo que toca al comer es poco lo que les basta a las mujeres, por razón de tener menos calor natural; y así es en ellas muy feo ser golosas y comedoras.

Sólo es casta aquella en quien ni la fama mintiendo osa poner mala nota.

Las mujeres tienen pocas necesidades en el vestir, que la naturaleza hizo a las mujeres por una parte ociosas, para que rompiesen poco, y por otra aseadas, para que lo poco les luciese mucho.

Cuando las mujeres comienzan a destemplarse en los gastos de sus antojos, se destemplan sin término, y son como un pozo sin suelo, que nada les basta, y como una carcoma, que de continuo roe.

Las mujeres nacieron para sujeción y humildad, por ello, en su linaje, el dar larga rienda al vano y no necesario deseo, es mucho más vicioso y vituperable.

Las mujeres que piensan que, a fuerza de posturas y vestidos, han de hacerse hermosas, viven muy engañadas; porque la que lo es, revuelta lo es; y la que no, de ninguna manera lo es, ni lo parece, y cuando más se atavía es más fea.

Fray Luis de León.
La perfecta casada, IV. M.E. Editores, Madrid 1996.

La naturaleza y estado ponen obligación en la casada de alegrar y de cuidar continuamente a su marido.

Las mujeres son pusilánimes de su cosecha, y poco inclinadas a las cosas que son de valor.

Así como el marido está obligado a llevar las pesadumbres de fuera, así la mujer le debe sufrir y solazar cuando viene a su casa, sin que ninguna excusala desobligue.

La mujer tiene flaqueza y poco saber y menudo ánimo.

Por más áspero y de más fieras condiciones que el marido sea, es necesario que la mujer le soporte.

La mujer se dio al hombre para alivio de sus trabajos, y para reposo y dulzura y regalo.

El oficio natural de la mujer y el fin para que Dios la crió es para que sea ayudadora del marido, y no su calamidad y desventura.

Fray Luis de León.
La perfecta casada, IX. M.E. Editores, Madrid 1996.

Las mujeres son muelles y regaladas, y no digo la muchedumbre de vicios que de esto mismo en ellas nacen, ni oso meter la mano en este cieno, porque no hay agua encharcada y corrompida que críe tantas y tan malas sabandijas, como nacen vicios asquerosos y feos en los pechos de estas damas delicadas.

Como de suyo la mujer es más inclinada al regalo y más fácil a enmollecerse y desatarse con el ocio, tanto el trabajo le conviene más.

Fray Luis de León.
La perfecta casada, X. M.E. Editores, Madrid 1996.

Nunca, nunca jamás, el cuerdo casado consentirá que entren cualesquier mujeres a conversar con la suya, porque siempre hacen mil daños.

La mujer no ha de traspasar la ley del marido, y en todo le ha de obedecer y servir.

Fray Luis de León.
La perfecta casada, XII. M.E. Editores, Madrid 1996.

Dice San Pablo, las mujeres se vistan decentemente, y su aderezo sea modesto y templado.

Las mujeres, temiendo desagradar a los hombres, se pintan las caras con colores ajenos, y, en el adulterio que hacen de su cara, se ensayan para el adulterio que desean hacer de su persona.

La mujer es verdadera fiera, mona con albayade afeitada, o sierpe engañosa, que, tragando lo que es de razón en el hombre por medio del deseo del vano aplacer tienen el alma por cueva, donde mezclan todas su ponzoña morta y rebosa el tóxico de su engaño y error.

El darse al afeite, de ramera es y no de buena mujer.

Las mujeres acaban a sus maridos, porque su primero y principal cuidado es el sacarles algo, y el pelar a los tristes mezquinos.

La mujer, como de peor condición que las bestias, se tiene a sí misma en tanto grado por fea, que menester hermosura postiza, comprada y sobrepuesta.

Mujeres, ocupad vuestras manos con la lana, enclavad en vuestra casa los pies, y agradarán más así que si os cercásedes de oro.

Fray Luis de León.
La perfecta casada, XV. M.E. Editores, Madrid 1996.

Que ya que las mujeres son poco sabias, se esfuercen a ser mucho calladas.

La naturaleza no hizo a la mujer para el estudio de las ciencias, ni para los negocios de dificultades, sino para un solo oficio simple y doméstico.

Es justo que las mujeres se precien de callar todas, así aquellas a quien les conviene encubrir su poco saber, como aquellas que pueden sin vergüenza descubrir lo que saben.

En todas las mujeres es, no sólo condición agradable, sino virtud debida, el silencio y el hablar poco.

Así como la naturaleza hizo a las mujeres para que encerradas guardasen la casa, así las obligó a que cerrasen la boca.

El hablar nace del entender (...) y como la naturaleza a las mujeres les limitó el entender, por consiguiente, les tasó las palabras y las razones.

En la mujer, el saber callar es su sabiduría propia.

Conocí yo una mujer que cuando comía reñía, y cuando venía la noche reñía también, y el sol, cuando nacía la hallaba riñendo, y esto hacía el día santo y el día no santo, y la semana y el mes; y por todo el año no era otro su oficio sino reñir.

Una mujer necia y parlera, como lo son de continuo las necias, es intolerable negocio.

El estado de la mujer, en comparación del marido, es estado humilde.

Fray Luis de León.
La perfecta casada, XVI. ME. Editores, Madrid 1996.

Pues si la mujer es, por natural oficio, guarda de casa, ¿cómo se permite que sea callejera y visitadora y vagabunda?

Pues a las mujeres no las dotó Dios ni del ingenio que piden los negocios mayores, ni de fuerzas las que son menester para la guerra y el campo, mídanse con lo que son y conténtese con lo que es de su suerte.

Puesto que las mujeres no tienen saber para los negocios de substancia, si salen de casa, tratarán de poquedades y menudencias.

Igual que son los hombres para lo público, así las mujeres para el encerramiento; y como es de los hombres el hablar y el salir luz, así de ellas el encerrarse y encubrirse.

Fray Luis de León.
La perfecta casada, XIX. ME. Editores, Madrid 1996.

Quien busca mujer muy hermosa camina con oro por tierra de salteadores, y con oro que no consiente encubrirse en su bolsa, sino que se hace él mismo afuera y se les pone a los ladrones delante de los ojos.

Fray Luis de León.
Poesías. M.E. Editores, Madrid 1996.

Antes que la engañosa / Circe, del corazón apoderada, / con copa ponzoñosa / el alma transformada / te junte, nueva fiera, a su manada.

Fray Luis de Granada.
Guía de pecadores.

Huye de toda sospechosa compañía de mujeres, porque verlas, daña los corazones; oirlas, los atrae; hablarlas, los inflama; tocarlas, los estimula; y, finalmente, todo lo de ellas es lazo para los que tratan con ellas.

Frere, J. Hookham.
Works, vol. ii. 1872, p. 334.

Los hombres se casan, las mujeres son dadas en matrimonio.
Men marry: women are in marriage given

Freud, Sigmund.
Todas las mujeres son fetichistas del vestido.

Freud, Sigmund.
Female sexuality. International Journal of Psychoanalysis 1932; 13:281-

La mujer llega al conocimiento de la realidad de su propia castración y la consiguiente superioridad del hombre y su inferioridad como mujer, aunque se rebela contra estos desagradables hechos.

Freud, Sigmund.
New Introductory Lectures, 1933. Citado en Keith Oatley. Best Laid

Las mujeres han hecho pocas contribuciones a los descubrimientos e inventos en la historia de civilización" pero ellas pueden haber inventado el tejido: un equivalente cultural de pelo púbico para cubrir la vergüenza de no tener pene.

Women have made few contributions to the discoveries and inventions in the history of civilization, but they may have invented weaving - a kind of cultural equivalent of pubic hair to cover up the shame of having no penis.

Freud, Sigmund.
Some psychological consequences of the anatomical distinction between the sexes. International Journal of Psychoanalysis 1927; 8:133-142.

Anatomía es destino. Hay una tragedia anatómica en la mujer, que es una critura castrada, lisiada, mutilada.

La mujer tiene menos sentido de la justicia, y es más propensa a dejarse influir en sus juicios por sentimientos de afecto y hostilidad.

Freud, Sigmund.
The psychology of women. En New introductory lectures on psychoanalisis (trad. WJH Sprott). Norton, New York 1933.

La naturaleza de la mujer está determinada por la función sexual. Es indiscutible que la influencia de este factor es muy extensa, pero debemos recordar que la mujer, independientemente de ello, puede ser una criatura humana.

La mujer alcanza su máxima realización cuando tiene un hijo, especialmente si es un varón que trae consigo el anhelado pene.

El papel que la mujer desempeña en la función sexual le induce a inclinarse hacia una conducta pasiva y hacia metas igualmente pasivas.

Freud, Sigmund.
Tres ensayos para la vida sexual.

La mayor tendencia de la mujer a la neurosis viene determinada por el desplazamiento a la vagina de la zona erógena primitiva del clítoris, y por el empuje represivo durante la pubertad.

Freud, Sigmund.
Epistolario. Carta a Marta.

La posición de la mujer no puede ser otra que la que es: ser una prenda adorada en su juventud y convertirse en una esposa amada en su madurez.

La naturaleza delicada de las mujeres necesita protección. Su emancipación nos arrebataría la cosa más encantadora que el mundo puede brindarnos: nuestro ideal de feminidad.

Parece totalmente huérfana de realismo la idea de incorporar a la mujer a la lucha por la existencia en las mismas condiciones que el hombre. ¿Acaso yo puedo imaginarme a mi dulce y delicada amada como un competidor?

Freud, Sigmund.
Epistolario. Carta a su prometida (15/11/1883).

La Naturaleza ha determinado el destino de la mujer por medio de su belleza, su encanto y su dulzura.

Freud, Sigmund.
Carta a Marie Bonaparte.

La gran cuestión... que yo no he sido capaz de responder, a pesar de mis treinta años de investigación del alma femenina, es ¿qué es lo que quiere una mujer?

Freud, Sigmund.
(citado por Harris M)

Los instintos y la anatomía determinan la formación de una personalidad masculina activa y agresiva y una personalidad femenina pasiva y subordinada.

La supremacía psicológica de los varones se funda en los hechos inalterables de la anatomía. La falta de un pene "rebaja" a las mujeres y las condena a un papel pasivo y subordinado, el papel del "segundo sexo".

En la mujer, la única esperanza de superar la envidia del pene estriba en aceptar un papel secundario en la vida, desarrollar su encanto y atractivo sexual, casarse y tener niños.

La anatomía es el destino. Las niñas sufren toda la vida el trauma de la envidia del pene a causa de su descubrimiento de que están anatómicamente incompletas.

Freud, Sigmund.
(citado por Miller 1970: 185)

La felicidad de la mujer es grande si su deseo de un hijo se cumple en la realidad, y en especial si el hijo es un varón que porta el pene ardientemente deseado.

Freud, Sigmund.
Cit. por Bardwick J.

El superego de la mujer nunca es tan independiente como el de los hombres. El superego femenino es mucho menos evolucionado, que sigue dependiendo de las fuentes del mundo exterior, que castigan o premian.

Fuller J.
Una mujer sólo debe abandonar su hogar por tres motivos: su bautismo, su boda, su entierro.

Gabor, Zsa Zsa.
Cuando un hombre se echa atrás, retrocede de verdad. Una mujer sólo retrocede para coger carrerilla.

Nunca he odiado tanto a un hombre como para devolverle sus brillantes.

Gala, Antonio.
Anillos para una dama.

¿Cómo te crees que somos las mujeres? Lo único que queremos que nos digan es lo que ya sabemos; lo que no sabemos es que no nos importa.

Gala, Antonio.

Petra Regalada.

Todo lo que una mujer quiere de verdad -un perro, un hombre, Dios, cualquier cosa- lo quiere como a un hijo.

Galeno.
Las mujeres tienen reacciones histéricas premenstruales debido a un "fluido" que produce el útero.

Galiani, Abate.
Dialoghi.

La mujer es un animal débil y enfermo por naturaleza.
La donna è un animale debole e malato per natura.

Las mujeres aprenden con avidez y olvidan con facilidad.
Le donne imparano con avidità e dimenticano con facilità.

Galio, Aulo.
Noctes Atticae.

La mujer es un mal necesario.

Gallivan, J.
Lateralization in appreciation of humor: sex differences vs stimulus effects. Percept Mot Skills 1997; 85:528-530.

Cuando se le cuenta un chiste a una mujer, se ríe más si se le cuenta por el oído derecho. En los hombres da igual.

Gangestad SV, Simpson JA.
Toward an evolutionary history of female sociosexual variation. Journal of Personality 1990; 58: 69-96.

Las mujeres suelen tener relaciones extramatrimoniales con hombres de posición social más elevada que las de sus maridos.

Garci, José Luis.
You're the One (Una historia de entonces), 2000.

A las mujeres hay algo que nos gusta más que ver el mar, y es ver escaparates.

García Lorca, Federico.
Bodas de sangre.

Tan pobre! Una mujer que no tiene un hijo siquiera que poderse llevar a los labios.

Con tu mujer procura estar cariñoso, y si la notaras infatuada o arisca, hazle una caricia que le produzca un poco de daño, un abrazo fuerte, un mordisco y luego un beso suave. Que ella no pueda disgustarse, pero que sienta que tú eres el macho, el amo, el que manda. Así aprendí de tu padre. Y como no lo tienes, tengo que ser yo la que te enseñe estas fortalezas.

Yo no miré a nadie. Miré a tu padre, y cuando lo mataron miré a la pared de enfrente. Una mujer con un hombre, y ya está.

García Lorca, Federico.
Yerma

La mujer de campo que no da hijos es inútil como un manojo de espinos, y hasta mala, a pesar de que yo sea de este desecho dejado de la mano de Dios.

Los hombres tienen otra vida, los ganados, los árboles, las conversaciones; las mujeres no tenemos más que ésta de la cría y el cuidado de la cría.

¿Es que no conoces mi modo de ser? Las ovejas en el redil y las mujeres en su casa. Tú sales demasiado. ¿No me has oído decir esto siempre?

Cada mujer tiene sangre para cuatro o cinco hijos y cuando no los tiene se le vuelve veneno, como me va a pasar a mí.

Gathas y Yhast.
Cantos e himnos de Zoroastro.

En la religión persa (zoroastrismo), el hombre originario, Gayomard, es sólo bueno y tiene forma de varón. Sin embargo, la mujer originaria se presenta, a la vez como buena y como mala: es la Madre Tierra positiva, acogedora, y, al mismo tiempo, Prostituta terrible que utiliza y destruye a los humanos.

Gautier, Téophile.
Las mujeres tienen el sentimiento de la moda, pero no el sentimiento de lo bello.

Gautier, Téophile.
Mademoiselle de Maupin.

Una mujer que no es hermosa es siempre más fea que un hombre que no es hermoso.
Une femme qui n'est pas belle est plus laide qu'un homme qui n'est pas beau.

Siempre tuve a la mujer por algo diverso e inferior que se adora y con lo que se juega.
(La femme) c'est toujours pour moi quelque chose de dissemblable et d'inférieur que l'on adore et dont on joue.

Sólo es verdaderamente bello lo que para nada sirve.
Il n'ya de vraiment beau que ce qui ne peut servir à rien.

Si yo hubiese asistido al concilio de Trento cuando se debatió la importante cuestión de si la mujer era humana, sin vacilar hubiese opinado en contra.
Si j'avais été au concile de Trente quand s'y agitta cette importante question, à savoir si la femme est un homme, j'aurais assurément opiné pour la négative.

No existe el menor lazo intelectual entre los dos sexos; se diría que pertenecen a especies distintas.
Il n'y a pas le moindre lien intellectuel entre les deux sexes: on dirait qu'ils sont d'une autre espèce.

Las mujeres no entienden de poesía más de lo que puedan entender las coliflores o las rosas.
Les femmes ne s'entendent pas plus en poésie que les choux et les roses.

A las mujeres no les gustan los hombres contemplativos y prefieren a los que ponen sus ideas en acción.
Les femmes ont fort peu de goût pour les contemplateurs et prisent singulièrement ceux qui mettent leurs idées en action.

Gedicus, Simon.
La mujer es un ser bastardo formado por la cópula monstruosa de Satán con la especie humana.

Geibel.
Sprüche, 36.

Cuando se trata de convencer a una mujer, no uses argumentos abstractos: por mucho que te obstines en hablar inteligentemente de las cosas, ellas piensan siempre en la persona.
Gilts Frauen zur Vernunft zu bringen, / So lass den allgemeinen Ton: / Wie klug sie reden von den Dingen, / Sie meinen stets nur die Person.

Gelio, Aulio.
Noctes Aticae, 1, 6.

La mujer es un mal, pero un mal necesario.
Malum est mulier, sed necessarium malum.

George Bernard Shaw.
Mrs Warren's Profession (1898).

Para una mujer, la única forma de mantenerse decentemente es ser buena para algún hombre que pueda permitirse el lujo de ser buena con ella.
The only way for a woman to provide for herself decently is for her to be good to some man that can afford to be good to her.

Geraldy. Paul.
L'amour.

El amor es el esfuerzo que un hombre realiza para conformarse con una sola mujer.

Gerfaut, F.
Pensées d'un sceptique.

Las mujeres aman cuanto pueden, y los hombres cuanto quieren.

Geschwind N, Galaburda AM.
Cerebral lateralization. Biological mechanisms, associations, and pathology. Archives of Neurology 1985; 42:428-459.

La mitad derecha del cerebro se desarrolla más cuando actúan hormonas "masculinas", y esto ocurre tanto en humanos como en ratones.

Gijsbers van Wijk CM, Kolk AM
Sekseverschillen in gezondheidsbeleving. Ned Tijdschr Geneeskd 1997; 141:283-287. (Sex differences in perceived health)
Las mujeres se quejan más que los hombres (en síntomas físicos), tienen una afectividad más negativa, y están más atentas a su cuerpo que al entorno, por eso tienden a la somatización mucho más que los hombres.

Girardin, Madame de.
Pensées.

Sólo hay un medio de hacer un buen elogio de una mujer, es hablar mal de su rival.
Il n'y a qu'un seul moyen de faire un bel éloge d'une femme, c'est de dire beaucoup de mal de sa rivale.

Gläser, F.
Liebesbrevier, de F.Voneisen.

La gracia de la mujer puede más, a veces, que el valor del hombre.
Weibes Anmut vermag oft mher als Mannes Mut.

Goethe, Johann Wolfgang.
El hombre realiza "acciones concretas", la mujer crea un clima. Al enfocar una cuestión o problema, el hombre separa las cosas, la mujer las mezcla.

Lo bello es una manifestación de las fuerzas secretas de la Naturaleza.

El amor es algo ideal y el matrimonio algo real. Confundir lo real con lo ideal nunca queda impune.

Goethe, Johann Wolfgang.
Fausto

Cuando caminamos hacia la casa del Diablo, la mujer va cien pasos por delante.
Denn, geht es zu des Bösen Haus das Weib hat tausend Schritt voraus.

La mujer ha perdido la costumbre de ahorrar, y, lo mismo que todo mal pagador, tiene muchos más antojos que escudos, por eso le queda al pobre marido no poco que sufrir.

En tratándose de ir a casa del diablo, la mujer tiene mil pasos de ventaja.

La mujer es atroz cuando agarra, y no tiene miramiento alguno cuando pilla.

Aquel que para sí pretenda la más bella mujer, hábil ante todo, con prudente acuerdo trate de procurarse armas.

¡Lejos de mí, repugnante sexo mujeril!

Lo que hace la mujer con mil pasos, por mucho que se apresure, de un salto lo hace el hombre.

Atolondradas y locas, en realidad, verdaderas mujeres, esclavas del momento, juguetes del tiempo.

Las mujeres siempre están en primera fila allí donde hay algo con que embobarse o alguna golosina que comer.

Gómez de la Serna, Ramón.
Gregerías.

Lo que defiende a las mujeres es que piensan que todos los hombres son iguales, mientras que lo que pierde a los hombres es que creen que todas las mujeres son diferentes.

Goncourt, Edmond y Jules de.
Journal, Mémoires de la vie littéraire, 2-VI-1861.

A la mujer de cuarenta años un amante le parece una protesta contra su partida de nacimiento.
La femme de quarante ans (...) Un amant lui semble une protestation contre son acte de naissance.

Góngora y Argote, Luis de.
De la Armada que fue a Inglaterra.

Si el pobre a su mujer bella / le da licencia que vaya / a pedir sobre la saya, / y le dan debajo della, / ¿qué gruñe? ¿qué se querella / que se burlan de él los ecos?

Gordonio, Bernardo.
Lilio de medicina, Sevilla 1495. Cull J, Dutton B (eds). The Hispanic Seminary of Medieval Studies, Madison, 1991.

Cuando una mujer acostumbrada a hacer coito no lo hace, entonces aquella simiente que estaba acostumbrada a salir, se retiene en la madre, y se corrompe, y causa sofoco.
Quando alguna muger acostumbró a fazer coitu e non lo faze, estonces aquella simiente que era acostumbrada de salir, retiénese en la madre, e corrómpese e causase sufocación.

Así pues, cuando a una mujer que no ha dado nunca a luz se le retira el flujo menstrual y no puede encontrar este camino para salir afuera, le sobreviene una enfermedad.

Gottschalk LA et al.
Variations in magnitude of emotion: a method applied to anxiety and hostility during phases of the menstrual cycle. Psychosomatic Medicine 1962; 24:300-311.

Durante la ovulación desciende el nivel de ansiedad y hostilidad.

En periodo premenstrual las mujeres se muestran ansiosas, hostiles y deprimidas.

Gouchie C, Kimura D.
Trabajo experimental (1985). D. Kimura. Scientific American, 1992.

La capacidad de razonamiento matemático se apoya en un determinismo biológico sexual. Las diferencias según el sexo en la capacidad de razonamiento matemático favorecen de manera tenaz a los varones, especialmente en el extremo superior de la distribución, con una proporción de 13 a 1 a favor de los varones. (Conclusiones similares a las del grupo de C.P. Benbow.)

Gracián, Baltasar.
De aquí, sin duda, procedió el apellidarse todos los males hembras: las furias, las parcas, las sirenas y las arpías, que todo lo es una mujer mala.

Gracián, Baltasar.
Agudeza y arte de ingenio, Discurso XXIII.

Oíle ponderar muchas veces a Francisco Gracián, mi padre, hombre de profundo juicio, y muy noticioso, que la mayor capacidad de la más sabia mujer no pasa de la que tiene cualquier hombre cuerdo a los catorce años de su edad.

Gracián, Baltasar.
El criticón. Madrid 1657.

Al buen callar llaman santo, y en las mujeres milagroso.

Menos mal te hará un hombre que te persiga, que una mujer que te siga.

Fue Salomón el más sabio de los hombres, y fue el hombre a quien más engañaron las mujeres; y con haber sido el que más las amó, fue el que más mal dijo de ellas: argumento de cuán gran mal es del hombre la mujer mala, y su mayor enemigo.

Más fuerte es que el vino, más poderosa que el rey, y que compite con la verdad siendo toda mentira.

Más vale la maldad del varón que el bien de la mujer, dijo quien más bien dijo (Eclesiástico XLII, 14), porque menos mal te hará un hombre que te persiga que una mujer que te siga.

Hácenle guerra al hombre diferentes tentaciones en sus edades diferentes, unas en la mocedad y otras en la vejez, pero la mujer en todas.

De las mujeres nunca está seguro ni mozo, ni varón, ni sabio, ni valiente, ni santo; siempre está tocando el arma este enemigo común y tan casero.

La mujer no es un enemigo solo, sino todos en uno.

Graf, A.
Ecce homo.

Una mujer que a los veinte años no ha tenido otro motivo que su belleza para ser amada, será detestada a los cuarenta.
Una donna la quale non abbia avuto a vent'anni altra ragione d'essere amata che la bellezza, sarà detestata a quaranta.

Green, Alfred E.
Director. Peligrosa, Estados Unidos 1935.

Las mujeres malas tienen algo que las buenas no lo tienen; y las buenas no saben bien lo que es, pero lo envidian.

Guarini, Battista.
El pastor Fido.

Ser honesta no es más que un arte de parecer honesta.

Guerrazzi, F.D.
Epistolario

El matrimonio es el sepulcro del amor.
Il matrimonio é il sepolcro dell'amore.

Guinnon, A.
Remarques.

293

En toda discusión es propio de la mujer que admita todos vuestros argumentos sucesivos; pero rehuye de un golpe la conclusión.

En la amistad se necesita agradar; en el amor es preciso domar.

Guitry, Sacha.
Si las esposas fuesen buenas, Dios tendría una.

Cuando un hombre te roba la esposa, la mejor venganza es dejar que se la quede.
When a man steals your wife, there is no better revenge than to let him keep her.

Guitry, Sacha.
Elles et Toi.

A las mujeres se les tiene en los brazos, después un día sobre los brazos, y pronto sobre las espaldas.
On les a dans ses bras, puis un jour sur les bras, et bientôt sur les dos.

Haaland Matlary, Janne.
Ser mujer en términos de mujer. En: Veil S et al. La mujer en el umbral del siglo XXI. Ed. Complutense, Madrid 1998.

En nuestros días, las mujeres occidentales se sienten inseguras acerca de su propia femineidad, por haber adoptado la idea de que imitar el comportamiento masculino las hará más poderosas y libres.

El feminismo moderno tiene muy poca base antropológica en sus postulados. En lugar de investigar lo que realmente puede significar el hecho de ser mujer, el femisnismo actual parece asumir y mostrar un agresivo y masculino punto de vista en el que ambos sexos se hallan enzarzados en la disputa por el poder.

El papel tradicional de la mujer ha sido el de ser la señora de la casa. Durante siglos el hogar ha sido nuestro dominio. Cuando hemos tenido cierta influencia política habitualmente ha sido por mecanismos indirectos, y muy a menudo a través de hombres de ingenuidad manifiesta.

Las mujeres no son más felices por conducir un camión, adentrarse en las profundidades de una mina de carbón o convertirse en soldados de élite. En un momento dado fue importante demostrar que las mujeres podíamos hacer todo lo que hacen los hombres, pero una vez obtenido el acceso a todos esos puestos de trabajo, ¿qué hemos conseguido? La mayoría de las mujeres no eligen esa clase de profesiones.

Hakévy, Ludovic y Meilhac, Henri.
La Grande-Duchesse de Gérolstein, I, 2.

Todo eso son historias de mujeres.
Tout ça... C'est des histoires de femmes.

Hall, Stanley G.
Las mujeres siempre tienen a conservar las viejas costumbres y los antiguos modos de pensar.

En la mujer, el cuerpo y la mente son filogenéticamente más antiguos y más primitivos que en el hombre.

Halpern D.
http://www.seattletimes.com/news/nation-world/
La inteligencia femenina es diferente de la masculina. Los varones son superiores en memoria visual, pruebas con objetos móviles, puntería, razonamiento fluído, matemáticas, ciencia, geografía y conocimientos generales.

Hamburg BA.
The Biosocial Bases of Sex Difference. En: Washburn SL, McCown ER (eds). Human Evolution. The Benjamin/Cummings Publ, Menlo Park 1978.

La organización cerebral y el comportamiento son diferentes en el hombre y la mujer, como se ha comprobado en varios campos: tasa de maduración, diferenciación hemisférica y modo organizativo cerebral.
Gender-related Group Differences. Such differences in cerebral organization and behavior have been worked out in various fields of investigation (Hamburg, 1978).

Harris, Marvin.
Las religiones principales sostienen que primero fueron creados los hombres y, después, las mujeres, a partir de una pieza de un hombre.

Las principales religiones identifican al dios creador con "Él", y en la medida en que admiten deidades femeninas, les asignan un papel secundario en el mito y el ritual.

Las tres grandes religiones de la civilización occidental (cristianismo, judaismo e islam) hacen hincapié en la prioridad del principio masculino en la formación del mundo.

En muchas culturas, los hombres piensan que son espiritualmente superiores a las mujeres, mientras que éstas son peligrosas y contaminadoras, débiles e indignas de confianza.

Harris, Marvin.
Introducción a la antropología general. Alianza, Madrid 1983.

Nada mejor para mostrar la subordinación política de las mujeres que el hecho de que entre los miembros de las Naciones Unidas (1980) solamente un jefe de Estado efectivo sea una mujer.

Los hombres gozan de una ventaja física sobre las mujeres en lo que atañe a la fuerza con que pueden manejar una maza, la distancia a que pueden arrojar una lanza, disparar una flecha o tirar una piedra, y la velocidad con que pueden recorrer distancias cortas.

Las mujeres que ejercen como reinas en Europa lo hacen como detentadoras temporales del poder que pertenece a los hombres de su linaje.

Hebbel

En la mujer, verdaderamente mujer, no hay nada que no esté en relación con su marido, con su hijo o con su amante.

El amor en la mujer está siempre mezclado con una admiración involuntaria, y cesa cuando cree convencerse de que el hombre le es inferior.

Heim, Alice W et al.
British Journal of Psychology 1974; 65.

Las mujeres son inferiores en inteligencia numérica.

Los resultados de pruebas de inteligencia en mujeres tienen a agruparse en valores medios, mientras que las grandes variaciones (por arriba y por abajo) se dan en varones.

Heine, Heinrich.
Wandern.

Cuando una mujer te ha engañado, procura amar inmediatamente a otra.

Heinlein, Robert A.
Las mujeres y los gatos harán lo que les plazca, y los hombres y los perros se relajarán y serán utilizados para esa idea.
Women and cats will do as they please, and men and dogs should relax and get used to the idea.

Helson, Ravenna.
Narrowness in creative women. Psychology Reports 1966; 19:618.

La razón por la que las mujeres no son creativas es que carecen de ciertas características masculinas como son la resolución, la iniciativa, la independencia, y la expresión fundada en un pensamiento analítico y lógico.

Hepburn, Katharine.
Las mujeres vulgares son las que saben algo sobre el amor. Las mujeres maravillosas están demasiado ocupadas en ser maravillosas.
It is the ordinary women that know something about love. The gorgeous ones are too busy being gorgeous.

Hermant, A.
Le char de l'État.

Los hombres sólo guardan buen recuerdo de las mujeres que no han poseído.
Les hommes ne conservent un bon souvenir que des femmes... Qu'ils n'ont pas eues.

Herodoto.
Historias.

Raptar mujeres es acción de hombres injustos; esforzarse en después vengarlas, es de insensatos; y el no preocuparse de que las hayan raptado es de sabios, pues es evidente que, si ellas no quisieran, no serían raptadas.

Herrick.
Hesperides.

Ningún hombre puede ser sabio a la vez que ama.
No man at one time can be wise and love.

Hesíodo
Teogonía.

Al hacer a la mujer, Zeus ordenó que Hermes pusiera en su pecho mentiras, pervertidas palabras y taimadas conductas.

Y como castigo por otorgar el fuego a otros dioses y a los hombres, Zeus nos trajo a la mujer, tocada con los adornos de Atenea. De esa trampa surgió la raza femenina, la fatal raza, la ralea del género de las mujeres. Gran dolor para los hombres que con ellas viven.

Como abejas que se quedan dentro de las colmenas y llenan sus barrigas con el trabajo de los otros, así son las mujeres, una perdición para los hombres.

El que carga con una mujer de nociva especie vive con una pena sin fin en su corazón y en su alma.

Hesíodo
Los trabajos y los días.

No dejes que una mujer con caderas excitantes te engañe con palabras engatusadoras y mimosas; primero está tu granero.

El hombre que confía en una mujer confía en un engaño.

Cásate con una doncella, de modo que puedas enseñarle delicadas maneras.

Como castigo a la soberbia de los hombres, Zeus les da el más peligroso de todos sus regalos: la mujer (Pandora).

Como venganza, Zeus regala al hombre (Epimeteo) una mujer (Pandora) encargando a Hefestos que le de una figura encantadora, a Atenea que le enseñe las labores, a Afrodita una irresistible sensualidad y halagos cautivadores, a Hermes que le dote de una mente cínica y de un carácter voluble.

Heywood, John.
La boda es un destino, igual que la horca.
Wedding is destiny, and hanging likewise.

Hipócrates
La histeria se relaciona con una carencia de actividad sexual en la mujer.

Hipócrates
Hipócrates. Aurea dicta, p.88.

La mujer no es ambidextra.
Mulier ambidextra non fit.

Hipócrates.
Aforismos.

Una mujer embarazada tendrá buen aspecto si el niño es varón, y malo si el niño es una hembra.

Si a una mujer embarazada de mellizos se le enflaquece una de las mamas, abortará uno de los fetos: el macho si es la mama derecha y la hembra si la que adelgaza es la mama izquierda.

Hitchkoct, Alfred.
Extraños en un tren.

Es privilegio de mujeres cambiar de opinión.

Hitchkoct, Alfred.
Marnie la ladrona

De los animales de rapiña, la mayoría son hembras.

Hitler, Adolf.
El mensaje de la emancipación femenina es un mensaje descubierto únicamente por el intelecto judío.

Hitler, Adolf.
Mein Kampf

En la educación de las muchachas hay que insistir sobre todo en el adiestramiento físico, luego en la promoción de los valores espirituales y, en último lugar, de los intelectuales.

Hollingworth, Leta Stetter.
Functional Periodicity (1914)

Los periodos funcionales (menstruación) de la mujer tienen que influir profundamente en su vida mental y condiciona su esfuerzo intelectual.
The functional periodicity of woman must profoundly influence her mental life and condition her intellectual effort.

Holmes, Oliver Wendell.
The autocrat of the breakfast table.

El hombre tiene su voluntad pero la mujer tiene su manera de hacer las cosas.
Man has his will, but woman has her way.

Home, J.
Douglas.

Raramente yerra quien piensa lo peor posible del género femenino.
He seldom errs, who thinks the worst he can of womankind.

Homero
La Odisea.

Agamenón decía que no había cosa peor que la mujer.
Pues ya sabes cómo es la mente de una mujer: está dispuesta a acrecentar la casa de quien la despose olvidando y despreocupándose de sus primeros hijos y de su esposo, una vez que ha muerto.

Horacio.
Epístolas.

Conoces las voces de las sirenas y los bebedizos de Circe; si los tomas serías pelele sin honra en manos de una puta.
Sirenum voces et Circae pocula nosti; que si bibisset, sub domina meretrice fuisset turpis et excors.

Hay que buscar plata y una mujer fértil para tener hijos.
Quaeritur argentum puerisque beata creandis uxor.

Horacio.
Sátiras.

Una mujer te maltrata, te echa a la calle y te llama de nuevo: sé libre, arráncate ese infame yugo del cuello. Di: soy libre, libre.

Houber, M.
Remarques sur l'amour.

Las mujeres son realmente insaciables; les prometemos amor y ellas nos reclaman la felicidad.
Les femmes sont réellement insatiables; nous ler promettons le plaisir et ells nous réclament le bonheur.

Lo que encanta a los amantes, en sus amadas, es lo que tienen de provisional; lo que indispone a los maridos contra sus esposas es lo que éstas tienen de definitivo.
Ce qui enchante les amants dans leur maitresses c'est qu'elles ont pour eux de provisoire; ce qui indispose les maris contre leurs femmes, c'est ce qu'elles ont de définitif.

Housman, H.
A psychological study of menstruation. Tesis doctoral, The University of Michigan 1955.

Durante la menstruación las mujeres tienen más necesidad de afecto y aprobación, aumenta la ansiedad y su sensibilidad respecto a los desaires en las relaciones interpersonales.

Huarte de San Juan.
Examen de ingenios para la ciencia.

La primera mujer sabía mucho menos que Adán por haberla hecho Dios fría y húmeda, que es el temperamento necesario para ser fecunda y paridera, y el que contradice el saber. Si Dios hubiera hecho a la mujer templada como Adán, fuera sapientísima, pero no pudiera parir ni venirle la regla.

Hubbard, Elbert.
Lo de "Hogar, dulce hogar" debe haberlo escrito un soltero.

Huber, Engelbert.
Escritos (1933).

La figura de la mujer política significa una disminución de su dignidad como mujer. La resurrección alemana es un fenómeno de los hombres.

Hugo, Victor.
La mujer juega con su belleza como los niños con el cuchillo, y se lastima.

Hugo, Victor.
La Légende des siècles.

El hombre busca, la virgen espera, la mujer atrae.
L'homme cherche, la vierge attend, la femme attire.

Mujer, escucha tu corazón, no leas otro libro.
Femme, écoute ton coeur, ne lis pas d'autre livre.

Hugo, Victor.
Le roi s'amusse, IV, 2.

La mujer cambia con frecuencia, y muy loco está quien de ellas se fía. Generalmente, una mujer es sólo una pluma al viento.
Souvent femme varie / et bien fol qui s'y fie! / Une femme souvent / n'est qu'une plume au vent!.

Hugo, Victor.
Les misèrables.

El primer síntoma del verdadero amor en un hombre joven es la timidez, y en una muchacha, la audacia.
Le premier symptôme de l'amour vrai chez un jeune homme, c'est la timidité, chez une jeune fille, c'est la hardiesse.

Nunca había sabido lo que era la belleza de una mujer; pero por instinto comprendía que era una cosa terrible.

Hugo, Victor.
Ruy Blas.

A las mujeres les gusta especialmente salvar a quienes las pierden.
Les femmes aiment fort à sauver qui les perd.

Dios se hizo hombre; ¡de acuerdo! El diablo se hizo mujer.
Dieu s'est fait homme; soit! Le diable s'est fait femme.

Huxley, Aldous.
Point Counter Point.

La mala fama de una mujer anuncia que es accesible.
Ill-fame (of a woman) announces accessibility.

Huysman, Joris Karl.
Nada hay tan bueno como las mujeres que no se consiguen.

Hyde, Ralph.
Hoy en día, las mujeres preparan oposiciones igual que antes hacían calceta: para que parezca que hacen algo.

El hombre piensa en abstracto y utiliza ideas, la mujer es concreta, cotidiana y precisa ejemplos.

Ningún gran hombre ha sido un buen marido.

Ibn' Abd Al-Barr

Citado en: Bravo A. Femenino singular. La belleza a través de la historia. Alianza. Madrid 1996.

Las mujeres son juguetes; entonces, escoged.

La razón de la mujer está en su belleza y la belleza del hombre está en su razón.

La mujer es un lecho, procuradlo blando

Ibn Ezra, Moisés.
Cuatro poetas hebraico-españoles, Ed. De Rosa Castillo.

El mundo es como una mujer vana: vana es su pompa y vana es su gloria; dulces son sus palabras, y, sin embargo, cubren siempre el engaño o la celada.

Ide A, Rodriguez E, Zaidel E, Aboitiz F.
Bifurcation patterns in the human sylvian fissure: hemispheric and sex differences. Cereb Cortex 1996; 6:717-725.

Las fisuras silvianas de hombres y mujeres se bifurcan de modo diferente.

Iglesia, Alvaro de la. (Atrib.)
En Oriente la mujer no suele ver al hombre antes de casarse; en Occidente, después.

Iriarte, Juan de.
Epigramas.

Mujer hermosa no espero / encontrar sin tacha humana: / Eva tuvo su manzana / las demás tienen su pero.

Irigaray, Luce.
Die Zeit der Differenzz. Für eine friedliche Revolution, Franckfort 1991.

Las mujeres mantienen por medio de su sexualidad, del ciclo, del embarazo y los cambios hormonales una relación indisoluble de su cuerpo con el universo.

Irigaray, Luce.
Über die Notwendigkeit geschlechtsdifferenzierter Rechte. En Gerhard U, Jansen M. Differenz und Gleichhe-it.Menschenrechte haben (k)ein Geschlecht.

La incorporación de la mujer al mundo "masculino" del trabajo lleva consigo una pérdida de la identidad femenina.

El igualitarismo nunca conseguirá hacer justicia a las mujeres, porque varones y mujeres no son iguales.

Irving, Washington.
The broken heart.

Toda la historia de una mujer es una historia de sus amores.
A woman's whole existence is a history of the affections.

Irving, Washington.
The legend of sleepy hollow.

El que impera indiscutiblemente en el corazón de una coqueta es todo un héroe.

He who keeps undisputed sway overt the heart of a coquette is indeed a hero.

Ivey, Melville E, Bardwick JM.

Patterns of affective fluctuation in the menstrual cycle. Psychosomatic Medicine 1968; 30:336-345.

Aún en mujeres normales puede predecirse el comportamiento psicológico basándose únicamente en la fase del ciclo menstrual en que se encuentran.

No sólo las neuróticas y psicóticas, también en las mujeres normales su personalidad sufre enormes cambios cíclicos en correlación con los del ciclo menstrual.

James, William.

Principios de Psicología (1890).

La intuición femenina, tan apropiada para las relaciones personales, no destaca en el campo de la Mecánica: todos los chicos aprenden por sí solos el funcionamiento de un reloj mientras que pocas muchachas lo hacen.

Jardiel Poncela, Enrique.

El secreto del alma de las mujeres consiste en carecer de ella en absoluto.

A las mujeres les seduce que se las seduzca.

La mujer adora al hombre igual que el hombre adora a Dios: pidiéndole algo todos los días.

Jardiel Poncela, Enrique.

La vida de Mario averiguada por Palmira.

Para que a una mujer le parezca interesante cualquier hombre, basta con que lleve una temporada durmiendo sola.

Jenarco.

El sueño.

Las cigarras macho son afortunadas pues sus hembras carecen por completo de voz.

Jodelle, E.

L'Eugène.

Cuando una mujer tiene los oídos llenos, apenas si puede frenar la lengua.

Quand femme a l'oreille pleine, sa langue la retient à peine.

Jóki.

Cit. en F.Voneisen. Junggesellenbrevier.

La potencia mundial más importante y peligrosa es el encanto de la mujer.

Jost, Alfred.

Llegar a convertirse en macho es una aventura larga, inquietante, y arriesgada. Es una especie de forcejeo contra las tendencias intrínsecas que llevan a la feminidad.

Becoming a male is a prolonged, uneasy and risky venture. It's a kind of struggle against inherent trends toward femaleness.

Joubert J.

Toda mujer literata se quedará soltera en tanto haya hombres sensatos sobre la tierra.

Jouy, V.J.E.

Sin mujeres, el principio de nuestra vida estaría privado de cuidados; el medio, de placeres; y el final, de consuelo.

Sans les femmes, le commencement de notre vie serait privé de secours; le milieu, de plaisirs; et le fin, de consolation.

Jovellanos, G.M., de.

A un amigo (epigrama).

Ninguno que llegue a conocer a las mujeres, podrá vivir con ellas ni sin ellas.

Jung, Emma.

Cuando un hombre se enfrenta a problemas objetivos, la mujer se contenta con resolver acertijos; cuando él luchar por el conocimiento y por el entendimiento, ella se contenta con tener fe o supersticiones o, todo lo más, hace suposiciones.

When a man takes up objetive problems, a woman contents herself with solving riddles; where he battles for knowledge and understanding, she contents herself with faith or superstition, or else she makes assumptions.

Jung, Emma.

La mentalidad femenina se expresa como un carácter sin desarrollar, primitivo o infantil: en lugar de sed de conocimiento, siente curiosidad; en lugar de juicio, prejuicios; en lugar de pensamiento, hay imaginaciones o ensoñaciones; y en lugar de voluntad, deseos.

Feminine mentality manifest an undeveloped, childlike, or primitive character: instead of the thirst for knowledge, curiosity; instead of judgment, prejudice; instead of thinking, imagination or dreaming; instead of will, wishing.

El pensamiento real de la mujer es principalmente práctico y aplicado a algo. Es lo que llamaríamos un sentido común sin fisuras, que se dirige habitualmente hacia lo personal y hacia lo que está a mano.

The real thinking of woman is pre-eminently practical and applied. It is something we describe as sound common sense, and is usually directed to what is close at hand and personal.

Jung, Karl G

La psicología femenina se funda en el principio de Eros, el gran ligador y entregador, mientras que una antigua sabiduría adscribió el Logos como principio rector del hombre.

Al seguir una vocación masculina, estudiar y trabajar como un hombre, la mujer está haciendo algo que no corresponde del toco con su naturaleza femenina, sino que es directamente perjudicial.

Jung, Karl G.
Psychological types (1921) (Trad. HG Baynes 1925).

Pensar es una función que tiende a ser mucho más dominante en hombres que en mujeres.
Thinking tends to be a much more dominant function in men than in women.

Juvenal.
Sátiras.

Aunque ella también arda en deseos, se complace en atormentar a su amante.
Ardeat ipsa licet, tormentis gaudet amantis.

Nunca darás nada contra la voluntad de tu mujer; nada venderás si ella se opone; nada comprarás si ella no quiere.
Nil umquam invita donabis coniuge; vendes hac obstante nihil; nihil, haec si nolet, emetur.

No hay cosa más insoportable que una mujer rica.
Intolerabilius nihil est quam femina dives.

No hay casi ningún pleito que no haya sido suscitado por una mujer.
Nulla fere causa est, in qua non femina litem moverit.

No hay desvergüenza como la de la mujer cogida "in fraganti": su culpabilidad le presta ánimos y furia.
Nihil est audacius illis deprensis: iram atque animos a crimine sumunt.

Las esposas no deben intentar ser oradores públicos ni utlizar ardides retóricos, ni leer a todos los clásicos: deben existir algunas cosas que las mujeres no comprendan.

Kamasutra.
Jamás se consigue conocer a las mujeres.

Cuando pasa el tiempo, la mujer acaba dedicándose al primero que se ofreció, sin interrumpir la reconciliación, pero sin abandonar al amante que le es fiel.

Llamamos esencia del hombre a la rudeza y a la impetuosidad; la impotencia, el dolor, el retirarse y la debilidad, esencia de la mujer.

¿Quién puede realmente confiar en el carácter, en la pureza, en los principios, en el comportamiento, en la sinceridad o en las palabras de las mujeres? Ellas, por naturaleza, tienen una mente corrupta. Sin embargo no hay que rechazarlas

Éstas son las mujeres a las que no hay que frecuentar nunca: a una leprosa; a una loca; a una expulsada de la sociedad; a la que revela secretos; a la que expresa sus ganas en público; a la que casi ha superado la juventud; a la que es demasiado blanca, o demasiado negra; a la que huele mal; a una ligada por parentesco; a una amiga; a una monja, y a las esposas de los familiares, de los amigos, de los sabios brahmanes o del rey.

Cuando el esposo está de viaje, la mujer sólo debe ponerse adornos de buen augurio, dedicarse a ayunos para que los dioses sean propicios, buscar noticias sobre él y ocuparse de la casa. Duerma muy cerca de sus suegros. Realice todo con su aprobación y procure reparar las cosas que le gustan a su esposo.

Las mujeres aman, se vuelven indiferentes, encantan y abandonan, llevándose a veces todas las riquezas.

El esposo es el dios de las mujeres. Este capítulo está en sintonía con las normas reservadas a las mujeres en los textos legislativos, y, en realidad, según la concepción brahmánica de la mujer fiel.

Cuando una mujer tiene relaciones con uno u otro debe buscar sacar ventajas de cada uno por la rivalidad que los separa.

Kammer, Jack.
On balance: the journalism of gender.

Hay una tendencia de los medios de comunicación a considerar cualquier afirmación feminista como si fuese real. Las mujeres activistas han usado declaraciones políticas disfrazadas como hechos para manipular la opinión pública no sólo respecto a la violación, sino también sobre el divorcio, custodia de los hijos, violencia doméstica, equiparación salarial y acoso sexual.
The media's tendency to automatically regard any feminist assertions as fact. Women's activists have used political statements masquerading as fact to manipulate public attitudes not only on rape, but also on divorce, child custody, domestic violence, pay equity and sexual harassment. Such assertions are often used by feminists to frame men as female oppressors. Men are currently being treated unequally in the media.

Kana, H.
Citado en F.Voneisen. Junggesellenbrevier.

Las mujeres quieren por curiosidad, por vanidad, por espíritu de imitación y, con suma frecuencia, por aburrimiento; pero también en ciertos casos quieren por amor.
Die Frauen lieben aus Neugierde, aus Eitelkeit, aus Nachahmungssucht, am häufigsten aus Langweile, manchmal aber auch aus Liebe.

Kant, Immanuel.
El hombre siente celos si ama, la mujer también sin amar.

Kant, Immanuel.
Bebachtungen über das Schöne und Erhabene.

La sabiduría social de la mujer no consiste en hacer sofismas sino en sentir.
Ihre Weltweisheit ist nicht Vernüfteln, sodern Empfinden.

299

El contenido de la gran ciencia de la mujer alegre es ante todo el hombre, y entre los hombres el macho.
Der inhalt der grossen Wissenschaft des Frauenzimmers ist vielmeher der Mensch un unter den Menschen der Mann.

Kant, Immanuel.
Citado por BA Scharfstein, The Philosophers. Blackwell, Oxford 1980 (trad).

La mujer no se traiciona fácilmente a sí misma y por eso no se emborracha. Como es débil tiene que ser astuta.
Woman does not betray herself easily and therefore does not get drunk. Because she is weak she is sly....

El sexo femenino tiene más sentimiento y corazón que carácter.
The female sex has more feeling and heart than character.

La mujer hace del hombre lo que quiere. En el pasado hacía héroes y ahora hace monos.
Woman makes of man what she wishes. Formerly she made heroes and now she makes apes.

El hombre ama el espíritu, la mujer el cuerpo. Ellas creen que el espíritu sólo es bueno cuando puede transformarse en poder.
Men love the soul, women the body. They believe that the soul is good enough if only they can get it into their power.

Karr, Alphonse.
Pensées.

La amistad de dos mujeres es siempre un complot contra una tercera.
L'amitié de deux femmes n'est jamais qu'un complot contre une troisième.

Las mujeres lo adivinan todo; sólo se equivocan cuando reflexionan.

Kenny, Mary.
The Spectator 1982; 12.

Se dice de las mujeres (aunque no esté probado) que, aunque guardan la compostura de mayor moralidad, su definición del sentido moral es menos rígida .
It is sometimes claimed about women (not proven, but claimed) that although they behave more morally, they have a less rigid definition of moral sense. The rabbinical tradition of deciding what is theoretically right and theoretically wrong is less meaningful to women than simple acts of kindness.

Kierkegard, Soren.
Diario de un seductor.

La mujer, por su propia naturaleza, es un ser cuya finalidad está en ser de otro.

El más hondo destino de la mujer es ser compañera del hombre: en cambio, si se acostumbra a estar demasiado tiempo con personas del mismo sexo, se convierte en dama de compañía. La doncella ideal (...) no debería tener amigas.

¿Qué es lo que teme una mujer? El espíritu. Porque el espíritu es la negación de toda su existencia femenina.

La fantasía en el hombre es apenas una parte y en la mujer, en cambio, lo es todo.

La mujer no debe elevarse hasta el infinito a través de trabajosos caminos del pensamiento, pues no fue creada para el esfuerzo y la fatiga, sino que deberá llegar hasta allí por la cómoda ruta del corazaon.

La mujer es un ser que existe para otros seres.

La razón de ser de la mujer, la palabra existencia, diría demasiado, ya que no tiene vida propia.

En la mujer el espíritu tiene algo de vegetativo. Ella se encuentra contenida en los límites de la naturaleza y jamás los excede; no es, por tanto, libre más que de un modo estético.

La mujer sólo comienza a ser libre por el varón.

La mujer que busca una existencia individual frente al hombre, para quien ha sido creada, se vuelve repugnante y digna de mofa, lo que evidencia que el verdadero fin de la mujer es existir para otros.

Un hombre no puede ser nunca tan cruel como una mujer.

La mujer pertenece al sexo débil.

Kimura, Doreen.
Sex and cognition. The MIT Press, Cambridge (Massachusetts), 1999.

La superioridad del hombre en capacidad espacial se observa desde niños, antes de que pueda suponerse derivada de la experiencia o educación; de hecho, las ventajas en tareas espaciales del hombre se observan en diferentes culturas y razas. Más aún, entre machos y hembras de otras especies también se observan diferencias similares.

Los hombres son muy superiores a las mujeres para disparar o lanzar objetos o para atraparlos en movimiento. Y esta ventaja aparece muy pronto, antes de los tres años, sin que pueda atribuirse a cambios musculo-esqueléticos o psíquicos. Curiosamente, los varones homosexuales dan resultados mucho peores, muy similares a los de las mujeres.

Hay capacidades cognitivas que derivan de una larga historia evolutiva de división del trabajo, por la que las mujeres se quedaban en el asentamiento, contribuían a la recogida y preparación de alimentos y su contribución esencial era el cuidado de los niños.

En la gestación de mamíferos, si faltan los andrógenos, lo que se desarrolla es una hembra.

La profesión elegida varía mucho entre sexos, siendo mayoría los hombres en carreras técnicas y las mujeres en ocupaciones orientadas a las personas.

El promedio de los hombres tiene mejores resultados que las mujeres en razonamiento matemático o en pruebas de aptitud para resolver problemas. Estas diferencias entre sexos se inician en la infancia, aumentan luego, y se mantienen en diferentes países y razas.

Muchos tienen la impresión de que las mujeres poseen mejores habilidades verbales que los hombres. Sin embargo, en la vida adulta, las mujeres no tienen ni vocabulario más amplio ni superior inteligencia verbal, aunque parece que tienen ligeramente más "fluencia" en el estricto sentido de generar palabras que comienzan o terminan con letras concretas.

Es conocido que las capacidades espaciales son menores en la mujer, sin embargo, se han encontrada muy altas en mujeres que sufrían una hiperplasia adrenal congénita (que les provoca aumento de hormonas masculinas).

La capacidad para funciones especiales se relaciona muy claramente con el nivel de testosterona, tanto en hombres como mujeres (hacen mejor las pruebas las mujeres con más testosterona).

Los parámetros cognitivos de las mujeres varían según la fase menstrual. Las tareas que se conoce hacen peor que los hombres (la capacidad espacial) mejoran cuando están en la fase de estrógenos bajos.

El cerebro de los hombres es mayor en volumen y peso que el de las mujeres (entre un 10 y 15 por ciento más).

En las mujeres el cerebro tiene menor "lateralización", es decir, los hemisferios derecho e izquierdo están menos especializados.

Kinsey AC, Pomeroy WB, Martin CE.
Sexual behavior in the human male. Saunders, Philadelphia 1948.

No hay duda de que el macho humano, durante toda la vida, sería promiscuo en su elección de pareja sexual, si no hubiera restricciones sociales. A la hembra humana le interesa mucho menos la variedad de compañeros.

Kipling, Rudyard.
Departmental Ditties, 1886.

Una mujer es sólo una mujer, pero un buen cigarro es humo.
A woman is only a woman, but a good cigar is a smoke.

Kipling, Rudyard.
Plain tales from the hills (1988).

La mujer más tonta puede manejar a un hombre listo, pero hace falta una mujer muy lista para manejar a un loco.
Take my word for it, the silliest woman can manage a clever man; but it takes a very clever woman to manage a fool.

Kohn, Marek.
Sex and the brain. New Statesman & Society 1992.

El programa primitivo del cerebro de los mamíferos es de hembra: si no intervienen hormonas masculinas en el momento adecuado el cerebro desarrolla una organización femenina. Esta idea fue anticipada por Tomás de Aquino cuando declaró la mujer es un "mas occasionatus", un hombre que no ha completado su destino final.
The default programme for the mammalian brain is female: a female brain organisation will develop, unless male hormones modify it at the crucial stage when it is particularly open to endocrine influence. Thomas Aquinas anticipated the idea when he declared that a woman is a mas occasionatus: a man who has not reached his final destination."

Kristeva, Julia.
Sol negro
La melancolía es inherente a la condición femenina. Concluye que es transmitida por la madre a la hija.

La Bruyère, Jean de.
De l'homme.

Todo nuestro mal proviene de no poder estar solos: de ahí el juego, el lujo, la disipación, el vino, las mujeres, la ignorancia, la maledicencia, la envidia...
Tout notre mal vient de ne pouvoir être seuls: de là le jeu, le luxe, la dissipation, le vin, les femmes, l'ignorance, la médisance, l'envie...

La Bruyère, Jean de.
Des femmes.

Hay pocas mujeres tan perfectas que eviten que un marido se arrepienta por lo menos una vez al día de tener mujer, o de encontrar dichoso al que no la tiene.
Il y a peu de femmes si parfaites, qu'elles empêchent un mari de se repentir du moins une fois le jour d'avoir une femme, ou de trouver heureux celui qui n'en a .

Las mujeres no simpatizan entre sí por los mismos motivos que agradan a los hombres.

La Fontaine
Contes, I.

En amor todo está permitido: habilidad, violencia, y astucia y engaño.
Adresse, force et ruse et tromperie, tout est permis en matière d'amour.

Lagerlof.
La leyenda de Gosta Berling.

Mientras haya mujeres habrá tontos que bailen a su música.

La Rochefoucault, François de.
Máximas.Planeta, Barcelona 1984.

Hay pocas mujeres cuyo mérito dure más que su belleza.
Il ya peu de femmes dont le mérite dure plus que la beauté.

Las mujeres que aman perdonan más fácilmente las grandes indiscreciones que las pequeñas infidelidades.
Les femmes qui aiment pardonent plus aisément les grandes indiscrétions que les petites infidélités.

En las primeras pasiones las mujeres aman al amante; y en las otras aman al amor.
Dans les premières passions les femmes aiment l'amant, et dans les autre elles aiment l'amour.

El infierno de las mujeres es la vejez.
L'enfer des femmes, c'est la vieillesse.

No sirve de nada ser joven sin ser bella, ni ser bella sin ser joven.
Il ne sert de rien d'être jeune sans être belle, ni d'être belle sans être jeune.

La mayor parte de las mujeres honestas son tesoros escondidos que sólo están seguros porque nadie los busca.
La plupart des honnêtes femmes sont des trésors cachés qui ne sont en sûreté que parce qu'on ne les cherche pas.

Hay pocas mujeres honestas que no estén cansadas de su oficio.
Il y a peu d'honnêtes femmes qui ne soient lasses de leur métier.

La mayoría de las mujeres lloran la muerte de sus enamorados más que porque les amaran mucho, por parecer más dignas de ser amadas.

Por lo común, no se tiene en cuenta la primera intriga amorosa de las mujeres hasta que tienen la segunda.

No puede haber norma en la mente ni en el corazón de las mujeres si su temperamento no está de acuerdo.

Los enamorados sólo ven los defectos de sus amadas cuando se disipa su encantamiento.

A una mujer le es más difícil dominar su coquetería que su pasión.

Cuanto más se ama a una mujer más cerca se está de odiarla.

Las mujeres no son del todo crueles si no odian.

Las mujeres no conocen toda la extensión de su coquetería.

Con frecuencia las mujeres creen amar aunque no amen: el ocuparse de un amorío, la emoción que da la intriga galante, la inclinación natural al placer de ser amadas y la contrariedad que se siente a l rechazar algo, les convencen de que aquello es una pasión, cuando no es más que coquetería.

La coquetería es el fondo del talante de la mujer; pero no todas lo ponen en práctica. La coquetería de algunas está contenida por el miedo o por la razón.

La vanidad, la vergüenza y sobre todo el temperamento hacen a menudo el valor de los hombres y la virtud de las mujeres.

La honestidad de las mujeres es a menudo el amor a su reputación y a su tranquilidad.

Hay buenos casamientos, pero no los hay deliciosos.

Es posible encontrar mujeres que jamás hayan tenido un amorío, pero es difícil encontrar una que sólo haya tenido uno.

Es bien sabido que no hay que hablar mucho de la mujer propia.

El menor defecto de las mujeres que se abandonan al galanteo es el galanteo.

La mayoría de las mujeres se entregan más por debilidad que por pasión.

¡Qué digna de lástima es la mujer que reúne el amor y la virtud!

El talento de la mayoría de las mujeres sirve más para favorecer su locura que su razón.

Las coquetas tienen a gala estar celosas de sus enamorados para ocultar que sienten envidia de las demás mujeres.

Quien cree amar a una mujer por amor a ella, se equivoca completamente.

La Tour Chambly, A. de.
Caractères, 21.

Las mujeres saben ennoblecerse y ennoblecer los deseos disimulándolos.
Les femmes sdaven s'ennoblir et ennoblir les désirs en les dissimulant.

Lacan, Jacques.
La mujer es un "síntoma" del hombre, de su negativa a creer que no está completo.

Laercio, Diógenes.
Un hombre puede casarse con una mujer y tener hijos con otra.

Laforgue, Jules.
Les complaintes.

¡Oh mujer!, mamífero con moño, ¡oh fetiche! Te absolvemos, porque es un Dios el que nos engaña a través de tus ojos.
O femme, mammifère à chignon, ô fetiche, on t'absout; c'est un Dieu qui par tes yeux nous triche.

Lambert, Marquesa de.
Sentences.

Desgraciada la mujer que deja de agradar.
Malheur à la femme qui cesse de plaire!

Lange AL, Fischbein S.
Life situation, self reported health and coping ability of 35-year

Los hombres se organizan mejor ante los problemas

Largelöf, S.
La leyenda de Gösta Berling, X.

Mientras haya mujeres, habrá tontos que bailen a su música.

Larra, Mariano José de.
Artículos. Los calaveras.

El bello sexo gusta sobremanera de toda especie de fama.

Le Bon
Paris, 1879.

Todos los psicólogos que han estudiado la inteligencia de las mujeres reconocen que ellas representan las formas más inferiores de la evolución humana, y que están más próximas a los niños y a los salvajes que al hombre adulto civilizado.

El día en que, sin comprender las ocupaciones inferiores que la naturaleza les ha asignado, las mujeres abandonen el hogar y tomen parte en nuestras batallas, ese día se pondrá en marcha una revolución social, y todo lo que sustenta los sagrados lazos de la familia desaparecerá.

En las razas más inteligentes (como los parisinos) existe un importante número de mujeres cuyo cerebro tiene un tamaño más parecido al del gorila que al del hombre adulto. Esta inferioridad es tan obvia que no puede ser replicada; únicamente puede discutirse el grado de la misma.

Sin duda existen algunas mujeres destacadas, muy superiores al hombre medio, pero son tan excepcionales como el nacimiento de cualquier monstruosidad, como por ejemplo, un gorila de dos cabezas.

Las mujeres son insuperables en su veleidad, en su inconstancia, en su carencia de ideas y lógica, y en su incapacidad para razonar.

Le Févre (Paul Geraldy).
Frecuentemente, la mujer escoge al hombre que le ha de escoger a ella.

Le Tonnelier de Breteuil, Gabrielle Emile
(Madame de Châtelet).

Las mujeres necias siguen la moda, las pretenciosas la exageran, las de buen gusto, en cambio, pactan con ella.

Lebowitz, Fran.
Metropolitan life (1978), p. 144.

Para las verdaderas mujeres, serlo sólo sirve como excusa para no jugar al fútbol.
Being a woman is of special interest only to aspiring male transsexuals. To actual women, it is merely a good excuse not to play football.
Ser una mujer es sólo interesante para los transexuales varones que aspiran a ello.

Leiva Ramírez de Arellano, F. de.
El socorro de los mantos, 1ª.

Que no hubiera hombres ingratos, si hubiera mujeres cuerdas.

Y así, quien con ellas / cauto y cortés seguir intenta, / seguro rumbo, negado / a fatales inclemencias, / ni extremo sea en amarlas, / ni extremo en aborrecerlas, / ni viva con ellas mucho, / ni viva mucho sin ellas.

Lemesle.
Misophilanthropopanulopies.

La mayoría de las mujeres no estiman a los hombres más que por su fortaleza física y su debilidad moral.
La plupart des femmes n'estiment les hommes que par leur force physique et leur faiblesse morale.

Lenau
Citado en F.Voneisen. Junggesellenbrevier.

No hay fuerza en el mundo capaz de resistir la dulce fuerza de la verdadera belleza femenina.

Lenclos, Ninon de (Atrib.).
La vejez es el infierno de las mujeres.
La vieillesse est l'enfer des femmes.

Leonardo da Vinci.
Aforismos.

El enfermo pidió ver, antes de morir, una mujer buena pues, en toda su vida, no había encontrado una que fuera digna de tal nombre.

Leopardi, Giacomo.
El mundo se parece a las mujeres; nada se obtiene de él con mansedumbre y con apocamiento.

Leopardi, Giacomo.
Poesie, Ad Angelo Mai, 129.

Amor de nuestra vida, último engaño.
Amor di nostra vita ultimo inganno.

Leopardi, Giacomo.
Zibaldone, I, 219.

Respecto a las mujeres ya he perdido dos virtudes teologales, la fe y la esperanza. Queda el amor, es decir, la tercera de las virtudes, de la cual no puedo prescindir, aunque ya no crea ni espere nada.
In ordine alle donne ho già perdute due virtù teologali, la fede e la speranza. Resta l'amore, cioè la terza virtù, della quale per anche non mi posso spogliare, con tutto che non creda nè speri più niente.

Lessing, G.E.
Emilia Galotti, IV, 3.

Una mujer que piensa es tan estúpida como un hombre que se da colorete.
Ein Frauenzimmer, das denkt, ist eben se ekel als ein Mann, der sich schminkt.

LeVay.
A difference in hypothalamic structure between heterosexual and homosexual men. Science 1991; 253:1034-1037.

Las mujeres y los varones homosexuales tienen más pequeña una zona del cerebro denominada área preóptica hipotalámica.

LeVay, Simon.
Citado en Kohn M. Sex and the brain, 1992.

Hay cierto núcleo del hipotálamo que, en mujeres y varones homosexuales, mide menos de la mitad que en los hombres heterosexuales.
The average size of the INAH 3 nucleus (of the hypothalamus) in the (male) homosexual group and the women was less than half that of the heterosexual male group.

Leverson, Ada.
Tenterhooks (1912), cap. 7.

No conoces a una mujer hasta que has recibido una carta suya.
You don't know a woman until you have had a letter from her.

Levin, Michael.
Feminism and freedom.

La familia tradicional se está convirtiendo en un sistema de vida alternativo como se ve en los textos escolares actuales: las chicas son competitivas y agresivas mientras los muchachos son tímidos y pasivos; la maternidad nunca aparece como deseable. El Gobierno, a todos los niveles, promociona la agenda feminista radical.
That the traditional family is being reduced to an alternative lifestyle is clearly seen in today's school textbooks. In typical texts, the girls are competent and aggressive, while the boys are timid and passive. Motherhood is never depicted as a desirable occupation for women. Government at all levels heavily promotes the once-radical feminist agenda.

Como la ideología feminista es incompatible con la naturaleza humana, la sociedad nunca la adoptará voluntariamente. Por eso, las feministas tienen que movilizar la maquinaria coercitiva del estado para conseguir sus objetivos. Bajo la fuerza federal, las corporaciones, universidades, y los gobiernos locales o estatales dedican enormes cantidades de tiempo y dinero para identificar y promocionar selectivamente a hembras poco cualificadas a costa de varones mejor cualificados. Se calcula que esto provoca en Estados Unidos una pérdida de productividad del 36 por ciento.
Because feminism's unisexist ideology is incompatible with human nature, society will never conform to the feminist ideal of its own accord. Feminists are obliged to mobilize the coercive machinery of the state in pursuit of their goals. Under the federal gun, corporations, universities, and state and local governments devote enormous amounts of time and money to identifying and selectively promoting lessqualified females at the expense of better-qualified males. Levin calculates the resulting net loss in the productivity of American business,

which ma reach as high as 36 per cent. (Needless to say, the Japanese have no such problem.)

El feminismo ya no es sólo una amenaza sino una realidad, quizá el hecho central de la vida americana actual. La América feminista es una ideología que habitualmente obliga a rendir tributo a sus principios, incluso a sus oponentes. Es hora de que empecemos a rechazarlo.
Feminism is no longer a threat, but a fact-indeed, perhaps the central fact of American life today. Feminist America is an ideology that currently compels even its most determined opponents to pay lip service to its tenets. It is time to start refusing to do so.

Es ilusorio que esa discriminación inversa beneficie a las mujeres: al penalizar a un hombre se está penalizando a su mujer e hijos. Las "acciones feministas" deben considerarse no como una ayuda a las mujeres sino como una penalización a la familia.
That reverse discrimination can on balance benefit women is illusory: when you penalize a man, you also penalize his wife and children. Affirmative action" is thus best conceived not as an aid to women but as an assault on the traditional family.

El patriarcado es la condición universal de la sociedad humana, apoyado en las inmutables diferencias biológicas entre machos y hembras. En realidad en ninguna parte hubo nunca una sociedad matriarcal o sexualmente igualitaria. Descripciones de ese tipo son mitos sin consistencia.
Patriarchy is the natural and universal condition of human society, and rests on immutable biological differences between mates and females. In reality, there has never been a sexually egalitarian or matriarchal society anywhere; reports of such are myths, constructed on the basis of pathetically weak.

Levy, D.M.
Psychosomatic studies of some aspects of maternal behavior. En: Kluckhorn C et al, Murray A, Schneider DM. Personality. Knopf, New York 1956.

Las mujeres con menstruaciones más largas son más maternales.

Lewis, Jerry.
Seguramente, existen muchas razones para los divorcios; pero la principal, es y será la boda.

Leyes de Manú.
La mujer, durante su infancia, depende de sus padres; durante su juventud, del marido; cuando viuda, de sus hijos; y si no los tiene, de los parientes más próximos del marido; y si no los tuviera, del soberano, porque la mujer jamás debe gobernarse por sí misma.

La mujer estéril debe ser reemplazada a los ocho años; a los once, la que sólo pare hijas.

Ley Gitana.

Una mujer gitana se cría para su marido. Por mucho que la quieras, si una mujer está tocada (no es virgen) no te puedes casar con ella.

Liaño, Hugo.
Cerebro de hombre, cerebro de mujer. Ediciones B, Barcelona 1998.

La primera intención que tiene la Naturaleza es crear hembras, de tal forma que parece ser necesario un esfuerzo adicional para que el producto consiga alcanzar el fenotipo masculino. Es más compleja esta tarea añadida de hacer hombres.

El vestido ha cubierto los signos externos sexuales, pero la mujer, a quien sabemos que está encargada desde hace milenios la misión de exhibirse para resultar atractiva al hombre, se ajusta la ropa a las nalgas y caderas, se acondiciona y resalta el volumen de las mamas, y en sustitución de lo oculto toma las medidas para realzar un nuevo órgano sexual, la boca, con afeites que aumentan y abrillantan la mucosa de los labios.

El hecho de que a las niñas les guste jugar a mamás, cuiden y acunen muñecos, se disfracen de princesas o utilicen cocinas y pucheros no constituye solamente una consecuencia de la educación y de una determinada cultura. Las hembras de chimpancé y de gorila, estudiadas en cautividad, arropan y cuidan muñecas.

La condición sexual básica o primaria del ser humano es la femenina, de tal forma que lo masculino es un hecho diferencial que supone un esfuerzo de la naturaleza.

Lichtenberg, Georg Christoph.
Aforismos.

La naturaleza ha hecho a las mujeres de modo que no deben actuar con principios sino según sentimientos.
Die Natur hat die Frauenzimmer so geschaffen, dass sie nicht nach Prinzipen, sondern nach Empfindung handeln sollen.

El amor es ciego, pero el matrimonio le devuelve la vista.

Ligne, Príncipe de.
Lettres et pensées, 2.

Las mujeres han nacido con el espíritu de la contradicción; siempre hallan la forma de replicar a todo, ven obstáculos y protestan sin tino.

Lindbergh, Anne Morrow.
El hombre y la mujer, en sus relaciones mutuas, son dos fenómenos humanos absolutamente distintos.

Livio
Anales, 34, 4

Cuando una mujer comienza a avergonzarse de lo que no debe, no tardará en perder la vergüenza de hacer lo que no debiera.

Nae simul pudere quod non oportet coeperit; quod oportet non pudebit.

Locke, John.
Ensayo sobre el gobierno civil. Aguilar, México 1983.

En la sociedad conyugal, siendo necesario que el derecho de gobernar esté colocado en una sola persona, va a parar, naturalmente, al hombre como más capaz y más fuerte.

Lombroso, Cesare.
Hay menos mujeres criminales pero son por lo general más viciosas y más difíciles de detectar que los hombres.

Lombroso, Cesare; Ferrero, W.
The Female Offender. Citado en Rasche Christine E.Criminal Justice & Behavior 1974, 1.

Entre los "criminales natos" la mujer es más terrible que el hombre. Debido a su depravación innata, a su insensibilidad al dolor, que genera una ausencia de compasión, y a sus rasgos inmaduros (celos, crueldad, venganza y deficiente moral) la mujer normal (que, por otra parte, es un semi-criminal inofensivo) puede transformarse en un criminal nato cuya propensión a la maldad es más intensa y perversa.
When a woman did fall into the category of "born criminal", [the nineteenth-century Italian criminologist,] Lombroso asserted that she was "more terrible than the male". Because of her innate depravity, her insensitivity to pain "which breeds lack of compassion", and her childish qualities -- i.e. jealousy, cruelty, revengefulness and moral deficiency -- the normal female (who was otherwise an "innocuous semi-criminal") could be transformed into a "born criminal" whose propensities for evil were "more intense and more perverse" than those of male born criminals.

Lope de Vega Carpio, Félix.
El inobediente, 2ª.

Es una furia infernal, / aunque de angel tiene nombre;/ es un ingrato animal / que cuando no puede al hombre / a sí misma se hace mal.

Lope de Vega Carpio, Félix.
El perro del hortelano.

Cuando ella ve que me enfrío, se abrasa de vivo fuego, y cuando ve que me abraso, se hiela de puro hielo.

En un viejo una mujer es en un olmo una hierba; que aunque con tan varios lazos, te cubre de sus abrazos, él se seca y ella medra.

Lope de Vega Carpio, Félix.
Epistolario

Alabo el engaño con que las mujeres nos hacen creer lo que quieren y la cautela con que, viendo que un amante resfría, le ponen una espuela de celos con que vuelve por la posta, a caminar en un día lo que descansó en dos meses.

Lope de Vega Carpio, Félix.
La Dorotea.

La hermosura es una primavera alegre de quince a veinticinco, un verano agradable de veinticinco a treinta y cinco, y un estío seco de treinta y cinco a cuarenta y cinco. Pues desde allí, ¿para qué será bueno el invierno? Pues ya sabéis que las mujeres no duran como los hombres.

Lope de Vega Carpio, Félix.
Peribáñez y el Comendador de Ocaña, II, 81.

¡Mal haya el humilde, amén, que busca mujer hermosa!

Lope de Vega Carpio, Félix.
Rimas humanas CXCI

Es la mujer del hombre lo más bueno,/ y locura decir que lo más malo,/ su vida suele ser y su regalo, /su muerte suele ser y su veneno.

Ella nos da su sangre, ella nos cría,/no ha hecho el cielo cosa más ingrata;/ es un ángel, y a veces una arpía.

Quiere, aborrece, trata bien, maltrata,/y es la mujer, al fin, como sangría,/ que a veces da salud y a veces mata.

Lope de Vega Carpio, Félix.,
El castigo sin venganza, III.

Necio quien de ellas fía, discreto quien las alaba.

Lope de Vega Carpio, Félix.,
El mayor imposible.

El imposible mayor / de cuantos el mundo sabe, / es guardar a una mujer, / si ella no quiere guardarse.

Lope de Vega Carpio, Félix.,
El peregrino, I.

Es la mujer veleta, que a cualquier viento se mueve.

Lope de Vega Carpio, Félix.,
Los embustes de Fabia, 3ª, 1.

La mujer ha de tener / un ingenio moderado, / no agudo, libre, alterado, / atrevido y bachiller; / que en siendo por este modo, / no se puede tolerar, / quieren luego mandar / y ser cabeza de todo.

Lope de Vega Carpio, Félix..
La prueba de los amigos.

Dinero dado a mujer es echar hacienda al mar, que él bien se puede aplacar, más no se puede volver.

Lope de Vega Carpio, Félix..
Las flores de don Juan.

Toda su hacienda ha jugado y dado a mujeres tales, como dirán las señales que en la salud le han dejado.

Lope de Vega Carpio, Félix..
Porfiar hasta morir.

En un año una mujer es silla, es banco, es bufete, porque como no inquiete, eso mismo viene a ser. La novedad es gran cosa.

Lope de Vega Carpio, Félix.
Obras completas. Aguilar, Madrid 1991.

Yo tengo para mí que la pimienta con que se come amor son pocos años: no menos de catorce o más de treinta.

El oro es como las mujeres, que todos dicen mal de ellas y todos las desean.

Las lágrimas de las mujeres son entretelas de la risa: no hay tormenta de verano que antes se sosiegue.

López de Mendoza, Iñigo. (Marqués de Santillana).
Proverbios

Gran corona del varón / es la mujer / cuando quiere obedecer / a la razón.

Lord Byron.
Carta a Aannabella Milbanke, 1814.

Tengo la gran esperanza de que nos amemos toda nuestra vida como si no nos hubiésemos casado.
I have great hopes that we shall love each other all our lives as much as if we had never married at all.

Lord Kelvin.
Success and failure.

Un gran aumento de costes con dudosas mejorías de rendimiento sólo se toleran en caballos de carreras y en mujeres.
Large increases in cost with questionable increases in performance can be tolerated only in race horses and women.

Loren, S.
Una casa con goteras, 3ª, IV.

La mujer no es más que una caja de resonancia que responde a cada diferente nota pulsada sobre ella.

Louÿs, Pierre.
El alma femenina es de una simplicidad que los hombres no pueden ni imaginar. Ellos buscan complicaciones, tropiezan con un vacío y se pierden.

Luciano
Amatorium

Castigaron con razón a Prometeo, por haber hecho tan mala sabandija como la mujer.

Lucion AB, Charchat H, Pereira GA, Rasia-Filho AA.

Influence of early postnatal gonadal hormones on anxiety in adult male rats. Physiol Behav 1996; 60:1419-1423.

Las ratas hembras o con menos testosterona (machos castrados) en época perinatal tienen más ansiedad.

Luján, Néstor.
Entrevista. Feliciano Fidalgo, El País, 27-XII-1992.

¿Una botella reemplaza a una mujer?- No; a las mujeres sí.

Luther, Martin. (Atrib.).
A quien no le gusta el vino, la mujer y las canciones, será un estúpido toda la vida.
Wer nicht liebt Wein, Wib und Gesang, der bleibt ein Narr sein Lebenlang.

Lyfton, Bulwer.
Richelieu, I, 1.

Aceite y agua, la mujer y un secreto, son cosas enemigas.
Oil and water, woman and a secret, are hostile properties.

Lynn
Sex differences in intelligence and brain size: a paradox resolved. Personality and individual differences 1994; 17:257-271.

El cociente intelectual de los hombres es superior al de las mujeres en aproximadamente cuatro puntos (de promedio).

Maccoby EE, Jacklin CN.
The psychology of sex differences. Stanford University Press, Stanford 1974.

Las hembras son menos agresivas que los machos, entre los animales, y en las diversas culturas humanas.

En la adolescencia se pone ya de manifiesto que los varones tienen mayor capacidad visuo-espacial y están más preparados para conceptos matemáticos abstractos. Esas diferencias estaban ya latentes y los cambios hormonales de la pubertad las activaron.

Maccoby, Eleanor E.
Woman's intellect. En: Farber SM, Wilson RL. The potential of woman. McGraw-Hill, New York 1963.

El pensamiento femenino es menos analítico, más global y perseverante.

Machado, Manuel.
Retrato.

Las mujeres... Tengo una que me quiere y otra a quien quiero yo.

Madame Basta.
Bribes

El hombre ama poco y con frecuencia; la mujer ama mucho y raras veces.

L'homme aime peu et souvent; la femme aime beaucoup et rarement.

Madame d' Arconville
Los hombres admiran la virtud femenina, pero es la coquetería lo que les subyuga.

Madame de Remusat.
Essai sur l'éducation des femmes.

¡Pobres mujeres! La que ama languidece, la que no ama padece, y la que dejó de amar se muere.
Pauvres femmes! Celle qui n'aime pas languit, celle qui aime frémit, et celle qui n'aime plus périt.

Madame du Barry.
Sentences

Una mujer está perdida si teme a su rival.
Une femme est perdue si elle a peur de sa rivale.

Madame.Swetchine.
Morceaux choisis, 11.

Una mujer que no ha sido hermosa no ha sido nunca joven.
Une femme qui n'a pas été jolie n'a pas été jeune.

Madariaga, Salvador de.
El perpétuo pesimista.

Las mujeres gobiernan América porque América es una tierra en que los jóvenes no quieren hacerse mayores.

Malherbe
Stances.

La mujer es un mar fatal para los náufragos.
La femme est une mer aux naufrages fatale.

Malinowski, Bronislaw. (Atrib.)
La antropología es el estudio del hombre abrazando a la mujer.

Malraux, André.
La voie royale, I, I.

Hasta que se cumplen los cuarenta uno se equivoca, no sabe librarse del amor.
Jusqu'a la quarantaine, on se trompe, on ne sait pas se délivrer de l'amour.

Manouvrier.
Paris, 1880

Los teólogos se habían preguntado si las mujeres tenían alma. Varios siglos más tarde, algunos científicos estaban dispuestos a negarles una inteligencia humana.

Maquiavelo, Nicolás.
El Príncipe.

Es preferible ser impetuoso y no cauto, porque la fortuna es mujer y se hace preciso, si se la quiere tener sumisa, golpearla y zaherirla. Y se ve que se deja dominar por éstos antes que por los que actúan con tibieza.

Marañón, Gregorio.
Tres ensayos sobre la vida sexual. Biblioteca Nueva, Madrid 1927.

La mujer debe ser madre ante todo, con olvido de todo lo demás si fuera preciso; y ello por inexcusable obligación de su sexo; como el hombre debe aplicar su energía al trabajo creador por la misma ley inexcusable de su sexualidad varonil.

Oigamos otra vez la voz de Dios, insistente y eterna: "Tú, mujer, parirás; tú, hombre, trabajarás".

La mujer, por estar profundamente ligada a su feminidad, es poco apta para el papel de confesor, como lo es poco para el papel de juez.

Marcial.
La que se casa muchas veces, no se casa; es una adúltera dentro de la ley.
Quae nubit toties, non nubit: adultera legi est.

Marco Aurelio
El amor de todas (las mujeres) se puede digerir con sola una píldora, y la pasión de una sola no se desopilará con todo el ruybarbo de Alexandria.

Marden, Orison Swett.
El feminismo anarquizante y libertario, ateo y materialista, amenaza despojar de sus nativos encantos a la mujer, convirtiéndola en un marimacho.

Marías, Javier.
La extinción del señor. Ideal, sup. 16/09/1995.

Un tipo de mujer tópica española, la mujer mandona que aparece a menudo en los chistes de Forges y que será a la larga una suegra a lo Mihura o a lo Jardiel Poncela, sigue viva y coleando, sin más cambios que los traídos por la mejoría económica de la burguesía y la -así llamada- liberación de su sexo. Ambas cosas han dotado a este personaje de todavía mayores despotismo y desparpajo.

Hoy se ven a menudo en las tiendas de ropa a estas mismas parejas con el varón tratado como un niño; es la mujer quien elige por él, quien le reprocha su gusto sobrio y lo obliga a ir vestido de mamarracho. Ellos ni rechistan: asienten, acatan, se someten y al final sacan la Visa.

Mientras el estereotipo de la mujer mandona va en aumento, el del hombre con criterio es una especie en vías de total extinción y está dejando su lugar al varón pusilánime.

Marías, Julián.
Antropología filosófica.

La mujer "llama" al varón, hasta lo provoca, pero se retira y esconde, se encierra, y el hombre tiene que llamar a su puerta, con la esperanza de que la mujer le abra y lo deje entrar.

La mujer es la inventora del "chez-soi", del hogar en que se refleja su condición íntima.

Marmion, Harkerley.
A fine companion, IV, 3.

En la maldad nunca se mostró infecundo el espíritu de una mujer.
In wickedness, the wit of woman was never found barren.

Marquesa de Lambert.
Nuevas reflexiones sobre las mujeres.

Las mujeres se hallan gobernadas por la imaginación. Como no se les ocupa en nada sólido y, más tarde, no están encargadas ni del cuidado de su fortuna ni de sus negocios, sólo están libradas a sus placeres. Espectáculos, ropa, novelas y sentimientos pertenecen al reino de la imaginación.

Marquesa de Pompadour (Jeanne Antoinette Poisson).
Las mujeres llaman arrepentimiento al recuerdo de sus faltas, pero, sobre todo, al sentimiento de no poder volver a cometerlas.

Marsillac, Adolfo.
Entrevista en El País, 12/08/01.

Cualquier hombre medianamente inteligente y sensible debería confesar que es o ha sido machista. Lo contrario es una hipocresía.

Martí, José.
Versos sencillos.

¿De mujer? Bien puede ser que mueras de su mordida.

Marx, Groucho.
El matrimonio es una gran institución. Si te gusta vivir en una institución, claro.

El matrimonio es la principal causa de divorcio.

Marx, Groucho (Atrib.)
Un hombre es tan viejo como la mujer que ama.
A man is only as old as the woman he loves.

Massinger.
The parlament of Love, II, 2.

Es mejor ser esclavo del demonio que de una mujer.
Better the devil's than a woman's slave.

Masson, P.
Les pensées d'un Yoghi.

La belleza es la clave de los corazones; la coquetería es la ganzúa.
La beauté est la clé des coeurs, la coquetterie le rossignol.

En el manuscrito del amor el hombre escribe demasiado y la mujer va tachando.

Sur le manuscrit de l'amour, l'homme surcharge, la femme biffe.

El destino del amor, ese pasión trágica, depende tan dólo de un pequeño pliegue del rostro; nace de una sonrisa, anida en un hoyuelo y muere por una arruga.

Maugham, Somerset W.
Circle (1921), act. 3.

Una mujer siempre se sacrifica a sí misma si le das oportunidad. Es su forma favorita de perdonarse a sí misma.
A woman will always sacrifice herself if you give her the opportunity. It is her favourite form of self-indulgence.

Maugham, Somerset W.
The constant wife, II.

Es demasiado complicado para una mujer inventar una mentira nueva cuando le puede servir una antigua.
She's too crafty a woman to invent a new lie when an old one will serve.

Maugham, Somerset W.
The moon and sixpence, 41.

Como lo único que las mujeres pueden hacer es el amor, le han concedido una ridícula importancia.
Because women can do nothing except love, they've given it a ridiculous importance.

Maupassant, Guy de.
Le père Milon.

Las mujeres se comportan siempre con una incalificable grosería.
Les femmes sont toujours d'une inqualifiable grossièreté.

Maurois, André.
La mujer exige del hombre ciertas atenciones, y una de las atenciones que exige es que, llegado el caso, le pierda el respeto.

Maurois, André.
La conversation.

Observando el vocabulario de una mujer, sería posible reconstruir toda la serie de sus amantes, como Cuvier, con unos cuantos huesos, reconstruía monstruos desconocidos.
En observant le vocabulaire d'une femme, on peut reconstituer ses amants, comme Cuvier, d'après quelques os, dessinait des monstres inconnus.

Maximus.
Naufragio del varón, tempestad de la casa, impedimento de holganza, cautiverio de la vida, daño cotidiano, rija voluntaria, batalla suntuosa, fiera combinada, solicitud de asiento, leona que os abraza, peligro adornado, animal malicioso y mal necesario."

Mc Carthy, Dorothea.

Some possible explanations of sex differences in language development and disorders. Journal of Psychology 1953; 35:155-160.

Las niñas hablan antes que los niños porque se identifican con sus madres (también habladoras).

McEwan, Ian.
The comfort of strangers. JonathanCape, London 1981.

Las mujeres desean ser gobernadas por hombres, aunque se odian a sí mismas por ello. Se mienten a sí mismas; hablan de libertad y sueñan con ser cautivas..
And even though they hate themselves for it, women long to be ruled by men. It's deep in their minds. They lie to themselves. They talk of freedom, and dream of captivity.

McGivern RF, Huston JP et al.
Sex differences in visual recognition memory: support for a sex-related difference in attention in adults and children. Brain Cogn. 1997; 34:323-336.

La hipótesis de selectividad de Meyers-Levy (1989) propone que hay diferencias cognitivas entre sexos y que esto se debe ha que hombres y mujeres procesan información de modo diferente. Los hombres organizan la información de un modo auto-relacionado, mientras que las mujeres adoptan una aproximación más global al procesar la inofrmación. El procesamiento de la información en el cerebro es diferente en varones y en mujeres, y esto se ve ya desde la infancia.

Mead, Margaret.
Citado por Eysenck HJ. En Al-Issa I. Gender and Psychopathology.

Los hombres siempre han sido los líderes en asuntos públicos y la autoridad decisiva en el hogar.
Even Margaret Mead (1973), often cited as holding the opposite opinions, acknowledged....that "men have always been the leaders in public affairs and the final authorities at home".

Menandro
No hay cosa peor que la mujer, por buena que sea, que una no se diferencia de otra.

Menandro.
Anthologia graeca, XI, 286.

No hay cosa peor que la mujer, incluso la buena.

Menandro.
La flautista.

No te casarás si tienes sesera. En efecto, yo mismo estoy casado: por eso te aconsejo que no te cases.

Mencio.
La mujer está sometida a tres obediencias: cuando es joven ha de obedecer a sus padres; una vez casada, al marido; y cuando enviuda, al hijo.

Non sta alla donna decidere alcunchè: essa è sottoposta a tre obbedienza: giovane debe obbedire ai genitori, sposata il marito, vedova il figlio.

Mencken, Henry Louis
Los solteros saben de mujeres más que los casados, porque si no, se casarían.
Bachelors know more about women than married men do. If they didn't, they'd be married.

Mencken, Henry Louis
Chrestomathy (1949), cap 30.
El amor es la ilusión que diferencia a una mujer de otra.
Love is the delusion that one woman differs from another.

Mencken, Henry Louis
Citado en Buss DM. La evolución del deseo. Alianza, Madrid 1996.
La competencia entre mujeres imprega los sistemas de emparejamiento humano. Cuando las mujeres se besan, siempre nos recuerdan a los boxeadores al saludarse antes del combate.

Meredith, G.
Creo que la mujer será la última cosa que el hombre podrá civilizar.
I expect that woman will be the last thing civilised by man.

Meredith, G.
Modern love, 14.
Las mujeres pueden seguir amando a quienes engañan.
Women still may love whom they deceive.

Michelet, Jules.
La mujer (c. 1850). Fondo de Cultura Económica, México 1985.
La mujer crece para el matrimonio. Es su sueño legítimo.

Michelet, Jules.
Sobre el amor.
Debido a la menstruación, la mujer es durante quince o veinte días cada mes, no sólo una inválida sino una inválida herida.

Mieder. 1989.
Un viejo que se casa con una muchacha joven es como el que compra un libro para que otro también lo lea.
An old man marrying a young girl is like buying a book for someone else to read
Tres cosas sacan al hombre de sy casa: el humo, la lluvia y una esposa gruñona.
Three things drive a man out of his house: smoke, rain, and a scolding wife.

Milán, Luys.
Libro de motes de damas y cavalleros. Intitulado el juego de mandar.
Dígame alguien qué poder humano hay en esta vida que pueda hacer cosa tan grande como las damas hacen en mudar un hombre y convertirle en otro distinto. Nadie en este mundo podrá hacer de un covarde un valiente, ni de un avaro un generoso sino estas tan poderosas señoras que mudan condición, ser y vida al hombre que por ellas es hombre.

Mill, John Stuart.
La mujer huye de las abstracciones y busca las realidades.

Miller, Arthur.
Después de la caída, I.
Si dos mujeres cuchichean y paran bruscamente cuando te acercas... es sin duda que hablaban de sexo. ¡Y si una de ellas es tu mujer, seguro que hablaban de ti!

Millet, Kate.
A lo largo de la historia, la mayoría de mujeres han sido confinadas al nivel cultural de la vida animal, suministrando desahogo sexual al macho y ejerciendo las funciones animales de reproducción y cuidado de los niños.
The great mass of women throughout history have been confined to the cultural level of animal life in providing the male with sexual outlet and exercising the animal funtions of reproduction and care of the young.

Milton, John.
La mujer es un hermoso defecto de la naturaleza.
(Woman), this fair defect of nature!

La mujer es sólo ostentación, una costilla torcida por naturaleza. ¡Oh Dios!, sabio creador que poblaste los cielos con espíritus masculinos, por qué al final tuviste que crear en la tierra esta novedad, este hermoso defecto de la naturaleza y no llenaste el mundo de hombres, como ángeles, sin espíritu femenino, o encontraste otro modo de que se reprodujese la Humanidad?
Her all is but a show, rather than solid virtue; all but a rib, crooked by nature. Oh! why did God, creator wise, that peopled highest heaven with spirits masculine, create at last this novelty on earth! this fair defect of nature! and not fill the world at once with men, as angels, without feminine, or find some other way to generate

Miomandre, Fr. de.
La mode.
¡Qué frívolas son las mujeres! Un vestido bien cortado ejerce sobre ellas más atractivo que una conversación substanciosa.

Les femmes sont si frivoles! Un costume bien coupé exerce, hélas, souvent sur elles plus d'attrait qu'une conversation substantielle.

Mira de Amescua, A.
Canción: Ufano, alegra, altivo, enamorado.

Hoy es mujer; y en suma breve, bien, fácil viento, leve espuma.

Mirowsky, J.
Age and the gender gap in depression.

Las mujeres se depriman más que los hombres, pero la diferencia es aún mayor conforme se van haciendo mayores y adquieren su desigual status de adultos.

Möbius, Paul.
Sobre la debilidad mental fisiológica de la mujer.

Está probado que partes del cerebro fundamentales parra la vida intelectual -las circunvoluciones del lóbulo frontal y parietal- están menos desarrolladas en la mujer que en el varón ya desde el nacimiento.

Moldenhauer, JF.
Aforismos del sosiego y del desasosiego.

La mujer no se enamora de un hombre sino de una idea, ése es su gran error. Después ha de pasar el resto de su vida adaptándose a la realidad.

Molière (Jean Baptiste Poquelin).
Aunque el hombre y la mujer sean dos mitades, estas dos mitades no son ni pueden ser iguales. Hay una mitad principal y otra subalterna; la primera manda y la segunda obedece.

Molière (Jean Baptiste Poquelin).
Le sicilien, 7.

La mayor ambición de las mujeres es inspirar amor.
La grande ambition des femmes est, croyez-moi, d'inspirer de l'amour.

Molière (Jean Baptiste Poquelin).
L'école des femmes (1662)

Casarse con una tonta es no ser tonto. Una mujer hábil es un mal presagio.
Epouser une sotte est pour n'être point sot. Je crois, en bon chrétien, votre moitié fort sage ; Mais une femme habile est un mauvais présage ;

¡Cómo tienta el diablo a las mujeres!
Oh! que les femmes sont du diable bien tentées,

Las mujeres están hechas para coquetear.
Car les femmes y sont faites à coqueter :

En una palabra, deseo que mi mujer sea de una ignorancia extrema. Bastante tiene con saber hablar, rezar, amarme y coser.
En un mot, qu'elle soit d'une ignorance extrême. Et c'est assez pour elle (ma femme), à vous en bien parler, De savoir prier Dieu, m'aimer, coudre, et filer.

Una mujer con espíritu es un diablo intrigando.
Une femme d'esprit est un diable en intrigue.

Evita que me una a una mujer que no sea tonta.
Pressez-moi de me joindre à femme autre que sotte,

Lo mejor que puedo hacer es fabricar a mi mujer, modelar su alma como yo quiera. Ella es un trozo de cera entre mis manos y yo puedo darlo la forma que me plazca.
Je ne puis faire mieux que d'en faire ma femme. Ainsi que je voudrai je tournerai cette âme. Comme un morceau de cire entre mes mains elle est. Et je lui puis donner la forme qui me plaît.

La mujer no necesita escritorio, tinta, papel ni plumas. Entre gente de buenas costumbres, el único que debe escribir en la casa es el marido.
Dans ses meubles, dût-elle en avoir de l'ennui, Il ne faut écritoire, encre, papier, ni plumes: le mari doit, dans les bonnes coutumes, ecrire tout ce qui s'écrit chez lui.

La mujer no debe engalanarse mas que si lo desea el marido que la posee, el único al que atañe su belleza.
Elle ne se doit parer qu'autant que peut désirer le mari qui la possède: c'est lui qui touche seul le soin de sa beauté.

Yo no quiero que tenga un espíritu elevado, ni mujer que componga versos ni que sepa más de lo preciso. Yo pretendo que la mía, poco sublime en conocimientos, no sepa ni siquiera lo que es una rima.
Non, non, je ne veux point d'un esprit qui soit haut ; et femme qui compose en sait plus qu'il ne faut. Je prétends que la mienne, en clartés peu sublime, même ne sache pas ce que c'est qu'une rime :

Docilidad, obediencia, humildad, y el profundo respeto que la mujer debe tener a su marido, su jefe, su señor y su amo.
N'approche point encor de la docilité, et de l'obéissance, et de l'humilité, et du profond respect où la femme doit être pour son mari, son chef, son seigneur et son maître. Lorsqu'il jette sur elle un regard sérieux, son devoir aussitôt est de baisser les yeux, et de n'oser jamais le regarder en face que quand d'un doux regard il lui veut faire grâce.

La mujer es la sopa del hombre; y cuando un hombre ve que otros quieren mojar los dedos en su sopa muestra una cólera extrema.
La femme est en effet le potage de l'homme; et, quand un homme voit d'autres hommes parfois qui veulent dans sa soupe aller tremper leurs doigts, il en montre aussitôt une colère extrême.

Mujer vigilada ya está medio conquistada.
Une femme qu'on garde est gagnée à demi.

Montaigne, Michel de.
La mujer se ruboriza siempre al escuchar lo que, sin embargo, no teme realizar.

El mejor matrimonio sería aquel que reuniese a una mujer ciega con un marido sordo.

El matrimonio es como una jaula; uno ve a los pájaros de fuera desesperados por entrar, y a los de dentro desesperados por salir.

Montesquieu.
Lettres persanes, LV.

Cuando los hombres prometen a una mujer que la amarán siempre es porque suponen que ella promete ser siempre amable; y si ella falta a su palabra, ellos no se creen obligados por la suya.
Quand les hommes promettent à une femme qu'ils l'aimeront toujours, ils supposent qu'elle de son côté leur promet d'être toujours aimable; et si elle manque à sa parole, ils ne se croient plus engagés a la leur.

Moore, T.
Irish melodies.

Mis únicos libros fueron los ojos de las mujeres; pero solamente me enseñaron locuras.
My only books were women's looks, and folly's all they've taught me.

Morgan, Charles.
Hay mujeres que despiertan el deseo en los hombres y otras no. Ésta es la gran diferencia.

Morris, Desmond.
Masculino y femenino. Claves de la sexualidad. Plaza y Janés. Barcelona

Ante un problema difícil los varones se aislan y reflexionan en silencio, mientras que las mujeres se reúnen y lo comentan.

Desde el amanecer de los tiempos las mujeres se sienten atraídas por las habilidades sociales y los hombres por la tecnología.

Las mujeres se interesan por la gente y los hombres por las cosas.

Las diferencias mentales entre hombres y mujeres es preferible afrontarlas y tomarlas en consideración, en lugar de intentar barrerlas bajo una alfombra políticamente correcta.

Munthe, Axel.
Ningún hombre puede enamorarse de una mujer que no le despierte su instinto sexual.

Musset, Alfred de.
¡Oh mujer, extraño objeto de alegría y tortura! Misterioso altar en el que, unas veces se reza y otras se blasfema.
O femme! étrange objet de joie et de supplice! Mystérieux autel où, dans le sacrifice, on entend tour a tour blasphémer et prier!

Musset, Alfred de.
Les caprices de Marianne, I, 5.

A una mujer de dieciocho años le quedan cinco o seis años para ser amada, ocho o diez para amarse a sí misma, y el resto para rezar a Dios

Quel âge avez-vous, Marianne?- Et si je n'avais que dix-huit ans? -Vous avez donc encore cinq ou six ans pour être aimée, huit ou dix pour aimer vous-même et le reste pour prier Dieu.

Nash, Ogden.
El matrimonio es la alianza de dos personas, uno que nunca recuerda los cumpleaños y otro que nunca los olvida.
Marriage is the alliance of two people, one of whom never remembers birthdays and the other who never forgets.

National Organization for Men (N.O.M.).
The New Zealand Men for Equal Rights Association (N.Z.M.F.E.R.A.), and the Antifeminist Backfire Society.

El feminismo ha minado la posibilidad de alcanzar un igualdad real entre hombres y mujeres. El feminismo promociona lo "políticamente correcto" y han transformado su inicial reclamo de igualdad por una caza de brujas, acusando a los hombres de actos de violencia doméstica, abuso sexual y discriminación que no han cometido.
Feminism has undermined the possibility of the attainment of real equality between men and women. Organizations like the National Organization for Men (N.O.M.), the New Zealand Men for Equal Rights Association (N.Z.M.F.E.R.A.), and the Antifeminist Backfire Society advocate equality, but are disenfranchised with the direction that the feminist movement has taken in promoting "political correctness." They argue that feminists have transformed an initial quest for equality into a witch hunt, blaming men for uncommitted acts of domesic violence, sexual abuse, and discrimination.

Nature Neuroscience.
Citado en http://www.nandotimes.com, Ritter M., New York 20/03/2000)

En un laberinto, los hombres encuentran la salida antes que las mujeres, y utilizan zonas cerebrales diferentes.

Nebes, RD.
Hemispheric specialization in commisusrotomized man. Psychol Bull 1974; 81:1-14.

Las mujeres tienen menor capacidad para obtener una perspectiva global ("holística") de partes concretas.

Nerval, Gerard de.
Revue des deux mondes, 1848.

La mujer es un monstruo adorable, pero un monstruo.
Le femme est un monstre adorable, mais un monstre.

Neto, F.
Personality & Individual Differences 20. 1996.

Darwin (1872) concluyó que las mujeres se ruborizan más que los hombres. Esto se ha comprobado ahora:

ante siete situaciones las mujeres tienen más probabilidad de ruborizarse.

Darwin (1872) concluded that women blush more than men. [Here,] a comparison of men's and women's responses indicates that women were more likely than men to blush on seven items.

Neville, Edgar.
El baile.

Las mujeres le perdonan todo a los brillantes.

Las mujeres no somos ejemplares, a menos de ser feas.

No hay piropo que valga tanto para una mujer como saber que un hombre se muere por ella. Sobre todo si se muere sin esperanzas.

Nicholson, Jack.
Entrevista en el Sunday Mirror, c. II, 1997.

Las mujeres libran una batalla perdida cuando intenta convertir a los hombres en algo que no son. No nos gusta comprometernos, no nos gusta ser suaves, vulnerables opasivos. ¡Nos gusta comer carne! Amamos a las mujeres de una manera particularmente apasionada y sexual que es fundamentalmente diferente del modo en que las mujeres aman a los hombres. No es una situación ideal, pero así somos. Uno no puede dar quejas a la Biología.

Women are fighting a losing battle when they try to turn men into something we're not. We don't like to bond, we don't like to be soft, vulnerable or passive. We like to eat meat! We love women in a particularly passionate and sexual way that is fundamentally different from the way women love men. It's not an ideal state of affairs, but that's the way we're meant to be. You can't bitch about biology.

Nietzsche, Friedrich.
El hombre está hecho para la guerra; la mujer para descanso del guerrero.

Pocos hombres hay aquí; por eso se masculinizan las mujeres. Pues sólo el que sea bastante hombre podrá "redimir" a la mujer en la "mujer".

Nietzsche, Friedrich.
Así habló Zaratustra. Orbis, Barcelona 1982.

¿Vas con mujeres? No olvides el látigo.
Du gehst zu Frauen? Vergiss die Peitsche nicht!

Al verdadero hombre le gustan dos cosas: el peligro y el juego. Por eso ama a la mujer: el más peligroso de los juegos.

El hombre debe ser entrenado par a la guerra y la mujer para descanso del guerrero

La mujer debe ser un juguete puro y fino, igual a piedras preciosas.

La felicidad del hombre es "yo quiero". La felicidad de la mujer es "él quiere".

El hombre es un medio para la mujer; su fin es siempre el hijo.

Es mejor caer en manos de asesinos que en los ensueños de una mujer celosa.

La dicha del hombre es "yo quiero". La dicha de la mujer es "él quiere".

En la mujer todo es un enigma, y todo tiene una solución: se llama embarazo.

La mujer no sirve para la amistad: no conoce más que el amor.

El fin de la mujer es siempre el hijo, y el hombre sólo un medio.

Aquél era reservón en sus relaciones con otros, elegía con detenimiento. Mas de golpe estropeó su compañía para siempre; y a eso llama su matrimonio.

Este partió como un héroe, en busca de verdades, y acabó trayendo como botín una mentirijilla bien aderezada; y a eso llama su matrimonio.

Digno me parecía ese hombre, y maduro para el sentido de la tierra; mas tras haber visto a su mujer, la tierra me pareció una casa de locos.

Aquel otro buscaba una criada con las virtudes de un ángel. Mas se convirtió él en criado de una mujer.

Así quiero yo al hombre y la mujer: el uno apto para la guerra, la otra apta para parir.

Que el hombre tema a la mujer cuando esta ama.

Tema el hombre a la mujer cuando esta odia; pues en el fondo del alma, el hombre es sólo un malvado: pero la mujer es mala.

La mujer presiente el vigor del hombre, pero no lo comprende.

Superficie es el ánimo de la mujer; una flotante película de agua en un estanque.

Mira, ahora es cuando el mundo se ha vuelto perfecto": así piensa la mujer, mientras obedece enamorada.

He mirado con atención a todos los compradores, y he comprobado que todos tienen ojos de lince. Pero hasta el más astuto compra a su mujer a ciegas.

Amargura hallaréis hasta en el cáliz del mejor amor.

Todo en la mujer es un enigma, con una solución única: se llama embarazo.

El hombre debe ser educado para la guerra y la mujer para el solaz del guerrero: todo los demás es tontería.

De la mujer sólo se debe hablar a los hombres.

En el amor de la mujer hay injusticia y ceguera frente a cuanto en ella no es amor.

La mujer no es todavía capaz de amistad: gatas y pajarillos son todavía las mujeres; o, a lo sumo, vacas.

La mujer comprende al niño mejor que el hombre, más el hombre es más niño que la mujer. En el hombre auténtico se oculta siempre un niño.

¡Adelante, mujeres! ¡Descubrid ese niño que hay en todo hombre!

Muchas breves tonterías, a eso llamas amor. Y vuestro matrimonio pone fin a muchas breves tonterías en forma de una estupidez única y prolongada.

Nietzsche, Friedrich.
Ecce homo

La mujer querría creer que el amor lo puede todo; ésta es su propia superstición.

Nietzsche, Friedrich.
El eterno retorno.

Las mujeres viejas, en el fondo de su corazón, son más escépticas que todos los hombres. Creen en el lado superficial de la vida como si fuese la esencia misma de la vida, y toda virtud o profundidad no es más que una envoltura, un velo necesario que oculta esta "verdad".

Nietzsche, Friedrich.
El ocaso de los dioses.

Cuando una mujer tiene virtudes viriles hay que huir de ella.

La mujer es ingenua porque su fino instinto le revela la utilidad de la inocencia.

Nietzsche, Friedrich.
Filosofía general

Abrimos un libro escrito por una mujer y pronto suspiramos: ¡otra desdichada cocinera!

Hasta ahora hemos sido muy corteses con las mujeres, pero llegará un tiempo en que, para hablar con una mujer, primero habrá que pegarle en la boca.

El verdadero sentido de la "emancipación de la mujer" es su masculinización, lo que quiere decir que tratan de imitar al hombre y apetecen sus derechos.

En el feminismo veo una degeneración de los instintos de las mujeres actuales: deberían saber que por este camino destruyen su poder- En cuanto renuncien a su posición y establezcan una seria competencia con el hombre en el sentido político y civil tendrán que renunciar al trato dulce y galante que hasta ahora seles había prodigado.

Lo que amamos en las mujeres es que, cuando "se dan", dan también un espectáculo.

El hombre sucumbe ante la mujer que no merece.

Que no se hable de sinceridad en la mujer. "Muéstrate como eres" significa en ella lo contrario que para el hombre.

Nietzsche, Friedrich.
Humano, demasiado humano.

Las mujeres se dan cuenta enseguida cuando se han apoderado del alma de un hombre: quieren ser amadas en exclusiva y le reprochan sus ambiciones,

sus deberes políticos, su ciencia y su arte (si los tienen).

Las jóvenes que quieren obtener medios de subsistencia por su atractivo, con astucia azuzada por sus madres listas, persiguen el mismo fin que las prostitutas, pero siendo más sagaces y menos honestas.

Algunos hombres se lamentaron cuando raptaron a su mujer; la mayoría porque no hubo nadie que las raptase.

Cada uno lleva en su interior una imagen de las mujeres heredada de su madre, que determina su actitud hacia las mujeres en general, sea para honrarlas, despreciarlas o permanecer indiferentes ante ellas.

Las mujeres no tienen un interior, por mucho que se busque en ellas, sólo son máscaras. Hay que compadecer al hombre que se abandona a estos seres fantasmales.

Las mujeres aman la mayoría de las veces a un hombre de valer queriéndolo para ellas solas. Se lo guardarían en su faltriquera sin la vanidad no se lo impidiese; quieren que ostente su valía ante los demás.

Nietzsche, Friedrich.
La voluntad de poder.

La mujer, la mitad de la Humanidad, es débil, está crónicamente enferma, es mudable y tornadiza.

Nietzsche, Friedrich.
Más allá del bien y del mal.

En el fondo de toda su vanidad personal, las propias mujeres mantienen siempre un desprecio impersonal... por "la mujer".
Die Weiben haben selber im Hinergrund aller persönlichen Eitelkeit immer noch ihre impersönliche Verachtung für... "das Weib".

En la venganza, como en el amor, la mujer es más bárbara que el hombre.

Desde la Revolución francesa la influencia de la mujer ha disminuído, en la medida que han aumentado sus pretensiones y derechos.

La emancipación de la mujer (a la que aspiran ellas mismas y cerebros masculinos superficiales) aparece como un notable síntoma del debilitamiento y del enervamiento reciente de los instintos verdaderamente femeninos.

La mujer fracasa siempre que intenta defender a "la mujer".

Hasta ahora, los hombres han tratado a las mujeres como pájaros que, habiendo descendido de cierta altura, se han perdido entre ellos, como una cosa delicada, frágil, salvaje, extraña, dulce, encantadora, pero también algo que es preciso poner en una jaula para que no vuele.

314

En el movimiento feminista hay una estupidez casi masculina, de la que una mujer sana -que es siempre una mujer sensata- se avergonzaría en el fondo de su corazón.

El feminismo acostumbre a no temer al hombre. Pero la mujer que "olvida ese temor" sacrifica sus más femeniles instintos.

El peor aburrimiento que pueda tener una mujer se disipa cuando un hombre se arroja a sus pies.

Cuando una mujer tiene inclinaciones doctas, de ordinario hay algo en su sexualidad que no marcha bien.

La mujer aspira a la misma independencia económica y jurídica que un dependiente de comercio. "La conversión de la mujer en dependiente de comercio" es un hecho que se encuentra a las puertas de la nueva sociedad que se está configurando.

Nosotros (los hombres) vivimos llenos de problemas y, para que nos alivien de ellos, nos acercamos a esas criaturas (las mujeres) cuyas manos, miradas y tiernas insensateces hacen que nuestra seriedad y nuestra profundidad nos parezcan en cierto modo una insensatez más.

En una serie de viejas novelas florentinas puede leerse esta frase que la vida confirma: "Tanto la mujer buena como la mala precisan de la estaca". (Sachetti, nov. 86)

La mujer que se olvida de "tener miedo" al hombre pierde sus instintos más femeninos. La mujer se vuelve atrevida cuando el hombre no busca ni cultiva lo que éste tiene de temible, más en concreto, lo que tiene de viril; lo más difícil de ver es que, por ello mismo, la mujer degenera.

Los griegos, que fueron los mejores herederos y discípulos de Asia, como es sabido, de Homero a Pericles, a medida que aumentaba su cultura y se extendía su fuerza, fueron adoptando también paulatinamente una postura más severa para con la mujer; en suma, fueron haciéndose más orientales. Consideremos internamente lo necesaria, lo lógica y lo humanamente deseable que fue esta actitud.

Su mayor preocupación (de las mujeres) es la apariencia y la belleza. Reconozcamos los hombres que ese arte y ese instinto es precisamente lo que honramos y amamos en la mujer.

La mujer no busca la verdad. ¿Qué le importa a ella la verdad? Desde el principio de los tiempos, no hay nada más ajeno, odioso y contrario a la naturaleza de la mujer que la verdad; su gran arte es la mentira; su mayor preocupación es la apariencia y la belleza.

Las malas cocineras, la falta absoluta de racionalidad en la cocina, es lo que más ha retrasado y perjudicado el desarrollo del hombre.

Demuestra que sus instintos están corrompidos, además de que tiene muy mal gusto, la mujer que apela precisamente a Madame Roland, a Madame de Staël o a Monsieur George Sand, como si de este modo demostrara algo en favor de "la mujer en sí".

Disgregación de los instintos femeninos (...): Perder el olfato para percibir el terreno en que es más fácil vencer, dejar de ejercitarse en sus armas más genuínas, abandonarse a sí misma en presencia del hombre, entregarse "incluso a los libros".

Tratan de rebajar a la mujer al nivel de la "cultura general", queriendo incluso que lea los periódicos y que intervenga en política.

La gran esperanza que tienen puesta en el amor sexual y el pudor que genera semejante esperanza es lo que hace que las mujeres pierdan de antemano todas las perspectivas.

No te consientas otras locuras que las que te produzcan un gran placer.

Para todo hombre profundo y ateo, una mujer irreligiosa es algo totalmente repugnante y ridículo.

La preocupación y la solicitud del hombre por la mujer hizo que las autoridades eclesiásticas prohibieran a la mujer hablar en la iglesia.

Si la mujer fuera una criatura que pensara, al haberse dedicado a la cocina, habría debido descubrir desde hace miles de años los principales fenómenos fisiológicos y habría terminado imponiéndose en el arte de la medicina.

Ante todo lo que escriba una mujer sobre "la mujer", siempre cabe hacer la reserva de si la mujer desea realmente aclararse, y si "puede" desearlo...

Si comparamos, en líneas generales, al hombre y a la mujer, cabría decir que ésta no tendría el genio del adorno si no poseyera también el instinto de desempeñar el papel secundario.

La mujer joven es una caverna florida. La vieja, una caverna de la que surge un dragón.

¿Ha admitido alguna vez una mujer que el cerebro de otra mujer es profundo o que su corazón es justo? ¿No es cierto que, por lo general, no hay nadie que haya valorado menos a "la mujer" que la mujer?

¡Ay si llega un día en que la mujer se atreve a mostrar lo que hay en ella de "eterno aburrimiento", con la abundancia que tiene de ello.

Cada sexo tiene una visión equivocada del otro.

Lo que se hace por amor sucede siempre más allá del bien y del mal.

Lo que los hombres queremos es que la mujer no siga desacreditándose con el estudio.

Lo que en la mujer infunde respeto y, muchas veces, miedo es su naturaleza, que es "más natural" que la del hombre, su característica y astuta elasticidad de animal de presa, la garra de tigre que esconde bajo el guante, la ingenuidad de su egoísmo, su resistencia a dejarse educar, su profundo salvajismo, el carácter inaprensible, vasto y cambiante de sus apetencias y de sus virtudes.

La estupidez introducida en la cocina; la mujer haciendo de cocinera.

La mujer aprende a odiar en la medida en que va dejando de atraer.

Yo creo que ama realmente a la mujer quien prohíbe a ésta hablar de la mujer.

Los mismos afectos presentan un ritmo distinto en el hombre y en la mujer. Esta es la razón de que uno y otra no lleguen a entenderse nunca.

¿Quién iguala a las mujeres en el arte de hacer que los demás se formen una buena opinión de nosotros para luego creerse a pies juntillas esa buena opinión?

El hombre quiere que la mujer sea pacífica, pero ésta es como los gatos, por esencia, todo lo contrario de pacífica, aunque haya aprendido muy bien a mostrar un aire pacífico.

Un apellido ilustre, unas piernas bonitas y, además, un hombre.

Callada y con ropas negras, cualquier mujer parece revestida de inteligencia.

Adornarse es propio del eterno femenino.

Cuando en la obra teatral no hacen acto de presencia el amor o el odio, la mujer representa muy mal su papel.

En China, las mujeres enseñan a sus hijos este proverbio: Siao-sin ("haz pequeño tu corazón").

Toda auténtica mujer considera que la ciencia es un atentado contra el pudor. Les parece que es como si se tratara de mirar qué tienen debajo de la piel; peor aún, debajo de sus ropas y adornos.

La mujer quiere independizarse, y para ello trata de enseñar al hombre lo que es la "mujer en sí". Este es uno de los peores progresos dentro del afeamiento general que afecta a Europa.

Un hombre que posee profundidad tanto en su espíritu como en sus apetitos (...) no puede considerar a la mujer más que de una forma oriental; esto es, tiene que concebir a la mujer en términos de posesión, como un objeto de propiedad susceptible de encerrarse bajo llave, como una criatura destinada a servir y cuyo perfeccionamiento radica en el cumplimiento de este papel.

Ya empiezan a elevarse voces de mujeres que, ¡por san Aristófanes!, nos hacen temblar, y que nos amenazan con decirnos, con una claridad médica, qué es lo que exige anto todo y sobre todo la mujer del hombre. ¿No es una prueba de muy mal gusto que la mujer se prepare así para hacerse científica?

Hasta el concubinato ha quedado corrompido... con el matrimonio.

Equivocarse en el problema fundamental del "hombre y la mujer", negar que entre ellos se da necesariamente el más abismal de los antagonismos, así como una tensión eternamente hostil, soñar que puedan tener igualdad de derechos, una misma educación e idénticos deberes constituye un signo característico de superficialidad.

Hasta hoy, afortunadamente, el aclarar cuestiones era asunto de hombres, una prerrogativa de los hombres.

¿Qué irán a sacar a luz esos torpes intentos femeninos de ser científicas y de mostrarse al desnudo, con la cantidad de motivos que tiene la mujer para ser vergonzosa y la pedantería, superficialidad, dogmatismo y presunción, desenfreno e inmodestia mezquinos que se esconden en su interior?

Nietzsche, Friedrich.
Tratados filosóficos

Una mujer que dificulta el vuelo de su marido debe separarse de él. ¿Por qué no se habla de este acto de amor?

Algunos hombres excepcionales deberían tener oportunidad de reproducirse con varias mujeres.

Nodier, C.
Maximes et pensées.

Los gatos, las moscas y las mujeres son los animales que más tiempo pierden en acicalarse.
On a remarqué que, de tous les animaux, les chats, les mouches et les femmes sont ceux qui perdent le plus de temps à leur toilette.

Normand, J.
Pensées de toutes couleurs, 21.

Los hombres miran a las mujeres para verlas; las mujeres miran a los hombres para ser vistas.

Noxeranus Grynaeus, Gilbertus
Adagia, p.130.

Sigue el primer consejo de la mujer, nunca el segundo.
Primo cede mulieris consilio, secundo noli.

Ojoade.
El valiente muere en la batalla, los nadadores mueren en el agua, y los adúlteros encuentran la muerte en las mujeres.
The brave meet their death in battle, swimmers meet their death in water, and adulterers meet their death in women.

Oración de rabinos.
Alabado sea Dios por no haberme hecho gentil, por no haberme hecho mujer, por no haberme hecho ignorante.

Ornstein, R.
Psychology. Harcourt Brace Jov, San Diego 1985.

Suele pensarse que las mujeres son las románticas pero la realidad es la contraria. Los hombres son más románticos, se enamoran más rápido, y sufren más en el amor.

Ortega y Gasset, José.
La personalidad de la mujer es poco personal, o dicho de otra manera, la mujer es más bien un género que un individuo.

Ortega y Gasset, José.

El amor en Stendhal. Estudios sobre el amor.

El enamoramiento es un estado inferior del espíritu, una especie de imbecilidad transitoria. El ama de casa conoce que su criada se ha enamorado cuando empieza a notarla distraída.

El fuerte de la mujer no es saber sino sentir. Saber las cosas es tener conceptos y definiciones, y esto es obra del varón.

El trabajo, es decir la faena diaria y forzosa, fue inventado por la mujer, frente a la empresa, el discontinuo esfuerzo creativo y la aventura.

Ortega y Gasset, José.
La elección en amor. Estudios sobre el amor.

Cuando se contempla a la mujer con mirada de zoólogo se ve que tiende superlativamente a demorar en lo que está, a arraigar en el uso, en la idea, en la faena donde ha sido colocada; a hacer, en suma, de todo costumbre.

La hembra humana suele disponer de menor poder imaginativo que el varón. La naturaleza, con tiento y previsión, lo ha querido así.

La influencia de la mujer es atmosférica y, por lo mismo, ubicua e invisible. No hay manera de prevenirla y evitarla. Penetra por los intersticios de la cautela y va actuando sobre el hombre amado como el clima sobre el vegetal.

La mujer siente una fruición verdaderamente extraña por la cotidianeidad. Se arrellana en el hábito inveterado y, como pueda, hará de hoy un ayer.

El hombre va a la mujer como a una fiesta y a un frenesí, como a un éxtasis que rompa la monotonía de la existencia. Y encuentra casi siempre un ser que sólo es feliz ocupado en faenas cotidianas, sea en zurcir la ropa blanca, sea en acudir al "dancing".

Los etnógrafos nos muestran que el trabajo, la faena diaria y forzosa, fue inventado por la mujer, frente a la empresa, el discontinuo esfuerzo deportivo y la aventura.

A la mujer no le han interesado nunca los genios. ¿Quieren decirme qué le importa a una mujer que un hombre sea un gran matemático, un gran físico, un gran político? Diríase que el genio horripila a la mujer.

La mujer desdeña al grande hombre concienzudamente, y no por azar o descuido. Tiende a eliminar a los individuos mejores, masculinamente hablando, a los que innovan y emprenden altas empresas, y manifiesta un decidido entusiasmo por la mediocridad.

Zoológicamente, la tendencia general de los fervores femeninos parece resuelta a mantener la especie dentro de límites mediocres, a evitar la selección en el sentido de lo óptimo, a procurar que el hombre no llegue nunca a ser semidiós o arcángel.

La mujer tiene desapego hacia los hombres mejores. Tal vez su papel en la mecánica de la historia es ser una fuerza retardataria frente a la turbulenta inquietud, el afán de cambio y avance que brota del alma masculina.

Las cualidades del hombre que enamoran a la mujer son las menos fértiles para la perfección general de la especie. La mujer nada a gusto, como en su elemento, cuando circula entre hombres mediocres.

Donde lo cotidiano gobierna es siempre un factor de primer orden la mujer, cuya alma es en un grado extremo cotidiana. El hombre tiende siempre más a lo extraordinario; por lo menos sueña con la aventura y el cambio, con situaciones tensas, difíciles, originales.

Ortega y Gasset, José.
Paisaje con una corza al fondo. Estudios sobre el amor.

El centro del alma femenina, por muy inteligente que sea la mujer, está ocupado por un poder irracional. ¡Y ésta es la delicia suprema que en ella encontramos!

Si el varón es la persona racional, es la fémina la persona irracional. El animal es también irracional, pero no es persona; es incapaz de darse cuenta de sí mismo y de respondernos, de darse cuenta de nosotros.

El hombre inteligente siente un poco de repugnancia por la mujer talentuda, como no sea que en ella se compense el exceso de razón con un exceso de sinrazón.

El talento o la capacidad de sacrificio de la mujer son calidades que buscamos y enaltecemos en la esposa, la hermana, la hija. Pero cuando se trata, estrictamente hablando, de enamorarse, uno se enamora de la corza emboscada que hay en la mujer.

El hombre distinguido siente complacencia en las mujeres, como en seres de especie menor acaso, pero más fina y ligera. ¡Qué delicia encontrar criaturas que tienen la cabeza llena siempre de danza y caprichos y trapos! Son el encanto de todas las almas varoniles, demasiado tensas y profundas, cargadas de enormes responsabilidades.

El amor de una mujer, esa divina entrega de su persona ultraíntima que ejecuta la mujer apasionada, es tal vez la única cosa que no se logra por razones.

El hombre inteligente siente un poco de repugnancia por la mujer talentuda. La mujer demasiado racional le huele a hombre y, en vez de amor, siente por ella, amistad y admiración.

La fémina es la persona irracional. El animal es también irracional pero no es persona. La mujer ofrece al hombre la mágica ocasión de tratar a otro ser sin razones, de influir en él, de dominarlo, de entregarse a él, sin que ninguna razón intervenga. Créalo usted: si los pájaros tuviesen el mínimo de personalidad necesario para poder respondernos, nos enamoraríamos de los pájaros y no de la mujer.

Ortega, Julio.

Hay hipótesis constructivistas que aseguran que la "mujer" es una fantasía masculina, muchas veces impuesta, dominante, y acatada por las mujeres.

Lo femenino es lo no-codifcado, lo indeterminado, la resistencia, por tanto, a la sobre-codificación.

La a-gramaticalidad podría ser una huella de la subjetividad no regulada; esto es, un acceso al tiempo de lo femenino.

Otero, Blas.
Angel fieramente humano.

Cuerpo de mujer, fuente de llanto donde, después de tanta luz, de tanto tacto sutil, de Tántalo es la pena.

Ovidio
Mujer, confusión del hombre.

Ovidio
Amorum.

Quisiera que fueses menos hermosa o menos perversa. Una belleza tan perfecta no se concilia bien con tan malas costumbres.
Aut formosa fores minus, aut minus improba, vellem. Non facit ad mores tam bona forma malos.

La mujer que quiere mantener el amor, debe despreciar a su enamorado.
Si qua volet regnare diu, contemnat amantem.

Repútase casta aquella mujer a la que nadie requirió de amores.
Casta est quam nemo rogavit.

La que no lo hace porque no puede, es como si lo hiciera.
Quae, quia non licuit, non facit, illa facit.

Ovidio
Fasti, 5, 490.

En mayo se casan las malas mujeres.
Mense maio malae nubunt.

Ovidio
Heröides, 2, 63.

Engañar a una crédula muchacha no es ninguna difícil gloria.
Fallere credentem non est operosa puellam gloria.

Ovidio
Remedium amoris, 5, 343.

Somos cautivados por los trajes; todo lo cubren el oro y las joyas; la mujer es la menor parte de ella misma.
Auferimus cultu: gemmis auroque teguntur omnia pars minima est ipsa puella sui.

Ovidio
Ars amandi.

Evitad achacar a todas las mujeres los pecados de unas pocas.
Parcite paucarum diffundere crimen in omnes.

Los litigios son la dote de la mujer.
Dos ext uxoris lites.

Tanto las mujeres que conceden como las que niegan, todas disfrutan con ser solicitadas.
Quae dant, quaeque negant, gaudent tamen esse rogatae.

Lo que les agrada, muchas veces las mujeres querrían haberlo concedido como a la fuerza.
Quod iuvat, invitae saepe dedisse volunt.

Muchas mujeres desean a quien las huye y rechazan a quien las acosa.
Quod refugit, multae cupiunt, odere quod instat.

Ovidio.
Tristia, V, 14, 25.

Es fácil ser buena cuando lo prohibido está lejos.
Esse bonam facile est, ubi quod vetet esse remotum est.

Ovidio.
Citado por Paul Tabori.

Con oro se consigue a la mujer, y el oro paga el amor.

Paglia, Camille.
Sex, art, and american culture.   Random House (Vintage Books), New York 1992.

Si la civilización se hubiese dejado en manos femeninas, todavía estaríamos viviendo en chozas de paja.
If civilisation had been left in female hands, we would still be living in grass huts.

Las feministas actuales insisten en ver la historia como un escenario lacrimógeno con el macho opresor y la mujer víctima. Pero es más exacto ver a los hombres, ahuyentados por la ansiedad sexual de sus madres, formar alianzas entre grupos en que los machos se integran para crear las complejas estructuras de la sociedad, el arte, la ciencia y la tecnología.
Contemporary feminists....insist on viewing history as a weepy scenario of male oppression and female victimization. But it is more accurate to see men, driven by sexual anxiety away from their mothers, forming group alliances by male bonding to create the complex structures of society, art, science, and technology.

Pagnol, Marcel.
Marius, IV, 5.

¡Una vez que han empezado ellas no tienen nada que perder! El honor es como las cerillas, sólo sirve una vez.
Et puis, quand elles ont commencé, elles n'ont plus rien à perdre! L'honner, c'est comme les allumettes: ça ne sert qu'une fois.

Pakkenberg B, Gundersen HJG.

Neocortical neuron numbner in humans: effect of sex and age. Journal of Comparative Neurology 1997; 384: 312-320.

La corteza cerebral de los hombres tiene, en promedio, 4 billones de neuronas más que la de las mujeres.

Palacio Valdés, A.
Papeles del Doctor Angélico: Opacidad y transparencia.

Yo no conozco nada más prosaico y mezquino que el alma de una mujer.

Pananti, F.
Avventure e osservazioni, II.

Dios creó en la mujer los ojos, las mejillas, los labios y todas las demás cosas dulces y amables; pero no se quiso molestar en cuanto al cerebro y dejó que lo hiciera el diablo.
Dio fece nella donna gli occhi, le guance, le labbra e tutte le altre cose dolci ed amabild, ma in quanto al cervello non se ne volle impacciare e lo fece fare al Panchatantra.

Las mujeres son el sostén del hombre en los dos extremos de su vida, y el placer en medio.
Le donne, delle due estremità dekka vuta dekk'uomo sono il sostegno, nel mezzo della vita il placere.

Panchatantra.
Tales son las virtudes de las mujeres: un montón de vicios.

Paracelso.
La mujer proporciona el suelo donde la semilla del hombre encuentra las condiciones para su desarrollo; ella nutre y madura la semilla sin poner ninguna semilla por su parte. Así el hombre nunca procede de la mujer, sino siempre del hombre.

Pardo Bazán, Emilia.
La educación de la mujer no puede llamarse tal educación, sino doma, pues se propone por fin la obediencia, la pasividad y la sumisión.

Parker, Dorothy.
Not so deep as a well (1937).

La mujer quiere la monogamia y el hombre disfruta con la novedad. El amor es el sol y la luna de la mujer mientras el hombre de divierte con otras cosas. La mujer sólo quiere a su señor, mientras que el hombre se aburre.
Woman wants monogamy; man delights in novelty. Love is woman's moon and sun; man has other forms of fun. Woman lives but in her lord; count to ten, and man is bored.

Parturier, Françoise.
No es que la mujer sea un ser inferior, es que el hombre es un ser superior.

Péladan, I.
La vice suprême.

La mujer quiere a los castos para corromperlos, a los fuertes, para someterlos; y a los independientes, para envilecerlos.
La femme aime les chastes pour les corrompre; les forts pour les asservir; et les indépendants pour les avilir.

La mujer es pasiva, apasionada, absoluta, injusta; sólo admira la grandeza para obtener su sacrificio.
Passive, passionée, absolue, injuste, la femme n'admire la grandeur que par l'espoir d'en obtenir le sacrifice.

Pellis SM, Field EF, Smith LK, Pellis VC
Multiple differences in the play fighting of male and female rats.Implications for the causes and functions of play. Neurosci Biobehav Rev 1997; 21: 105-120.

Todos los mamíferos machos tienen una mayor tendencia a la lucha, y a los juegos de lucha, y esa es una característica que aparece alrededor del nacimiento (y por tanto no influenciada culturalmente).

Pérez Galdós, Benito.
Trafalgar, III.

No tenía miedo a cosa alguna creada por Dios más que a su bendita mujer.

Perictíone.
Thesleff H. An introduction to the pythagorean writings of the hellenistic

La mujer debe soportar todo lo de su marido, aunque sea desgraciado o ignorante, esté enfermo o duerma con otra mujer; pues este último pecado es peculiar en los hombres pero nunca en las mujeres.

Si el esposo piensa que algo es dulce, la mujer también lo pensará así; y si él piensa que es amargo, ella le dará la razón. De otro modo, la mujer estaría desentonando en el conjunto de su universo.

Pétiet, L.A.
Pensées, maximes et reflexions, 9.

Los hombres desean lo que no tienen; las mujeres sólo desean las cosas que las demás mujeres poseen.
Les hommes ont besoin de tout ce qu'ils n'ont pas; les femmes ne désirent que ce que les autres femmes possèdent.

Petrarca, Francesco.
Amor che meco al buon tempo ti stavi.

La mujer es mudable por naturaleza.
Femina è cosa mobil per natura.

Petrarca, Francesco.
Epistolario (carta latina).
La mujer es enemiga de la paz, fuente de impaciencias y foco de discordias; el que la ha tratado jamás sabe lo que es la tranquilidad.

Petronio
Frase atribuída a Petronio (y a Quinto Cicerón)

Confía tu barca a los vientos, pero no tu corazón a las muchachas, pues las olas son más seguras que la lealtad de la mujer.
Crede ratem ventis, animam ne crede puellis. Namque est feminea tutior unda fide.

Piave, Francesco Maria.
Rigoletto, III, 2.

La mujer es movediza como pluma al viento, cambia de acento y de pensamiento.
La donna è mobile qual piuma al vento, muta d'accento e di pensier.

Picasso, Pablo (Atrib.)
Hay dos tipos de mujeres: diosas y porteras.

Pikaza, Xabier.
Hombre y mujer en las religiones. Ed. Verbo Divino, Estella 1996.

Para la mayoría de los filósofos griegos el varón es hondura, la mujer superficie, el varón es orden creador, la mujer sentimiento.

La religión monoteísta (judaísmo, cristianismo, islam) ha sido fundada y ha de ser regida por varones.

De un dios sexualmente perverso (Zeus) y de una mujer violada (Alcmena) nace la estirpe (Hércules) triunfadora y violenta de los hombres.

Las mujeres son como la tierra que se debe mantener siempre en espera, aguardando pacientes la llegada caprichosa, violenta y fecundante del esposo-cielo en la tormenta.

La mujer parece más ligada a los ritmos naturales, a las tareas materiales de la casa, al nivel de los afectos, sentimientos o deseos inmediatos. El varón está más abierto a las acciones exteriores (creatividad mundana), está mejor capacitado para entrar en la verdad objetiva y superar con su mente los deseos inmediatos de la vida.

Pindar, Peter.
The Loousiad, Can. 11.

¡Oh mujer!, aunque por la cara parezcas un angel, por tu alma eres un gato.
O! woman, woman! Wheter lean or fat, in face an angel but in soul a cat.

Pío XI.
Encíclica Divini Ilius Magistri, 1929.

La educación conjunta es falsa y nociva; es ajena a la Naturaleza, la cual forma a los totalmente distintos en organismos, temperamentos, capacidades, y nada sugiere que pueda o deba haber promiscuidad, y mucho menos igualdad, en el adiestramiento de los dos sexos.

Pirandello, Luigi.

Las mujeres, al igual que los sueños, nunca son como las has imaginado.

Pirandello, Luigi.
Ciascuno a suo modo, I.

Las mujeres, al igual que los sueños, nunca son como las has imaginado.
Le donne, come i sogni, non sono mai come tu le vorresti.

Pitágoras.
Los ojos de la mujer tienen dos clases de lágrimas: las de verdadero dolor y las del despecho.

Platón
La matriz y la vulva son como un animal deseoso de hacer hijos que, cuando no produce fruto en mucho tiempo, se aflige y entristece, y errando por todo el cuerpo y cerrando el paso al aire, no deja respirar y produce en el organismo las mayores angustias y enfermedades de todo tipo.

Mujer mala, muerte del marido. (En Athenas pusieron este jeroglífico: M.M.M.M; dieron aquellos ingenios floridos diferentes salidas y varias explicaciones sin acierto, sólo Platón lo logró poniendo al pie de las letras: Mulier mala mors mariti.)

Platón.
La República.

Todas las mujeres deben ser comunes; los guerreros de 30 y 55 años se unirán a las guerreras de 20 a 40.

Las mujeres y los bienes deben ser comunes a todos los ciudadados.

Platón.
citado en "Alabado seas..."

Poco difiere una mujer de otra.

La mujer no es ser enteramente humano.

De los nacidos varones, los cobardes, se transforman en mujeres en la siguiente reencarnación.

Plauto.
Aunque una mujer hable bien le está mejor el callar.

Plauto
Mercator, 4

Las pobres mujeres viven bajo una ley dura y mucho más injusta que la de los hombres.
Lege dura vivunt mulieres, moltoque iniquiore miserae, quam viri.

Plauto
Mostellaria.

Bien huele la mujer que a nada huele.
Mulier recte olet, ubi nihil olet.

No se enamoran del vestido los que aman a las mujeres, sino del relleno del vestido.

Non vestes amatores amant mulieris, sed vestis fartum.

Si es hermosa, se adorna demasiado.
Si pulchra est, nimis ornata est.

Plauto
Stichus.

La mujer que contra su voluntad ha sido entregada en matrimonio a un hombre, es enemiga de su marido.
Hostis est uxor invita quae ad virum nuptum datur.

El que pueda evitar a las mujeres que las evite.
Qui potest mulieres vitare, vitet.

Plauto
Truculentus.

La mujer encuentra mucho más fácil hacer el mal que obrar el bien.
Mulieri nimio male facere melius est onus, quam bene.

La mujer encuentra mucho más fácil hacer el mal que obrar el bien.
Mulleri nimio male facere melius est onus, quam bene.

Plauto.
Aulularia, 534-535.

Una mujer sin dote permanece bajo la autoridad del marido; las que llevan dote gratifican a los maridos en daños y perjuicios.
Quae indotata est, ea in potestate est viri: dotatae mactant et malo et damno viros.

Plauto.
Rudens, IV, 4, 70.

Es mejor una mujer callada que parlanchina.
Tacina bona mulier semper, quam loquens.-

Plinio el Viejo.
Historia Natural, VII.

No encontraremos difícilmente nada más prodigioso que el flujo menstrual. La proximidad de una mujer en este estado hace agriar el mosto; a su contacto, los cereales se convierten en estériles, los injertos mueren, las plantas de los jardines se secan, los frutos de los árboles donde ella está sentada caen; el resplandor de los espejos se enturbian nada más que por su mirada; el filo del acero se debilita, el brillo del marfil desaparece, lo enjambres de las abejas mueren.

Plutarco
Tranquil. Anim.

Por buena que sea la mujer, al fin y al cabo es mujer.

Plutarco.
Vidas, Julio César.

La mujer de César debe estar por encima de toda sospecha.

Pompidou, Georges. (Atrib.)
Hay tres caminos de perdición: mujeres, juego y tecnólogos. El más placentero son las mujeres; el juego el más rápido, pero el más seguro es el de los tecnólogos.

Pontich, E.
Les cahiers d'un individualiste.

Las mujeres creen que hablar con franqueza las haría aparecer como desnudas.
Les femmes croient que d'avoir de la franchise les ferait paraître comme nues.

Cuando las mujeres no hablan es cuando más mienten.
Lorsque les femmes ne parlent pas, c'est alors qu'elles mentent le plus.

Sabiendo que Dios no se equivoca nunca, es fácil adivinar quién creó a la mujer.
En sachant que Dieu ne se trompe jamais, on devine bien qui a fait la femme.

Pope, Alexander.
Moral Essays, II.

La mayoría de las mujeres no tiene carácter en absoluto.
Most women have no character at all.

En el mejor de los casos, la mujer es una contradicción.
Woman's at best a contradiction still.

Primo de Rivera, José Antonio.
Discurso (1935).

No somos feministas. No entendemos que la manera de respetar a la mujer consista en sustraerla a su magnífico destino y entregarla a funciones varoniles.

A mí siempre me ha dado tristeza ver a la mujer en ejercicios de hombre, toda afanada y desquiciada en una rivalidad donde lleva, entre la morbosa complacencia de los competidores masculinos, todas las de perder.

Primo de Rivera, Pilar
Discurso, 30/05/1939.

La única misión que tienen asignada las mujeres en la tarea de la Patria es el hogar (...) para hacerles a los hombres tan agradable la vida familiar que dentro de la casa encuentren todo aquello que antes le faltaba, y así no tendrán que ir a buscar en la taberna o en el casino los ratos de expansión.

Principio jurídico
El Derecho favorece a las mujeres engañadas, no a las que engañan.
Iura subveniunt mulieribus deceptis, non decipientibus.

Prinzel LJ 3rd, Freeman FG.

Sex differences in visuo-spatial ability: task difficulty, speed-accuracy tradeoff, and other performance factors. Can J Exp Psychol 1995; 49:530-539.

Las mujeres hacen peor las funciones visuo-espaciales

Propercio
Ninguna mujer permanece constante por mucho tiempo.
Nulla diu femina pondus habet.

Un largo viaje cambia a las mujeres.
Mutat longa via puellas.

Proudhon PJ.
En el orden mental la mujer no aporta nada personal: es un ser pasivo, enervante, de conversación y caricias agotadoras.

Debe huir de la mujer el hombre que quiera conservar en su plenitud las energías corporales y espirituales; la mujer es homicida.

Una mujer igual al hombre significaría el fin de la institución del matrimonio, la muerte del amor y la ruina de la raza humana.

No hay otra alternativa para las mujeres que la de ser amas de casa o prostitutas.

Proust, Marcel.
Du côté de chez Swann.
Decir que he estropeado años de mi vida, que he deseado morir, que mi gran amor ha sido una mujer que no me gustaba, que no era de mi clase.
Dire que j'ai gâché des années de ma vie, que j'ai voulu mourir, que j'ai eu mon plus grand amour, pour une femme qui ne me plaisait pas, qui n'était pas mon

Proverbio árabe
Lo que el diablo tarda en hacer un día, lo realiza la mujer en una hora.

Tan pronto como tu hija pueda llevarse el vaso a la boca, ya querrá lo mismo que su madre.

Aunque el candelabro de una mujer sea de oro, es el hombre quien debe sostener el candelabro.

Cuando tu gallina cacaree como un gallo, mátala.

Si no fuese por vergüenza, no habría ninguna mujer honesta.

Las mujeres siempre se dejan la inteligencia en casa.

La obediencia a la mujer conduce al infierno.

La vida está llena de infelicidad, y la mayor parte está producida por las mujeres.

Una sola mujer destruyó el Paraíso.

La mujer que te sonríe busca engañarte, la mujer que te llora ya te ha engañado.

No te fíes de tres cosas: del rey, del caballo ni de la mujer.

El rey atormenta, el caballo huye, la mujer es pérfida.

Proverbio castellano.
Hembra o dama sin compañero, es navío sin timón; nunca pueden hacer cosa que sea buena.

Proverbio chino
Un hombre tiene la edad de la mujer que ama.

Proverbio Chino
Los años que se quita una mujer nunca se pierden: van a parar a cualquiera de sus amigas.

Proverbio francés.
La mujer ríe cuando puede y llora cuando quiere.
Femme rit quand elle peut et pleure quand elle veut.

Proverbio italiano.
Lágrimas de mujer, fuente de malicia.
Lagrime di donna, fontana di malizia.

Proverbio maorí.
Por mujer y tierras se pierden los hombres.
By woman and land are men lost

Proverbio medieval.
Mentir, llorar, coser, son los dones de Dios a la mujer.
Fallere, flere, nere, Deus dedit in muliere.

Mientras la mujer llora, estudia nuevos engaños.

Proverbio portugués.
Las mujeres, donde están sobran; y donde no están, faltan.
As mulheres onde estão sobejam, e onde não estão faltam.

Publilio Siro
El llanto de mujer es aderezo de la maldad.
Muliebris lacrima condimentum est malitiae.

Las mujeres vencen a los hombres aconsejando mal.
Malo in consilio feminae vincunt viros.

La mujer que quiere parecer muy amable, no niega nada.
Quae vult videri bella nimis, nihil negat.

La mujer que se casa con muchos agrada a pocos.
Mulier quae multis nubet multis non placet.

Las mujeres aprendieron a llorar para mentir.
Didicere flere feminae in mendacium.

Mujer que piensa, seguro que piensa mal.
Mulier cum sola cogitat, male cogitat.

La mujer, o ama u odia, no conoce término medio.
Aut amat aut odit mulier, nihil est tertium.

Una mujer virtuosa gobierna a su marido obedeciéndolo.
Casta ad virum matrona parendo imperat.

El que puede cambiar de amor, puede renunciar a él.
Qui potest transferre amorem, potest deponere.

Quevedo y Villegas, Francisco de.
A un hombre casado y pobre.

Fue mártir, porque fue casado y pobre; hizo un milagro, y fue no ser cornudo.

Quevedo y Villegas, Francisco de.
Hastío de un casado al tercero día.

Mujer que dura un mes se vuelve plaga.

Quevedo y Villegas, Francisco de.
Libro de todas las cosas.

Para que sólo con haber hablado a una mujer, te siga a dondequiera que fueres, húrtala lo que tuviere, y te seguirá hasta el cabo del mundo, sin dejarte a sol ni a sombra.

Quevedo y Villegas, Francisco de.
Los sueños.

Porque veáis cuáles sois los hombres de desgraciados y cuán a peligro tenéis lo que más estimáis se ha de advertir que las cosas de más valor en vosotros son la honra, la vida y la hacienda; y la honra está en manos de las mujeres, la vida en manos de los médicos y la hacienda en manos de los escribanos.

Quevedo y Villegas, Francisco de.
Parnaso español, Euterpe 554.

Víbora, cocodrilo, caimán fiero, es la mujer, si el hombre la desecha.

Quevedo.
Obras completas. Aguilar, Madrid 1992.

Las mujeres dan a los maridos tres días o tres noches buenas, que es: la del desposorio, la primera vez que paren y cuando se mueren.

No se puede fiar un secreto a una mujer que no sea muerta.

Quintana
Poesía en el Panteón del Escorial.

¡Ay! Infeliz de la que nace hermosa

Racine, Jean.
Athalie.

Ella flota, ella duda; en una palabra, ella es mujer.
Elle flotte, elle hésite; en un mot, elle est femme.

Ramón y Cajal. Santiago
Los tónicos de la voluntad, 1897.

Cuando la tendencia altruista del varón predomina demasiado, la prole decae; por el contrario, si la tendencia femenil prepondera, medra la familia, pero padecen la sociedad y el Estado.

No es indiferente que la mujer sea para el hombre de estudios gas que lo eleve hasta el cielo o lastre que le obligue, en lo mejor de su vuelo, a aterrizar en un pantano.

Poquísimos son los austeros para quienes la bella mitad del género humano representa algo así como vistoso ejemplar de colección ornitológica.

El refinadísimo Napoleón sólo veía en la mujer una enfermera utilísima para la vejez.

La madre anhela vivir solamente en la memoria de sus hijos, mientras que el padre ansía, además, sobrevivir en los fastos de la historia.

Si la mujer es un mal, convengamos en que es un mal necesario.

Ramón y Cajal, Santiago.
Charlas de café, I.

Hay pocos lazos de amistad tan fuertes que no puedan ser cortados por un cabello de mujer.

La mujer posee un argumento más que el hombre: el beso.

La mujer es la píldora amarga que la naturaleza y el arte han dorado para que el hombre la trague más fácilmente.

Regnier, Henri de.
Las mujeres guardan en secreto todo lo que saben de sí mismas. De lo que conocen de otros son menos discretas.

Regnier, Henri.
Lui ou les femmes et l'amour (Demi-vérités).

Las mujeres raramente son amadas como ellas quisieran, es decir por un Dios todopoderoso que les diera todo y no les pidiera nada.
Les femmes son rarement aimées comme elles voudraient l'être, c'est-à-dire par un Dieu tout-puissant qui leur donnerait tout et ne leur demanderait rien.

No existen mujeres que sean peores que otras.
Il n'ya pas de femme pires que d'autres.

En todas las mujeres hay siempre una sola mujer; y en cada una de ellas hay siempre muchas mujeres.
Dans toutes les femmes il y a une femme et dans chacune il y en a plusieurs.

¡Qué difícil es saber por qué se amó a una mujer que hemos dejado de amar!
Comme il est difficile de savoir pourquoi on a aimé une femme qu'on n'aime plus!

Reid RL y Yen.
American Journal Obstetrics and Gynecology, 1981.

La fase premenstrual provoca un importante incremento de ingresos psiquiátricos, accidentes e intentos de suicidio en mujeres.

Reid RL.
Premenstrual Syndrome, a time for introspection. American Journal Obstetrics and Gynecology, 1987.

Los cambios bioquímicos premenstruales llegan a incidir devastadoramente en las vidas personales y profesionales de muchas pacientes y, sin embargo, hasta hace pocos años se consideraban estos fenómenos como inevitables, productos de la condición de mujer.

Reiss M, Reiss G
Lateral preferences in a German population. Percept Mot Skills. 1997 Oct. 85(2). P 569-74.

Entre las mujeres hay menos zurdas, o mejor dicho, menos de desarrollo de las habilidades de las extremidades izquierdas (tanto mano como pie). Sin embargo, las preferencias son similares para la vista y el oído.

Renard, Jules.
El amor es como un reloj de arena, en el que el corazón se va llenando conforme el cerebro se vacia.
Love is like an hourglass, with the heart filling up as the brain empties.

Renard, Jules.
Diario. Grijalbo Mondadori (en prensa). Citado en El País 12/09/98.

Es la más fiel de las mujeres: nunca ha engañado a ninguno de sus amantes.

Creo amar profundamente a mi mujer, pero de todo lo que dicen los grandes amantes

Don Juan, Rodrigo, Ruy Blas-, no hay una sola palabra que pudiera decirle a mi mujer sin echarme a reir.

Si un día muero por una mujer, será de risa.

Esa primita que, de joven, te gustaba por el frescor de sus mejillas, en la que hace años que no piensas y que desapareció de la vida de vigilia, regresa tentadora en el sueño, pega su cuerpo con tu cuerpo, te inflama, y el amanecer te deja un largo, un indefinible pesar.

Una joven inglesa deja esta carta: "Voy a suicidarme. La cena de papá está en el horno".

Amo a todas las mujeres, hago locuras por ellas, me arruino en sueños.

Renard, Jules.
L'oeil clair.
El desprecio de la mujer por el pensamiento del hombre responde al desprecio del hombre por la inteligencia de la mujer.
C'est le mépris de la femme pour la pensé de l'homme qui répond au dédain de l'homme pour l'intelligence de la femme.

Rey, Étienne.
Maximes morales et immorales.
Para muchas mujeres, amar a un hombre consiste en engañar a otro.
Pour beaucopu de femmes, aimer un homme, c'est en tromper un autre.

Reyes, Alfonso.

La diferencia entre el hombre y la mujer es que la mujer tiene mala ortografía.

Riesco Le-grand, Inocencio María.
Tratado de Embriología sagrada. Madrid 1848.

Cuando quedan embarazadas, las mujeres buenas, confiadas, y alegres, se hacen iracundas, celosas, y taciturnas; en fin, cambian digámoslo así de carácter. Tengan esto presente los confesores, para apreciar la voluntariedad de los actos de ciertas mujeres embarazadas.

Riesman, D.
The lonely crowd. Knopf, New York 1953.

Cualquier esfuerzo que hace la mujer para participar en el mundo real es un deseo de compensar su carencia de miembro viril, el órgano del poder y la creatividad.

Roda, Nicolás de.
citado en F. Izquierdo. Guía secreta de Granada.

Sigue, urraca parlera, y nunca acabes; habla por boca, y ojos y marices; pues aunque nunca sabes lo que dices, al menos siempre dices lo que sabes.

Rojas, Fernando de.
El Caín de Cataluña, 1ª.
Las mujeres de cualquier hombre travieso, luego son unas santicas.

Rojas, Fernando de.
La Celestina.
Los atavíos hacen la mujer hermosa aunque no lo sea; tornan la vieja moza, y la moza, más.

El demonio y la mujer deshonesta quitan el fruto de las almas y destruyen la hacienda del cuerpo...

Las mujeres perdidas estragan los más ricos patrimonios, *ad diluendas opes.*

Las mujeres quieren que adivinen lo que quieren. ¡Oh qué plaga! ¡Oh qué enojo! ¡Oh qué hastío es conferir con ellas más de aquel breve tiempo que son aparejadas de deleite!

¡Qué imperfección (en las mujeres), qué albañares debajo de templos pintados!

Las mujeres son arma del diablo, cabeza de pecado, destrucción de paraíso.

Todo lo que (las mujeres) piensan, osan sin deliberar.

Te repruebo que sometes la dignidad del hombre a la imperfección de la flaca mujer.

Así como la materia apetece la forma, así la mujer al varón.

A quien más quieren (las mujeres), peor le hablan.

Destas otras (mujeres), ¿quién te contaría sus mentiras, sus tráfagos, sus cambios, su liviandad, sus lagrimillas, sus alteraciones?

¿Sabes qué hacen (las mujeres)? Cosas que es difícil entenderlas. No tienen modo, ni razón, ni intención.

Las mujeres y el vino hacen a los hombres renegar.

¡Considera (en las mujeres) qué sesito está debajo de aquellas grandes y delgadas tocas! ¡Qué pensamientos so aquellas gorgueras, so aquel fausto, so aquellas largas y autorizantes ropas!

(Te contarían de las mujeres) sus disimulaciones, su lengua, su engaño, su olvido, su desamor, su ingratitud, su inconstancia, su testimoniar, su negar, su revolver, su presunción, su vanagloria, su abatimiento, su locura, su desdén, su soberbia, su sujeción, su parlería, su golosina, su lujuria y suciedad, su miedo, su atrevimiento, sus hechicerías, sus embaimientos, sus escarniso, su deslenguamiento, su desvergüenza, su alcahuetería.

Esta es la mujer, antigua malicia que a Adán echó de los deleites del paraíso; ésta el linaje humano metió en el infierno.

Ros.
Las mujeres son felices en cuanto encuentran un pretexto para hacerse ropa.

Rosaldo M, Lamphere L.
Women, culture and society.Stanford University Press, Standford 1974.

Aunque existen sociedades en las que las mujeres han alcanzado reconocimiento y poder social, ningún antropólogo ha observado una sociedad donde a las mujeres se les reconozca un poder y autoridad superior a los de los hombres.

Rostand, Jean.
Le mariage.

Todas las veces que cierres tus ojos frente a uno de sus errores, ella se convence de que no la has visto, o que no te atreves a reprenderla.
Toutes les fois que tu fermes les yeux sur un de ses torts, elle se persuade que tu ne l'as point vu, ou que tu n'oses point l'en reprendre. Elle ne se croit jamais épargnée, mais redoutée.

Tu mujer no es una excepción.
Ta femme n'est pas une exception.

No trates de convencer nunca a una mujer; jamás la convencerás, y especialmente a la tuya.
N'essaye pas de convaincre: tu ne convaincras jamais une femme, ni surtout la tienne.

No escrutes demasiado en su alma; si miras a fondo, en todas las mujeres hay motivo para dejar de amarlas.
Ne scrute pas trop curiosement son âme: il ya dans toutes, à y bien regarder, de quoi cesser de les aimer.

Rotrou.
Laure persécutée, IV, 2.

No hay nada más elocuente que el llanto de una mujer.
Rien n'est plus éloquent que les pleurs d'une femme.

Rousseau, Jean Jacques.

A las niñas no les gusta aprender a leer y escribir y, sin embargo, siempre están dispuestas para aprender a coser.

Una mujer letrada será soltera toda la vida, mientras haya hombres sensatos en la Tierra.

Rousseau, Jean Jacques.
Emilio o La educación (1762)

Cuando en la tierra sólo haya hombres sensatos, toda muchacha letrada quedará doncella toda la vida.
Toute fille lettrée restera fille toute sa vie, quand il n'y aura que des hommes sensés sur la terre.

La mujer está hecha para ceder ante el hombre, e incluso para soportar su injusticia.
La femme est faite pour céder à l'homme et pour supporter même son injustice.

La dependencia es un estado natural de las mujeres, y las muchachas se dan cuenta de que están hechas para la obediencia.

Durante toda su vida las mujeres estarán sometidas a las duras e incesantes restricciones impuestas por las buenas maneras, y deben ser disciplinadas para soportarlas.

Las chicas son en general más dóciles que los niños y, en cualquier caso, tienen más necesidad de estar sometidas a una autoridad.

La mujer está hecha para satisfacer al hombre.

La educación de las mujeres debe estar totalmente dirigida a sus relaciones con los hombres: complacerles, serles útiles, ganarse su amor y estima, adiestrarlos en su infancia, cuidarles cuando son adultos. Tales son las tareas de las mujeres en todas las épocas, y para llevarlas a cabo deben ser adiestradas desde su infancia.

Al hombre le corresponde ser activo y fuerte; a la mujer, ser pasiva y débil.

Rousseau, Jean Jacques.
Citado por Balzac en: Fisiología del matrimonio.

El pudor procede de las coqueterías necesarias que todas las hembras despliegan para el macho.

Rousseau, Jean Jacques.
citado por Bosch et al 1999.

La mujer debe aprender a ser sumisa ante la injusticia, y a sufrir sin quejarse los males que su marido le inflija; la amargura y la obstinación no hacen más que multiplicar los sufrimientos de la esposa y los malos tratos del marido.

Debe acostumbrarse a las mujeres a soportar el yugo desde el principio, pues de este modo lo sentirán menos.

Roussin, André.
La voyante, I.

Lo único que cuenta para una mujer, es saber si se la abandona o si es ella la que se va.

La seule chose qui compte pour une femme, c'est de savoir si on la quitte ou si c'est elle qui s'en va.

Roussin, André.
Un amour qui ne finit pas.

Rápidamente, nada se parece tanto a una mujer legítima como una mujer que no lo es.
Trés vite rien ne ressemble à une femme légitime comme une femme qui ne l'est pas.

Uno se casa con una mujer..,. y un día se da cuenta de que es el marido de otra.
On épouse une femme... On s'aperçoit un jour qu'on est le mari d'une autre.

Rowland, Helen.
Un marido es lo que quede del amante después de extraer la fuerza.
A husband is what's left of the lover after the nerve has been extracted.

Rubin Z et al.
Sex Roles 1981; 7.

Respecto al matrimonio los hombres tienen ideas más románticas mientras que las mujeres tienden a ser más prácticas, valorando la seguridad económica tanto como la pasión.
Men were more likely to endorse romantic ideas about marriage, whereas women tended to be more pragmatic, often rating economic security as highly as passion.

Rubinow.
Journal of Reproductive Medicine, 1987.
Hay mujeres cuyas enfermedades psiquiátricas comenzaron con una disfunción del ciclo menstrual (amenorrea, menorragia o dismenorrea) y, a la inversa, mujeres con psicosis refractaria a tratamiento que curaron "milagrosamente" despúes de extirparles quirúrgicamente parte del útero o los ovarios.

Rubinstein., Helen.
No hay mujeres feas, sólo perezosas.

Ruckert, F.
Chinesisches Liedrbuch.

Cuando ya están a punto de caer, las mujeres intentan agradar.
Wenn sie streben zu gefallen, sind dem Fallen nah die Frauen.

Ruiz de Alarcón.
Las mujeres y los diablos caminan por la misma senda.

Runge, Max.
Das Weib in s. Geschlechtliche Eigenart, 1900, p. 3.

Muchas mujeres sanas cambian mentalmente durante la menstruación, especialmente los dos primeros días. Por eso, la mujer necesita protección durante la menstruación y deben limitarse sus esfuerzos. Todos los meses, durante varios días, está débil o enferma.
A very great number of healthy women are mentally different during menstruation, especially on the first and second days. Thus woman needs protection during menstruation. All demands on her strength must be remitted. Every month for several days she is enfeebled, if not downright ill."

Los experimentos fisiológicos enseñan que las funciones orgánicas de la mujer son rítmicas. La temperatura, la tensión arterial, la potencia motora y otras funciones siguen un ciclo que, en general, aumenta antes del comienzo de la menstruación y cae justo antes de que comience.
Physiological experiments teach that the organic functions of woman are rhythmical. Temperature, blood pressure, motor power, and other functions are subject to a cycle, which in general rises before the beginning of menstruation and declines immediately before and with its beginning.

Rusinyol, Santiago. (Atrib.)
La mujer hermosa es un peligro. La mujer fea, un peligro y una desgracia.

Sabina, Joaquín.
Como un explorador. Esta boca es mía (LP) 1994.

Que a veces gana el que pierde una mujer.

Saint-Laurent, Ives.
Las mujeres empeñadas en ser las primeras en lucir la última creación de la moda son justamente las que no deberían hacerlo.

Salacrou, Armand.
Histoire de rire, III.

Creemos que somos sus amantes, sólo somos sus cómplices.
Nous croyons être leurs amants, nous ne sommes que leurs complices.

San Agustín.
Casarse está bien, no casarse está mejor.

Es orden natural entre los humanos que las mujeres estén sometidas al hombre, porque es de justicia que la razón más débil se someta a la más fuerte.

La mujer es una bestia que no es firme ni estable; por ella vino la muerte.

San Alberto el Grande.
De secretis mulierum. Jacquart, Thomasset. Los admirables secretos de San Alberto el Grande, 1985.

Las viejas que aun tienen sus reglas y algunas que ya no la tienen regularmente, si miran a los niños pequeños acostados en su cuna les inoculan veneno por la vista. Es porque la retención de la menstruación engendra malos humores, y que siendo ya de bastantes años, no tienen casi calor natural para consumir y digerir dicha materia, y sobre todo las pobres, que no viven más que de carnes malas, que contribuyen mucho. Estas son más venenosas que las otras.

Tomad, dice, cabellos de una mujer, ponedlos bajo tierra bien sazonada, donde haya habido un estercolero durante el invierno, y al principio de la primavera o del estío, cuando el cabello se haya calentado por el calor del sol, engendrará serpientes, que seguidamente darán nacimiento a otras de la misma especie.

San Ambrosio
Puesto que la mujer condujo al hombre al pecado, es justo que reciba al hombre como la esclava a su amo.

San Ambrosio.
De poenitentia, 1, 13.

Las palabras de una mujer desenvuelta son redes que tiende la pasión; sus manos son nudos del amor.
Verba petulantis mulieris, cupiditatum retia sunt, manus eius, amoris nodus est.

San Bernardo.
La mujer es el órgano del diablo.

San Bernardo.
Citado en Malleus maleficarum, 1486.

En las mujeres, su corazón es una red donde impera una malicia insondable, y sus manos son como cuerdas para atar, pues cuando las ponen sobre cualquier criatura para embrujarla, siempre logran sus propósitos con la ayuda del demonio.

Las voces de las mujeres son silbidos de serpientes y aplican encatamientos nefastos a hombres y animales.

San Cipriano.
La mujer es un instrumento que emplea el diablo para perder nuestras almas.

San Clemente de Alejandría.
Toda mujer debería enrojecerse sólo de pensar que es mujer: ¡avergüenza el reflexionar sobre la naturaleza de la mujer!

San Epifanio.
La mujer es una criatura del demonio desde la cabeza a los pies. El hombre, por el contrario, solamente la mitad: de la cintura para arriba es criatura de Dios; de la cintura para abajo es una imagen del diablo al cuadrado.

San Gregorio Taumaturgo
Puede haber un hombre puro, una mujer..., jamás.

San Gregorio Magno.
La mujer tiene el veneno de la serpiente y la malicia del dragón.

San Isidoro de Sevilla.
Etimologías, XI.

Menstrua es la sangre superflua de las mujeres. Al contacto con esta sangre, los frutos no germinan; se agrían los mostos; se agostan las hierbas; los árboles pierden su fruta; el hierro se ve corroído por el orín; los bronces se vuelven negros. Si los perros comieran algo que ha estado en contacto con ello, se vuelven rabiosos. Y el betún asfáltico, que no se disuelve ni con hierro ni con agua, se desmorona al punto cuando es salpicado por esta sangre.

San Jerónimo.
Commentarius in Ezequiel, 18, Migne, P.L., XXV.

Cada mes el cuerpo pesado y apático de las mujeres es aliviado mediante una efusión de sangre inmunda. En ese período, si el hombre se acopla con la mujer, dicen que los niños concebidos contraen el vicio de la semilla, de manera que, de dicha concepción nacen leprosos y elefantiásicos, y que dicho pus venenoso hace en los dos sexos degenerar el cuerpo, olviéndoles diformes mediante la pequeñez o la enormidad de sus miembros.

San Jerónimo.
La mujer es la puerta del Diablo, la senda de la iniquidad, la picadura de la serpiente; en una palabra, un objeto peligroso.

San Juan Crisóstomo.
La mujer es enemiga de la amistad, castigo inevitable, mal necesario, tentación natural, calamidad deseada y peligro doméstico.
La mujer es una naturaleza ruda pintada con bellos colores.
De todas las bestias feroces, la más dañina es la mujer.

San Maquimo.
Sermón 9.

La mujer mala es tormento de la casa, naufragio del hombre, embarazo del sosiego, cautiverio de la vida, daño continuo , guerra voluntaria, fiera doméstica, disfrazado veneno y mal necesario.
Mulier mala viri naufragium, domus tempestas, quietis impedimentum, vitac captivitas, damnum quotidianum, pugna voluntaria, bellua conviva, exornata scila, malum necessariurm, (San Maqimo, sermón 9.)

San Metodio.
Lo único que puede regenerar a la mujer es la virginidad.

San Pablo
Corintios.

Las mujeres en la iglesia que callen; no les está permitido hablar.
Mulieres in ecclesiis taceant; non enim permittitur eis loqui.

¿Estás libre de mujer? No busques mujer.
Solutus es ab uxore? Noli quaerere uxorem.

El casado se preocupa de las cosas del mundo, de cómo agradar a su mujer; está, por tanto dividido.

Bien le está al varón abstenerse de mujer. Los que tienen mujer vivan como si no la tuvieran.

Los casados no pecan, pero tendrán su tribulación en la carne, porque en ese nivel han situado su existencia.

La mujer es gloria del varón, la mujer fue creada para el varón.

San Pablo.
Efesios, V.

El marido es cabeza de la mujer como Cristo es cabeza de la Iglesia.
Vir caput est mulieris sicut Christus caput est Ecclesiae.

Las mujeres estén sometidas a sus maridos.
Mulieres viris suis subditate sint.

San Pablo.
Timoteo.

La mujer debe oir la instrucción en silencio, con toda sumisión. No permito que la mujer enseñe ni que domine al varón. Porque Adán fue formado primero y Eva en segundo lugar.

La mujer debe aprender en silencio, con plena sumisión.

No consiento que la mujer enseñe ni domine al marido, sino que debe mantenerse en silencio.
Eva, seducida, incurrió en la transgresión. Se salvará por la crianza de los hijos si permaneciese en la fe, en la caridad y en la castidad, acompañada de la modestia.

Quiero que las mujeres se atavíen con hábito honesto, con pudor y modestia.

Sand, George.
Viuda y rica es el estado perfecto de la mujer.

Sanial-Duray, J.
Pensées sur l'homme.

Cuando una mujer quiere ser algo más que mujer es cuando peor está defendiendo sus propios intereses.
La femme n'entend et ne sert jamais plus mal ses intérêts que lorsqu'elle veut être plus que femme.

Sannazaro, J.
Égloga, VIII.

El que pone su esperanza en corazón de hembra, ara en el agua, siembra en la arena, y quiere coger el viento con una red.
Ne l'onde solca, e ne l'arena semina, e'l vago vento spera in rete accogliere, chi sue speranza fonda in cor di femina.

Santa Cruz, M. de.
Floresta española I, 9ª, III, 16..

La mujer es paraíso de los ojos, infierno de las almas, purgatorio de las bolsas y limbo del pensamiento.

Santa Teresa de Jesús.
Tengo experiencia de lo que son muchas mujeres juntas, ¡Dios nos libre!

Santo Tomás Apóstol.
Las mujeres no son dignas de la vida.

Santo Tomás de Aquino.
La mujer es un hombre sin completar, "mas occasionatus"

La mujer es, por naturaleza, sumisa al varón; porque el varón, por naturaleza, tiene una razón con mayor discernimiento.

Como individuo, la mujer es un ser endeble y defectuoso.

El padre debe ser más amado que la madre, pues es el principio activo de la procreación, mientras que la madre es tan sólo el principio pasivo.

Santo Tomás de Aquino
Summa Theologica, 156.S

La mujer tiene un temperamento débil y es de razonamiento inestable.

Saphir, M.G.
Ausgawählte Werke.

Es curiosa la memoria de las mujeres; piensan en el primer amado después de treinta años, pero del segundo se olvidan a los tres días.
Das Gedächtniss der Frauen ist kurios; an der ersten Liebhaber denken sie nach dreissig Jahren noch, den letzten vergessen sich in drei Tagen.

Nada es más inexorable que una vieja respecto a las pasiones de una joven.
Nichts ist unerbittlicher als eine betagte Frauensperson in Hinsicht auf die Liebschaften einer jungen.

El hombre más sensato se convierte en loco cuando ama; la muchacha más estúpida se hace sensata al amar.
Der gescheiteste Mensch wird ein Narr, wenn er liebt; das albernste Mädchen wird klug, wenn es liebt.

Savage Landor, W.
Imaginary conversations.

El disimulo es una virtud femenina y tan necesaria a la mujer como la religión.
Dissimulation is as feminine a virtue and as necessary to a woman, as religion.

Schaeffer, Robert.
The domain of patriarchy (www).

La mujer americana surge como, probablemente, el más privilegiado de los grandes grupos de las historia, disfrutando de un nivel nunca visto de influencia, poder, ocio y salud. Y lo hacen aprovechando el trabajo, disciplina y esfuerzos de otro grupo, sus hombres, a los que han engañado haciéndoles creer sus quejas de que ellas son las víctimas.

The American woman emerges as perhaps the most privileged large group in history, enjoying a never-before- seen level of affluence, power, leisure, and health, supported by the work, discipline, and self-effacing, life-destroying exertions of a group they have bamboozled- their men- into believing their cries of victimization.

Scherr, J.
del Junggesellenbrevier, de F.Voneisen.

Para el hombre el amor es sólo una parte del desarrollo de su ser; para la mujer, es el todo de todas las cosas, substancia vital, cielo e infierno.

Für den Mann ist die Liebe nur eine Entwickelungsphase seines Wessens, für das Weib ist sie alles in allem, Lebenssubstanz, Himmel und Hölle.

Schiller.
Macht des Weibes

La belleza femenina es la verdadera reina de la mujer; donde aparece domina y domina tan sólo porque se muestra.

Schopenhauer, Arthur.
La mujer tiene su única razón de ser en la propagación de la especie.

Schopenhauer, Arthur.
El amor, las mujeres y la muerte. Edaf, Madrid 1993

Las cualidades intelectuales (del hombre) no ejercen sobre la mujer ninguna acción directa o instintiva, precisamente porque el padre no las transmite a sus hijos. La necedad no perjudica para con las mujeres. Con frecuencia causa un efecto desfavorable por su desproporción un talento superior o el genio mismo.

Las cualidades intelectuales tienen una gran influencia tratándose de la mujer porque se transmiten por la madre.

De este defecto fundamental (el disimulo como innato en la mujer) y de sus consecuencias nacen la falsía, la infidelidad, la traición, la ingratitud, etc. Las mujeres perjuran ante los tribunales con mucha más frecuencia que los hombres, y sería cuestión de saber si debe admitírselas a prestar juramento.

Los hombres son naturalmente indiferentes entre sí; las mujeres son enemigas por naturaleza. Esto debe depender de que el "odium figulinum", la rivalidad, que está restringida entre los hombres a los de cada oficio, abarca en las mujeres a toda la especie, porque todas ellas no tienen más que un mismo oficio y un mismo negocio.

Sólo el aspecto de la mujer revela que no está destinada ni a los grandes trabajos de la inteligencia ni a los grandes trabajos materiales.

En general, (las mujeres) hacen muy poco caso de la hermosura (en los hombres), sobre todo de la del rostro, como si ellas solas se encargasen de transmitirla al hijo. La fuerza y la valentía del hombre son, sobre todo, las que conquistan su corazón. (...) Todo defecto corporal del hombre, toda desviación del tipo, puede suprimirlos la mujer para el hijo en la generación si las partes correspondientes en la constitución de ella a las defectuosas en el hombre son intachables o aun están exageradas en sentido inverso. Sólo hay que exceptuar las cualidades del hombre peculiares de su sexo, y que, por consiguiente, la madre no puede dar al hijo. (...) De aquí procede que a menudo amen las mujeres a hombres feísimos, pero nunca a hombres afeminados, porque no pueden ellas neutralizar semejante defecto.

Lo que hace a las mujeres particularmente aptas para cuidarnos y educarnos en la primera infancia, es que ellas continúan siendo pueriles, fútiles y limitadas de inteligencia.

La primera máxima del honor femenino ha sido, pues, que es preciso rehusar sin misericordia al hombre todo comercio ilegítimo, a fin de obligarle al matrimonio como una especie de capitulación, único medio de proveer a toda la gente femenina. (...)Todas las mujeres con verdadero espíritu corporativo velan por su ejecución.

La moral secreta, inconfesa y hasta inconsciente, pero innata, de las mujeres consiste en esto: "Tenemos fundado derecho a engañar a quienes se imaginan que, proveyendo económicamente a nuestra subsistencia, pueden confiscar en provecho suyo los derechos de la especie que es a nosotras a quienes se nos ha confiado; en nosotras descansa la constitución y la salud de la especie; la creación de la generación futura.

Las leyes que rigen el matrimonio en Europa suponen a la mujer igual al hombre, y así tienen un punto de partida falso. En nuestro hemisferio monógamo, casarse es perder la mitad de sus derechos y duplicar sus deberes.

Preciso ha sido que el entendimiento del hombre se oscureciese por el amor para llamar bello a ese sexo de corta estatura, estrechos hombros, anchas caderas y piernas cortas. Toda su belleza reside en el instinto de amor que nos empuja a ellas.

Las mujeres son el "sexus sequior", el sexo segundo, desde todos los puntos de vista, hecho para estar a un lado y en segundo término. Cierto que se deben tener consideraciones a su debilidad; pero es ridículo rendirles pleito homenaje, y eso mismo nos degrada a sus ojos.

El matrimonio es una celada que nos tiende la naturaleza.

Las cualidades del corazón o del carácter en el hombre son las que atraen a la mujer, porque el hijo recibe estas cualidades de su padre. Ante todo sirven para ganar a la mujer una voluntad firme, la decisión y el arrojo y acaso la rectitud y la bondad de corazón.

La pasión se funda en una ilusión de felicidad personal, en provecho de la especie; una vez pagada a ésta el tributo, al decrecer la ilusión tiene que disiparse.

En el fondo de su corazón, las mujeres se imaginan que los hombres han venido al mundo para ganar dinero y las mujeres para gastarlo.

La posición social que ocupa un hombre depende de mil consideraciones; para las mujeres, una sola circunstancia decide su posición: el hombre a quien han sabido agradar.

El león tiene dientes y garras, el elefante y el jabalí colmillos de defensa, cuernos el toro, la jibia tiene su tinta con que enturbiar el agua en torno suyo; la naturaleza no ha dado a la mujer más que el disimulo para defenderse y protegerse. Esta facultad suple a la fuerza que el hombre toma del vigor de sus miembros y de su razón.El disimulo es innato en la mujer, lo mismo en la más aguda que en la más torpe.

El principio del honor de las mujeres es un "espíritu de cuerpo' útil, indispensable, pero bien calculado y fundado en el interés.

¡Tanto es lo que le deslumbra (al hombre) esa ilusión que se desvanece en cuanto queda satisfecha su voluntad de la especie y que deja tras de sí para toda la vida una compañera a quien detesta!   Sólo así se explica que los hombres razonables y hasta distinguidos se enlacen con arpías y se casen con perdidas y no comprendan cómo han podido hacer tal elección. He aquí por qué los antiguos representaban a Cupido con una venda en los ojos.

El disimulo es innato en la mujer, lo mismo en la más aguda que en la más torpe. Es en ella tan natural su uso en todas ocasiones, como en un animal atacado el defenderse al punto con sus armas naturales. Obrando así, tiene hasta cierto punto conciencia de sus derechos, lo cual hace que sea casi imposible encontrar una mujer absolutamente verídica y sincera.

La débil razón de la mujer (...) padece miopía intelectual que, por una especie de intuición, le permite ver de un modo penetrante las cosas próximas; pero su horizonte es muy pequeño y se le escapan las cosas lejanas. De ahí viene el que todo cuanto no es inmediato, o sea, lo pasado y lo venidero, obre más débilmente sobre la mujer que sobre nosotros.

Las mujeres esperan y exigen de los hombres todo lo que ellas necesitan y apetecen. El hombre, en el fondo, no exige de la mujer más que una sola cosa.

Así, pues, las mujeres tienen que amañárselas de tal modo que los hombres no puedan obtener de ellas esa cosa única sino a cambio de encargarse de ellas y de los hijos futuros. De la maña que se den depende la felicidad de todas las mujeres. Para obtenerla es preciso que se sostengan entre sí y den prueba de espíritu de cuerpo. Por eso marchan como una sola mujer, en apretadas filas, al encuentro del ejército de los hombres, quienes, gracias al predominio físico e intelectual, poseen todos los bienes terrenales.

El hombre: he ahí el enemigo común que se trata de vencer y conquistar, a fin de llegar con esta victoria a poseer los bienes de la tierra.

Schopenhauer, Arthur.
Sämtliche Werke. Leipzig 1850.
El lugar correcto y natural de la mujer es el de un ser subordinado.

Schopenhauer, Arthur.
Sobre las mujeres (1851).
Es una especie de término medio entre el niño y el hombre, que es el verdadero ser humano.
La mujer es retrasada en todos los aspectos, está falta de razón y de moralidad.

Schopenhauer, Arthur.
Gedanken über vielerlei Gegenstände, XXVII.
El defecto fundamental del carácter femenino es carecer de sentido de la justicia.

Schopenhauer, Arthur. (Atrib.)
Las mujeres: cabellos largos, ideas cortas.

Selden.
Tablertalk.
Si un hombre hiciese el amor de modo normal, su amada no le haría caso; y por eso tiene que gemir.
If a man should make love in a ordinary tone, his mistress would not regard him; and therefore he must whine.

Semonides de Amorgos.
De las razas de las mujeres.
Dios hizo a las mujeres diferentes desde un principio. A una la hizo de la híspida cochina, y en su casa anda todo revuelto y rezumando porquería; pero ella, sucia y aposentada en la basura, engorda. Otra, a quien Dios formó de la maligna zorra, lo sabe todo; nada malo se le escapa y tampoco nada bueno. Otra sale a la perra vivaracha, fiel estampa de su madre, que quiere oirlo todo y enterarse, y atisbando se mete en todas partes. A otra la modelaron con barro y salió torpe; no sabe nada, bueno ni malo, no entiende de labores sólo de hincar el diente. Y otra, hecha de la comadreja, es una especie mala y ruin, sin nada amable o bello, nada que satisfaga o se desee; estando loca por ir a la cama, le da náuseas al hombre disponible. Otra sale a la mona, la peor calamidad que Zeus envía al hombre; es muy fea de cara, y cuando cruza el pueblo, a todos les da la risa; sabe todos los trucos y maneras, como una mona; no quiere hacer el bien sino que planifica cómo hacer a la gente el mayor daño.

La cosa más mala que hizo Zeus es la mujer. Pensamos que nos sirve y es lo más malo para el que la tiene.

Semonides de Amorgos.
frag. 7, "Diehl".

Todo el que vive con mujer, no espere pasar un día enteramente bueno.

Crió Dios la mujer, primeramente de entendimiento y juicio desprovista.

Semonides.
Citado por Fray Luis de León. La perfecta casada.

Hay mujeres cerriles y libres como caballos y otras resabidas como raposas.

Hay mujeres ladradoras, otras mudables a todos colores, otras pesadas, como hechas de tierra.

La mujer es como el mar, con sus períodos de tormenta y calma.

Séneca, Lucio Anneo.
Ya es buena cosa, en las mujeres malas, que sean abiertamente malas.

El único secreto que pueden guardar las mujeres, es lo que ignoran.

Shakespeare, William.
Si el llanto de las mujeres pudiera fecundar la tierra, por cada gota nacería un cocodrilo.

Shakespeare, William.
As you like it.

Cuando las mujeres piensan tienen que hablar.
Do you not know I am a woman? When I think, I must speak.

La mujer nunca dejará de replicar, salvo que le falte la lengua.
You shall never take her without her answer, unless you take without her tongue.

La belleza atrae a los ladrones más que el oro.
Beauty provoketh thieves sooner than gold.

Agradezco a Dios no ser mujer para así librarme de tantas atolondradas acciones como se les achaca.
I thank God I am not a woman, to be touch'd with so many giddy offences as he hath generally tax'd their whole sex withal

Shakespeare, William.
Cymbeline, II, 5ª.

Las mujeres no son constantes ni para los vicios, pues tienen uno y al momento, lo cambian por otro que durará la mitad.
For even to vice they are not constant, but are changing still one vice, but of a minute old, for one not half so old as that.

En el hombre no nace la tendencia al vicio, yo afirmo que eso es culpa de la mujer: si hay mentiras, fíjate, son de la mujer; si adulaciones, suyas son; si pensamientos lujuriosos y violentos, suyos son también.
There's no notion that tends to vice in man, but I affirm it is the woman's part: be it lying, note it, the woman's; flattering, hers; deceiving, hers; lust and rank throughts, hers; revengers, hers.

Ambiciones, codicias, orgullos tornadizos, desdenes, antojos, maledicencias, versatilidad, todos, ciertamente todos los pecados que puedan nombrarse, y cuantos conoce el infierno, de las mujeres son todos o en parte; mejor dicho, todos.
Ambitions, covetings, change of prides, disdain, nice longings, slanders, mutability, all faults that may be named, nay, that hell knows, why, hers, in part or all; but ratherm all.

Shakespeare, William.
Hamlet.

(Hamlet a Ofelia): Si te empeñas en casarte, cásate con un tonto; porque los hombres avisados saben muy bien que clase de monstruos hacéis de ellos (las mujeres).

Fragilidad, tienes nombre de mujer.
Frailty, thy name is woman!

La Naturaleza os dió una cara, y vosotras (las mujeres) os fabricáis otra distinta.

Andáis dando saltitos, os contoneáis, habláis ceceando, y motejáis a todo ser viviente, haciendo pasar vuestra liviandad por candidez.

Ha sido breve como amor de mujer.

Shakespeare, William.
Lucrecia.

La belleza no necesita defensores a los ojos de los hombres; persuade por sí misma.
Beauty itself doth of itself persuade / The eyes of men without an orator.

Shakespeare, William.
Measure for measure, I, 4ª.

Cuando las doncellas suplican, los hombres otorgan como dioses.
When maidens sue, men give like gods.

Shakespeare, William.
Midsummer nigt's dream, II.

La razón y el amor van poco juntos en estos tiempos.
Reason an love keep little company together nowadays.

Shakespeare, William.
Romeo y Julieta.

¡Hermoso tirano, demonio angelical!
Beautiful tyrant, fiend angelical!

El hombre engorda a la mujer.

Mujeres, seres débiles.

Shakespeare, William.

All's well that ends well, II, 3.

Joven casado es hombre estropeado.
A young man married is a man that's marred.

Shakespeare, William.
Rey Lear.

¡Oh, inconcebible inconstancia de la mujer que más rápido que el relámpago pasa de un extremo al otro! No fíes tu noble corazón a la mujer, teme el dulce roce de su traje de seda y de su pequeño zapatito.

El llanto es la única arma de la mujer.

No fíes tu noble corazón a la mujer, teme el dulce roce de su traje de seda y de su pequeño zapatito.

Shakespeare, William.
Citado por Severo Catalina. La mujer, III

La mujer es un manjar digno de los dioses cuando no lo guisa el diablo.

Shaw, George Bernard.
Ella había perdido el arte de la conversación, pero no, la capacidad de hablar.

Muchas mujeres coquetean con un hombre porque es inofensivo, y por la misma razón se cansan de él.

La mujer espera al hombre, pero como la araña espera a la mosca.

Shaw, George Bernard.
Man and superman (1903).

De todas las luchas, ninguna tan traicionera e implacable como la de la mujer madre y el hombre artista.
Of all human struggles there is none so treacherous and remorseless as the struggle between the artist man and the mother woman.

Silverman.
Citado por Bardwick, JM.

"Lo masculino" equivale a objetivo, analítico, activo, inclinado al pensamiento, racional, indómito, entrometido, obstaculizador, independiente, autosuficiente, controlado emocionalmente y seguro de sí mismo. "Lo femenino" corresponde a subjetivo, intuitivo, pasivo, ternura, sensibilidad; es impresionable, dócil, repetivo, empático, dependiente, emocional y conservador.

Simmel, Georg.
On Individuality and Social Forms.

Para la mujer, la moda compensa, en cierto modo, su falta de posición profesional, dándole una sensación de solidaridad con un grupo más amplio.

Las mujeres, como todos los grupos en situación débil, tienden a adherirse firmemente a la "costumbre apropiada" y evitan la individualidad. Por ello, tienden a seguir la "moda", un campo ideal para individuos de naturaleza dependiente.

Simmel, Georg.
Soziologie. Leipzig 1908.

La existencia femenina tiene su sentido exclusivamente en aquello que el varón no quiere, o no puede, ser o hacer.

Simmel, Georg.
Weiblische Kultur (1902); en Dahme HJ, Köhnke KC. Schriften zur Philosophie und Soziologie der Geschlechter, Franacfort 1985.

Es el trabajo doméstico el único ámbito en el que la feminidad puede desarrollarse armónicamente. La casa es la gran aportación cultural de la mujer.

Simpson.
Nunca elijas mujer o lienzo a la luz de una vela.
Never choose your woman or linen by candle light.

En el infierno no hay tanta furia como en una mujer despechada.
Hell hath no fury like a woman scorned.

Smith MM.
Los disturbios menstruales pueden provocar una violenta y fatal insania (locura).

Smith, Smith.
1943, citado por Botella Llusia: Endocrinología de la mujer. 1982.

Hay una sustancia tóxica en los restos de mucosa de la menstruación y también puede detectarse en la saliva, sangre venosa, orina y sudor durante el período premenstrual.

Smith, Sydney.
Letter to Lady Holland, 1807.

La guerra es natural en las mujeres... por lo menos contra el propio sexo.
War is natural to women, as well as men... at least, with their own sex!

Sócrates.
Temed el amor de la mujer más que el odio del hombre.

Mi consejo es que te cases. Si encuentras una buena esposa serás feliz; si no, te convertirás en filósofo.

Tanto en matrimonio o soltería, dejad que el hombre tome la decisión que quiera. Estará seguro de arrepentirse.

Sófocles.
Escribid en el viento las palabras de la mujer que dice amaros.

Sófocles.
Aiace, V, 293.

El silencio es el mejor adorno de la mujer.

Somerville.
To Phyllis.

Sus lágrimas, sus promesas son todo un engaño, porque la mujer se ama solamente a sí misma.
Her tears, her vowes are all a cheat, for woman loves herself alone.

Sprenger, James; Kramer, Henry.
Malleus Maleficarum (Martillo de brujas), 1486.

Toda bruja procede de la lujuria carnal, que en las mujeres es insaciable, por lo que, para satisfacerse, copulan incluso con demonios

La mujer es más peligrosa que una trampa, que no es de cazador, sino diabólica.

La mujer es un enemigo adulador y oculto.

La mujer fue hecha de una costilla masculina, curvada, como si fuese en dirección contraria a la del hombre; y por culpa de ese fallo es un animal imperfecto y no puede más que engañar.

La maldad es natural en la mujer porque es más carnal que el hombre, tiene una lujuria insaciable.

Springer SP, Deutsch G.
Left brain right brain. WH Freeman, New York 1993.

El cerebro del hombre tiene una mayor lateralización, siendo la diferencia con la mujer muy pequeña pero significativa.
There is a very small but consistent greater degree of lateralisation in male humans.

Steinen, Gloria.
Las mujeres son el único grupo que se va haciendo más radical con la edad.
Women may be the one group that grows more radical with age.

Stendhal (Marie Henri Beyle Gagnon).
El mayor defecto de las mujeres, el más ofensivo de todos para un hombre un poco digno de este nombre, es su preocupación de la opinión pública.

Las mujeres demasiado bellas sorprenden menos el segundo día.

Stendhal (Marie Henri Beyle Gagnon).
De l'amour (1822).

Una mujer pertenece por derecho al hombre que la ama.
Une femme appartient de droit à l'homme qui l'aime.

Mujer sentimental, el hombre alegre y de felicidad fácil no puede amar con la pasión que tu corazón precisa.
Femme tendre, l'homme à l'humeur gaie et douce et au bonheur facile ne peut aimer avec la passion qu'il faut à votre coeur.

La infidelidad es tan diferente en los dos sexos que una mujer apasionada puede perdonarla y pero para un hombre eso es imposible.
La différence de l'infidelité dans les deux sexes est si réelle qu'une femme passionnée peut pardonner une infidelité, ce qui est impossible à un homme.

Las mujeres de cierta edad que antes tuvieron muchos amantes piensan reparar su reputación mostrándose exageradamente severas con las jóvenes cuando caen en los errores que ellas ya no pueden cometer.

El fluído nervioso se gasta en los hombre por el cerebro y en las mujeres por el corazón.

Stern, Daniel.
Pensées.

Lo que falta esencialmente al espíritu de las mujeres es el método. Por eso es la casualidad lo que interviene en sus razonamientos y, demasiadas veces, también en su virtud.
Ce qui manque essentiellement à l'esprit des femmes, c'est la méthode. De là, le hasard introduit dans leurs raisonnements, et trop souvent, aussi dans leurs vertus.

Stevenson, Robert Louis.
Virginibus puerisque. En: Virginibus puerisque y otros ensayos. Alianza

El matrimonio es un campo de batalla y no un lecho de rosas.

A las muchachas y a los muchachos se les enseñan cosas distintas. Cuando veo a un mozo ternezuelo y a una inexperta muchacha ir alegremente, como quien va en romería cantando y bailando a formalizar el serio contrato del matrimonio con ideas tan monstruosamente divergentes, no me maravillo de que muchos naufraguen, sino de que alguno consiga llegar a puerto.

Los tiempos cambian para el que se casa. Habéis introducido un testigo en vuestras vidas. Casarse es tener en nuestra casa el ángel que registra nuestras buenas y malas acciones. Una vez casados no queda otro camino que ser bueno.

En la vida de un hombre no hay, probablemente, acto alguno realizado tan a ciegas y a locas como éste del matrimonio.

No son más que criaturas humanas que conocen qué clase de trampas y armadijos se esconden bajo sus pies y cómo la sombra del matrimonio espera, resuelta y terrible, en las encrucijadas. Se disponen al matrimonio como se dispondrían para morir. Las dos cosas parecen inevitables.

Sabemos de sobra que aquel amigo se nos casará y nos pondrá de patitas en la calle. De un modo u otro la vida va apartando a los hombres y rompe para siempre la buena camaradería.

El matrimonio merma y apaga el espíritu de los hombres generosos. En el matrimonio el hombre sufre una adiposa degeneración de su ser moral.

El ambiente de al lado de la chimenea marchita todo generoso brote en el corazón del marido. Se encuentra tan a gusto y tan feliz, que empieza a preferir ese bienestar a todo lo demás sobre la tierra. Veinte años atrás, este hombre hubiera sido igualmente capaz de crimen que de heroísmo; hoy es incapaz de lo uno y de lo otro. Su alma está dormida. No en vano, Don Quijote fue soltero.

El matrimonio es de tanta utilidad para una mujer, abre para ella tantos horizontes, tantas vías de libertad y tantas posibilidades que, lo mismo si se casa bien que mal, difícil será que no saque algún provecho.

Si buscamos la flor de los hombres y de las mujeres, tendremos que echar mano de un buen solterón y de una buena esposa.

Veo hombres que viven a gusto unidos a fregonas gritadoras o que introducen en su vida agrias vestales. Se suele responder que esa buena gente se casa porque se enamora. Si esto fuera amor, los poetas habrían estado divirtiéndose a costa de la humanidad.

Si sólo se casaran los que estuvieran de verdad enamorados, mucha gente moriría soltera.

Despues de todo, no importa mucho con quién nos casemos. El matrimonio es una afección subjetiva y, si ya lo hemos meditado y nos hemos hecho el ánimo a él, podemos "apechugar" con cualquiera.

El matrimonio es una especie de amistad reconocida por la policía.

Ninguna mujer debe casarse con un hombre que sea abstemio o que no fume.

Cualquier cosa que retenga al hombre en el jardín, que refrene su fantasía o ambición, cualquier cosa que coopere a la indolencia o al sentirse a guto, favorece la felicidad doméstica.

El matrimonio es aterrador.

Suetonio.
Vespasiano 16, 5.

La zorra cambia de pelo, no de costumbres.
Vulpes pilum mutat, non mores.

Susarion.
Fragmentos.

¡Oid pueblos! Esto os dice Susarión Tripodisquio: las mujeres son un gran mal.

Sydney, P.
Arcadia, III.

Un no en boca de una mujer no es una negación.
No is no negative in a woman's mouth.

Tácito
Anales.

El sexo femenino, si se le da facultad para obrar, es cruel, ambicioso, ávido de poder.
Feminarum sexus, si licentia adsit, saevus, ambitiosus, potestatis avidus.

Cuando una mujer ha perdido el pudor, ya no es capaz de oponerse a nada.
Neque femina, amissa pudicitia, alia abnuerit.

Es culpa del varón si la mujer se sale de sus límites.
Viri culpa si femina modum excedat.

Tácito
Germania , 27, 7.

A las mujeres les está bien llorar, a los hombres no olvidar.
Feminis lugere honestum est, viris meminisse.

Tasso, T.
Gerusalemme liberada, XIV, 84.

La mujer es una cosa gárrula y falaz, quiere y no quiere.
Femmina è cosa garrula e fallace, vuole e disvuole.

El hombre que se fia de mujer está loco.
E folle uom che sen fide (della femmina).

Tennyson.
Merlin and Vivien.

El hombre sueña con la fama, mientras que la mujer se despierta para el amor.
Man dreams of fame while woman wakes to love.

El hombre con la cabeza, y la mujer con el corazón; el hombre para mandar y la mujer para obedecer; todo lo demás es confusión.
Man with the head and woman with the heart; man to command and woman to obey; all else confusion.

El hombre para el campo y la mujer para el hogar; el hombre para la espada y ella para la aguja.
Man for the field and woman for the hearth; man for the sword and for the needle she.

Tennyson.
The princess.

El hombre es el cazador; la pieza es la mujer.
Man is the hunter; woman is his game.

Teócrito.
Idilios, VI.

La mujer está hecha así: ligera y voluble, os rehuye si la amáis, y os ama si la rehuís.

Teognis.
Colección Teognidea.

No conviene a un hombre viejo casarse con mujer joven, pues no obedece al timón; igual que una barca ligera se desprende de sus amarras con frecuencia y por las noches encuentra otro puerto.

Terencio, Publio.
Andria.

Confieso que amo a esta mujer; si esto es un pecado, como tal lo confieso.
Ego me amare hanc fateor; si id peccare est, fateor id quoque.

Los amantes son dementes.
Amantes amentes.

Terencio, Publio.
Comedias.

Mientras las mujeres se acicalan y se peinan pasa un año.
Dum moliuntur, dum comuntur, annus est.

Tertuliano
De habitu mulieri

La mujer es puerta del diablo, descubridora del árbol vedado, desamparadora de la ley de Dios, persuasora del hombre, a quien el diablo no osó tentar.

Tertuliano (Quinto Septimio Florens)
¡Mujer! Tú eres la entrada del diablo, tú quien ha violado el árbol prohibido, y la primera que desertó de la ley divina.

La mujer es un ser que debería ir cubierto de andrajos y vestido de luto, con los ojos anegados en lágrimas, porque ha perdido al género humano.

Thackeray.
The Newcomes, 25.

Ser bella es suficiente. Si una mujer puede hacer este bien, ¿quién osará exigirle más?
To be beautiful is enough. If a woman can do that well: who shall deman more from her?

Thackeray.
A shabby genteel story, 6.

Existen ciertas bajezas incluso demasiado bajas para el hombre; la mujer puede cometerlas.
There are some meannesses wich are too men even for man; woman, lovely woman alone, can venture to commit them.

Thiselton-Dyer
Cuando el asno trepe por una escalera de mano encontraremos sabiduría en una mujer.
When an ass climbs a ladder, we may find wisdom in a woman

Thornhill R.
Mate choice in Hylobittacus apicadis (Insecta: Mecoptera).

La hembra de la mosca escorpión rehúsa aparearse con el macho a menos que le traiga un buen regalo, que suele ser un insecto muerto. Mientras la hembra se lo come, el macho copula con ella. Si el regalo es pequeño y se consume antes de terminar, la hembra expulsa al macho sin que haya depositado todo el esperma.

Thulié.
citado en revista Alma Española
El hombre es la lucha; la mujer es el amor.

Tibulo.
Pérfida, y aunque pérfida, querida.
Perfida, sed quamvis perfida, cara tamen.

Tirso de Molina.
Porque mujer y callar son dos incompatibles.

Tolstoy, Leo.
Las mujeres saben muy bien que lo que llamamos amor sublime y romántico depende, no de sus cualidades morales, sino de su manera de peinarse y del color y corte de sus vestidos.

Tolstoy, Leo.
El trabajo y el lujo.

Las mujeres son las que crean la opinión pública.

Tolstoy, Leo.
Guerra y paz

He tropezado con hombres enamorados, nobles y elevados, pero mujeres, salvo las que se venden (condesa o cocinera, que para el caso es lo mismo), no he hallado ninguna.

Las mujeres no comprenden nada; no les cabe en la cabeza que esos sentimientos, que esos pensamientos a los que conceden tanta importancia, no son necesarios.

El egoísmo, la ambición, la estupidez, la nulidad en todo: he aquí a las mujeres cuando se muestran tal como son.

Las mujeres no hacen otra cosa que hablar continuamente.

Tolstoy, Leo.
Citado en: Johnson P. Intellectuals. Weidenfeld & Nicolson, London 1898.

Por lo general, la mujer es estúpida, pero el Diablo le presta cerebro cuando trabaja para él. Entonces ella realiza prodigios de pensamiento, perspicacia y constancia para llevar a cabo alguna vileza.
[Woman] is generally stupid, but the Devil lends her brains when she works for him. Then she accomplishes miracles of thinking, farsightedness, constancy, in order to do something nasty.

Topinard.
París, 1873.

El hombre que combate por dos o más en la lucha por la supervivencia, que carga con todas las responsabilidades y preocupaciones del día de mañana, que está contínuamente en activo, combatiendo contra el ambiente y contra sus rivales humanos, necesita más cerebro que la mujer a la que debe proteger y alimentar, la mujer sedentaria, carente de vida interior alguna, cuyo papel es criar hijos, amar y ser pasiva.

Torredellas, P.
Coplas de las calidades de las donas.

Las mujeres son todas natualmente malignas y suspicaces, indiscretas y mentirosas, y mudables ciertamente, vuelven como hoja al viento.
(Mugeres) son todas naturalmente malignas et sospechosas, non secretas et mintrosas, et movibles ciertamente; vuelven como foja al viente.

335

Toulet, Paul-Jean.
La mujer raramente nos perdona ser celosos pero, si no lo fuésemos, no nos lo perdonaría nunca.

Toulet, Paul-Jean.
Monsieur du Paur, VII, 11.

El amor es como esos hoteles que sólo ponen muebles de lujo en el vestíbulo.
L'amour est comme ces hôtels meublés dont tout le luxe est au vestibule.

Tournier, A.
Pensées d'automne.

Si las mujeres fueran verdaderamente sinceras en su amor por el marido y en el temor de agradar a otros hombres, se afearían para salir y se enbellecerían para quedarse en el hogar.
Si les femmes étaient vraiment sincères dans leur amour par le mari et dans la crainte de plaire à d'autres hommes, elles s'enlaideraient pour aller dans le monde et s'embelliraient pour rester à la maison.

Cuando los hermosos ojos de la mujer están velados por lágrimas, el que deja de ver claro es el hombre.
Quand les beaux yeux de la femme sont voilés par les larmes c'est l'homme qui ne voit plus clair.

Trueba, A. de.
Máximas morales autógrafas.

Las mujeres son niños grandecitos.

Turguéniev, Ivan.
El primer amor. Unidad Editorial, Madrid 1998.

Hijo mío, huye del amor de la mujer, huye de esa dicha, de ese veneno.

Turner, Lana.
Un hombre de éxito es el que gana más dinero del que puede gastar su esposa. Una mujer de éxito es la que puede encontrar a tal hombre.
A succesful man is one who makes more money than his wife can spend. A succesful woman is one who can find such a man.

Twain, Mark.
Experience of the Mc Williamses with Membraneous Croup

Las mujeres casadas no admiten ni la más juiciosa sugerencia sin discutirla.

Unamuno, Miguel de.
La mujer se viste sobre todo para las demás mujeres.

Valerio, Maximo.
Sentencias.

La mujer es audaz en todo cuanto concierne a su amor o a su odio, y tiene muchas artimañas para hacer daño cuando quiere.

Audax est ad omnia quaecumque amat vel odit foemina; et artificiosa est nocere cum vult.

Valleinclán, Ramón M. de.
Sonata de primavera.

Siempre he creído que la bondad de las mujeres es todavía más efímera que su hermosura.

van Wijk CM, Kolk AM
Sex differences in physical symptoms: the contribution of symptom

Las mujeres se quejan más que los hombres de síntomas físicos.

Vanburgh.
The mistake, 11, 1.

Una mujer despreciada no conoce límites para su cólera.
A slighted woman know no bounds.

Veber, Pierre.
Dans un fauteil.

Una mujer confiesa toda la verdad a Dios, casi toda la verdad a su confesor, la mitad de la verdad a su amigo y la vigésima parte de la verdad al hombre que ama. Ved lo que queda para el que ella no quiere.
Une femme dit toute la vérité a Dieu, presque toute la vérité à son confesseur, la moitié de la vérité à son ami, et la vingtième de la vérité à celui qu'elle aime. Vous voyez ce qui reste pour celui qu'elle n'aime pas.

Veil, Simone.
Europa, ¿una oportunidad para las mujeres? En: Veil S et al. La mujer en el umbral del siglo XXI. Editorial Complutense, Madrid 1998.

Las aspiraciones de las mujeres son complejas, y a veces incluso contradictorias.

Verne, Julio.
De la tierra a la luna.

Las solteronas particularmente, las que habían pasado cuarenta años llamando inútilmente a un marido caritativo, estaban día y noche contemplando sus fotografías.

Vicente, Gil.
Poema. En Antología "Cien Poemas de Amor"

Halcón que se atreve con garza guerrera, peligros espera. (...) Las lides de amor son de altanería.

Vigny, Alfred de.
Journal d'un poète, 22/05/1836.

Todos los vicios de la mujer vienen de su libertad y de no tener nada que hacer.
La femme est trop libre. Tous ses vices viennent de sa liberté, de la place qu'elle a dans la vie, trop grande, et n'ayant rien ià faire.

Vigny, Alfred de.

Les destinées: la colère de Samson, 60.

De una forma u otra, la mujer siempre es Dalila.
Et, plus ou moins, la Femme est toujours Dalila.

Villiers de l'Isle-Adam.
Pensées.

La inestabilidad forma parte del encanto femenino.

Virgilio
Eneida.

El jefe de la empresa es mujer.
Dux femina facti.

La mujer siempre es variable y tornadiza.
Varium et mutabile semper femina.

Vives, Luis.
De christiana femina, 1, de Virginitate.

En la mujer, la castidad vale por todas las cosas.
In femina, pudicitia instar est omnium.

A la mujer que desechó el pudor, no creas que le quede nada.
Nihil mulieri restare credas, quae pudicitiam adiecit.

Vogt.
Lectures on Man. (Citado por Darwin. The descent of man and selection in relation to sex , 1874).

Con la evolución de la raza se hacen más grandes las diferencias entre sexos, en cuanto al volumen craneal. De ese modo, la cavidad del cráneo del macho europeo es mucho mayor que la de su hembra, superando la diferencia del negro respecto a la negra.
It is a remarkable circumstance, that the difference between the sexes, as regards the cranial cavity, increases with the development of the race, so that the male European excels much more the female, than the negro the negress.

Voltaire
Las mujeres parecen veletas: sólo se detienen cuando se oxidan.
Les femmes ressemblent aux girouettes: elles se fixent quand elles se rouillent.

Una mujer amablemente estúpida es una bendición del cielo.

El matrimonio es la única aventura en que está permitido ser cobarde.

El primero que comparó a la mujer con una flor fue un poeta; el segundo, un imbécil.

Voltaire.
Histoire de Jenni.

Todas las contradicciones se dan cita en el corazón de las mujeres.
C'est dans le coeur des femmes que toutes les contradictions se rassemblent.

von Chamiso, A.
Gedichte, Lebenslieder u. Bilder, 19. 1831.

El amor abarca toda la vida de la mujer; es su cárcel y su reino celestial.

von Dincklage, E.
Treue Seelen (Einleintung).

El amor es el valor de las mujeres; es la estrella a que ellas dirigen sus miradas y la brújula de su viaje.

Walesa, Lech.
Las mujeres son para divertirse con ellas. En política prefiero no verlas.

Watt, I.
The Rise of the Novel. Harmondsworth 1963.

Las conversaciones entre mujeres suelen ser sobre personas, en proporción mucho mayor que cuando hablan hombres.
One comparative study of conversations showed that 37 per cent of women's conversations were about persons, as against 16 per cent of men's.

Weininger, Otto.
Sexo y carácter. Península, Barcelona 1985.

Es un error decir que las mujeres mienten. Eso implicaría que a veces dijeran verdad. La sinceridad, consigo mismas o hacia los otros es una virtud de la que las mujeres son absolutamente incapaces, algo imposible para ellas.
It is quite wrong to say that women lie. That would imply that they sometimes speak the truth. Sincerity, pro foro interno et externo, is the virtue of all others of which women are absolutely incapable, which is impossible for them! . . .

Es falsa la opinión habitual de que la mujer es religiosa. El misticismo femenino, cuando es algo más que simple superstición, consiste, bien en una sexualidad ligeramente encubierta o bien en una aceptación pasiva inconsciente de la perspectiva religiosa que tiene el hombre. Todas las grandes visionarias de la historia han sido histéricas.
The current opinion that woman is religious is equally erroneous. Female mysticism, when it is anything more than mere superstition, is either thinly veiled sexuality, or it is a mere passive and unconscious acceptance of man's religious views. All the great women visionaries known to history were hysterical.

Si la feminidad simplemente es inmoralidad, entonces la mujer deba dejar de ser femenina e intentar ser varonil.
If it be the case that womanliness is simply immorality, then woman must cease to be womanly and try to be manly.

Cuanto más analizamos la demanda de la mujer para que la estimemos, más debemos privarla de lo que es elevado y noble, grande y hermoso.
The further we go in the analysis of woman's claim to esteem the more we must deny her of what is lofty and noble, great and beautiful.

La mujer no es un ser libre sino que está completamente sometida a su deseo de ser influída por el hombre: ella está bajo el dominio del falo e, inevitablemente, sucumbe a su destino, incluso si logra una sexualidad activa.

Woman is not a free agent; she is altogether subject to her desire to be under man's influence, herself and all others: she is under the sway of the phallus, and irretrievably succumbs to her destiny, even if it leads to actively developed

Es completamente posible desear la igualdad ante la ley de hombres y mujeres sin creer que sean iguales moral e intelectualmente.

It is quite possible to desire the legal equality of men and women without believing in their moral and intellectual equality.

La mujer es falsa. Un animal tiene tan escasa realidad metafísica como la mujer real, pero no puede hablar y, por tanto, no pude mentir. La mujer siempre miente, incluso cuando objetivamente dice una verdad.

Woman is untruthful. An animal has just as little metaphysical reality as the actual woman, but it cannot speak, and consequently it does not lie. (...) So that woman always lies, even if, objectively, she speaks the truth. . . .

Para el hombre la amistad es un intento de coincidencia con otros que se esfuerzan en ideas similares. La amistad de la mujer es una conjunción con el propósito de emparejamientos. Ésta es la única relación íntima y sin reservas posible entre mujeres.

Man's friendship is an attempt to see eye to eye with those who individually and collectively are striving after the same idea; woman's friendship is a combination for the purpose of matchmaking. It is the only kind of intimate and unreserved intercourse possible between women.

La mayoría de los hombre en teoría respeta a las mujeres y en la práctica las desprecia. Este método debería invertirse: aunque sea imposible pensar bien de las mujeres, no debemos despreciarlas del todo.

Most men theoretically respect women, but practically they thoroughly despise them; according to my ideas this method should be reversed. It is impossible to think highly of women, but it does not follow that we are to despise them for ever.

Si alguna vez las mujeres se masculinizaran porque se hiciesen lógicas y éticas ya no serían un material tan adecuado para la proyeccción del hombre.

If women ever become masculine by becoming logical and ethical, they would no longer be such good material for man's projection

En un ser como la mujer no existen fenómenos lógicos o éticos y, por tanto, no hay base para asumir que tengan alma.

In such a being as the absolute female there are no logical and ethical phenomena, and, therefore, the ground for the assumption of a soul is absent.

La mujer está absolutamente lejos de la genialidad. No hay ninguna mujer que sea un genio, nunca hubo ninguna, y nunca puede haberla. ¿Cómo puede ser que un ser sin alma posea el genio?

The female must be described as absolutely without the quality of genius. There is no female genius, and there never has been one, and there never can be one. How could a soulless being possess genius?

Tener genialidad es tener profundidad y si alguien intentase combinar mujer y profundidad somo sujeto y predicado sería refutado por todas partes. Una mujer genio es una contradicción en los términos puesto que genio es simplemente masculinidad intensificada, perfectamente desarrollada y universalmente consciente.

The possession of genius is identical with profundity; and if any one were to try to combine woman and profundity as subject and predicate, he would be contradicted on all sides. A female genius is a contradiction in terms, for genius is simply intensified, perfectly developed, universally conscious maleness.

El que una mujer demande emanciparse y su cualificación para ello está en proporción directa con la cantidad de masculinidad que tenga.

A woman's demand for emancipation and her qualification for it are in direct proportion to the amount of maleness in her.

Todas las mujeres verdaderamente famosas o de notable apacidad mental muestra, a primera vista, algunas características anatómicas del macho, algún parecido corporal con el hombre. Las denominadas "mujeres" admiradas en el pasado y en el presente como ejemplo de lo que las mujeres pueden ser, han sido, casi sin exepción, lo que yo he descrito como formas sexualmente intermedias.

All women who are truly famous and are of conspicuous mental ability, to the first glance of an expert reveal some of the anatomical characters of the male, some external bodily resemblance to a man. Those so-called "women" who have been held up to admiration in the past and present, by the advocates of woman's rights, as examples of what women can do, have almost invariably been what I have described as sexually intermediate forms.

A las mujeres, al igual que a los niños, los imbéciles y los criminales debería impedírsele tomar parte en asuntos públicos aunque numéricamente iguales o mayoritarios. Del mismo modo, se debe evitar que la mujer participe en cualquier cosa que concierna al bienestar público, y hay que tener presente que el mero efecto de la influencia femenina sería perjudicial.

(Women) as children, imbeciles and criminals would be justly prevented from taking any part in public affairs even if they were numerically equal or in the majority; woman must in the same way be kept from having a share in anything which concerns the public welfare, as it is much to be feared that the mere effect of female influence would be harmful.

En cuanto a su significado en el Universo, las mujeres no tienen existencia ni esencia, no están, no son nada. La humanidad aparece como masculino o femenino, como algo o nada. La mujer no participa de la realidad ontológica, no tiene relación con el ser en sí mismo que, en su interpretación profunda, es el absoluto, es Dios. El hombre, en su forma superior, el genio sí tiene esa relación.

The question as to the significance of the male and female in the universe. Women have no existence and no essence; they are not, they are nothing. Mankind occurs as male or female, as something or nothing. Woman has no share in ontological reality, no relation to the thing-in-itself, which, in the deepest interpretation, is the absolute, is God. Man in his highest form, the genius, has such a relation.

En los raros y aislados casos en que las mujeres se aproximan al genio también se acercan a la masculinidad.

In those rare individual cases where women approach genius they also approach masculinity.

La condición femenina nunca puede incluir el genio.

Femaleness can never include genius.

No puede estar de acuerdo con que las mujeres de gran capacidad sean especímenes mórbidos. Moralmente, uno debería alegrarse de reconocer en estas mujeres (que son siempre más masculinas que las otras) justamente lo contrario de una degeneración, es decir, que hay que reconocer que han subido un escalón y han triunfado sobre sí mismas.

I cannot share the view that women of conspicuous ability are to be regarded as morbid specimens. From a moral point of view one should only be glad to recognize in these women (who are always more masculine than the rest) the exact opposite of degeneration, that is to say, it must be acknowledged that they have made a step forward and gained a victory over themselves.

La mujer no es de espíritu elevado o inferior, ni de espíritu fuerte o débil. La mujer es lo contrario de todo eso. En ella no puede hablarse de espíritu en absoluto. Carece de espíritu.

Woman is neither high-minded nor low-minded, strong-minded nor weak-minded. She is the opposite of all these. Mind cannot be predicated of her at all; she is mindless.

Este examen de la falsedad orgánica de la mujer, de su incapacidad para ser honesta consigo misma que hace posible para ella pensar lo que realmente es opuesto a su naturaleza me da la impresión de que ofrece una explicación satisfactoria de la etiología de la histeria. La histeria demuestra que la falsedad, por muy lejos que llegue, no puede suprimir todo.

This examination into the organic untruthfulness of woman, into her inability to be honest about herself which alone makes it possible for her to think that she thinks what is really totally opposed to her nature, appears to me to offer a satisfactory explanation of those difficulties which that aetiology of hysteria present. Hysteria shows that untruthfulness, however far it may reach, cannot suppress everything.

Por degradado que sea un hombre está muy por encima de la mejor de las mujeres, tanto, que resulta imposible la comparación.

However degraded a man may be, he is immeasurably above the most superior woman, so much so that comparison and classification of the two are impossible.

Las mujeres histéricas manifiestan la mayor sugestibilidad ante los hombres. La histeria es la crisis orgánica de la falsedad orgánica de la mujer.

Hysterical women manifest the strongest suggestibility with men. Hysteria is the organic crisis of the organic untruthfulness of woman.

La naturaleza de la mujer se adapta completamente y se adscribe a la especial misión de facilitar y promover la unión corporal de los sexos. Todas las mujeres son casamenteras, y esta característica femenina de abogadas del apareamiento es la única que comparten mujeres de todo las edades, jóvenes, adultas y viejas. La mujer vieja dejó de interesarse por su propia unión, pero se consagra al apareamiento de las otras. Este hábito de la mujer vieja no es nada nuevo, es sólo la persistencia de su instinto paciente que sobrevive las complicaciones que se causaron cuando sus intereses personales entraron en el conflicto con su deseo general; es el ahora la persecución altruista de la idea impersonal. .

The most general and comprehensive statement of the nature of woman is that it is completely adapted and disposed for the special mission of aiding and abetting the bodily union of the sexes. All women are matchmakers, and this property of the woman to be the advocate of the idea of pairing is the only one which is found in women of all ages, in young girls, in adults, and in the aged. The old woman is no longer interested in her own union, but she devotes herself to the pairing of others.

Después de reflexionar sobre los más variados tipos de mujeres, opino que la única característica femenina positiva es la del emparejamiento, es decir, su deseo común de avanzar en la idea de la unión sexual.

After mature consideration of the most varied types of women and with due regard to the special classes besides those which I have discussed, I am of opinion that the only positively general female characteristic is that of matchmaking, that is, her uniform willingness to further the idea of sexual union.

La mujer es amoral en el mismo sentido que es alógica. Toda existencia es moral y lógica, luego la mujer no tiene existencia.

She (woman) is as nonmoral as she is nonlogical. But all existence is moral and logical existence. So woman has no existence.

339

La mujer no tiene relación con la idea, ni la afirma ni la niega, y no puede considerársele ni moral ni inmoral; en términos matemáticos, no tiene signo; no tiene propósito, ni bueno ni malo, ni es angel ni es demonio.

Woman has no relation to the idea, she neither affirms nor denies it; she is neither moral nor antimoral; mathematically speaking, she has no sign; she is purposeless, neither good nor bad, neither angel nor devil;

La servidumbre de las mujeres se explica por el poder soberano, y recibido con absoluto beneplácito, que ejerce sobre ellas el falo.

La mujer es básicamente una adoradora del falo.

El varón es voluntad, la mujer es instinto.

La mujer es alógica e inmoral.

La mujer es un ser sexual, el varón algo por encima de eso.

Weinreich P.
Bulletin of the British Psychological Society 1977.

Las mujeres son más cínicas que los hombres.
Females are more cynical than males.

Weissman MM, Bland RC, Canino GJ et al.
The cross-national epidemiology of panic disorder.

En todos los países y culturas la mujer es mucho más propensa a los ataques de pánico.

Whiting
Las mujeres y el vino son la ruina de la juventud
Women and wine are the bane of youth.

El que toma un barco o una mujer, siempre tendrá problemas.
He that gets a ship or a wife will always have trouble

Cuando el diablo va a pescar, ceba el anzuelo con guapas muchachas.
When the devil goes fishing, he baits his hook with handsome girls.

Una casita llena, un huerto bien cultivado y una mujercita deseosa son grandes riquezas.
A little house well filled, a little field well tilled, and a little wife well willed are great riches.

La suegra y la nuera son una tempestad y una tormenta de granizo.
Mother-in-law and daughter-in-law are a tempest and a hailstorm.

Las mujeres son diablos necesarios
Women are necessary evils.

Mujeres, vino, juego y engaño disminuyen el caudal y aumentan las necesidades.
Women, wine, game and deceit make the wealth small and the wants great.

Una mujer es aflicción para el hombre.
A woman is woe to man.

Tres cosas alimentan los celos: una buena posición, un gran tesoro y una esposa bella.

Three things breed jealousy, a mighty state, a rich treasury, and a fair wife.

Wilde, Oscar.
La única cosa que hombres y mujeres tienen en común es que unos y otras prefieren la compañía de los hombres.
The only thing that men and women have in common, is that they both prefer the company of men.

Todas las mujeres se hacen luego como sus madres; ésta es su tragedia. La del hombre es no haberse dado cuenta de eso.
All women become like their mothers; that is their tragedy. No man does; that is his.

La fuerza de las mujeres procede de algo inexplicable para la Psicología. A los hombres se les puede analizar, a las mujeres, sólo adorarlas.
The strength of women comes from the fact that psychology cannot explain us. Men can be analyzed, women merely adored.

El matrimonio es el triunfo de la imaginación sobre la inteligencia. Un segundo matrimonio es el triunfo de la esperanza sobre la experiencia.
Marriage is the triumph of imagination over intelligence. Second marriage is the triumph of hope over experience.

Bigamia es tener una mujer de más. Monogamia es lo mismo.
Bigamy is having one wife too many. Monogamy is the same.

Lo inaguantable de las mujeres es que nos quieran convertir: les agrada conocernos malos y, en cuanto nos convierten en buenos, nos dejan.

Cualquier hombre puede llegar a ser feliz con una mujer, con tal de que no la ame.

Mientras una mujer pueda parecer diez años más joven que su hija, es completamente feliz.

Las mujeres nos aman por nuestros defectos; y si tenemos muchos nos perdonan todo, hasta nuestra inteligencia.

Las mujeres están hechas para ser amadas, no para ser comprendidas.

La única manera de comportarse con una mujer es haciendo el amor con ella si es hermosa; y, si no lo es, haciéndolo con otra.

La mujeres son cuadros; si queréis saber realmente lo que piensa una mujer, no la escuchéis, miradla.

Los hombres quieren ser el primer amor de la mujer; las mujeres inteligentes quieren ser el último amor del hombre.

Una mujer no siempre es feliz con el hombre que ama, pero siempre es desdichada con el que no ama.

Wilde, Oscar.
A woman of no importance.

La historia de la mujer es la historia de la peor tiranía que el mundo haya conocido: la tiranía del débil sobre el fuerte, la única tiranía duradera.

The history of woman is the history of the worst form of tyranny the world has ever known. The tyranny of the weak over the strong. It is the only tyranny that lasts.

Wilde, Oscar.
The Picture of Dorian Gray.

Las mujeres son esfinges sin secretos.

"Describe us as a sex", was her challenge. "Sphinxes without secrets"

Las mujeres representan el triunfo de la materia sobre la mente, y los hombres el triunfo de la mente sobre la moral.

Women represent the triumph of matter over mind, just as men represent the triumph of mind over morals."

Las mujeres nunca tienen nada que decir, pero lo dicen encantadoramente.

They never have anything to say, but they say it charmingly.

Ninguna mujer es un genio. Las mujeres son un sexo decorativo.

My dear boy, no woman is a genius. Women are a decorative sex.

Las mujeres nos inspiran el deseo de hacer obras maestras, y siempre nos impiden llevarlas a cabo.

Women, as some witty Frenchman once put it, inspire us with the desire to do masterpieces, and always prevent us from carrying them out."

Sólo hay dos clases de mujeres: las feas y las que se pintan.

There are only two kinds of women, the plain and the coloured.

Wilhelm K, Parker G, Hadzi-Pavlovic D
Fifteen years on: evolving ideas in researching sex differences in depression. Psychol Med 1997; 27.

Las mujeres tienen una proporción mucho mayor de depresión, ansiedad y de neuroticismo que los hombres.

Wilson.
Encontrar una mujer sin excusa es como encontrar una liebre sin madriguera.

Find a woman ... without an excuse and find a hare without a meus (a grap through which a hare is wont to pass)

Esposa bonita y puerta trasera roban la casa.
The nice wife and back door rob the house.

Mujer hermosa y castillo en la frontera provocarán peleas.
A fair wife and frontier castle breed quarrels.

Wilson Glenn D, Lang Rudie J.
Personality & Individual Differences 1981; 2.

En sus fantasías, las mujeres son más pasivas y receptivas

Women were also more likely to be passive or receptive in their fantasies, and men active.

Wilson, Glenn.
Personality & Individual Differences, 1997.

El análisis sociobiológico de las estrategias de emparejamiento del macho y de la hembra predice que los hombres se inclinan a fantasías sexuales con personas múltiples y anónimas, mientras que las mujeres desean compañeros más fijos y más famosos. Esta diferencia fundamental reflejaría la ventaja genética que durante generaciones han tenido los machos polígamos. Y también están claras las ventajas evolutivas de la estrategia de buscar a un compañero "famoso": al mezclar sus genes con los machos "superiores" la hembra aumenta las probabilidades de supervivencia de su descencencia, directamente y también indirectamente (a través de mayor poder de protección y aprovisionamiento).

The sociobiological analysis of male and female mating strategies leads to the prediction that men would be more inclined to fantasize sex with anonymous and multiple partners than women, whose fantasies would suggest a desired for close-bonded and famous partners. These expectations were confirmed with reference to a nationwide quota poll of 788 British people [of ages 17-57]. {The percentages of fantasies concerning group sex was 42% for males and 16% for females; and concerning sex with famous people was 16% for males and 27% for females.} ....The most outstanding difference between men and women....would seem to reflect the genetic advantage gained by polygynous males over millennia.... The evolutionary advantages of a 'famous person' mating strategy are clear. Mixing genes with superior males enhances the survival chances of a female's offspring both directly, and indirectly through his powers of protection and provision.

Wilson, Glenn.
The great sex divide, 1989.

En los hombres, el hemisferio cerebral derecho tiene capacidades especiales, útiles para la astronomía, leer mapas o jugar al tenis, mientras que en las mujeres es como una reserva del cerebro izquierdo.

(The right hemisphere, in men,) is highly developed for special functioning of the kind required for astronomy, map-reading and tennis-playing, whereas in women it is more like a back-up to the left."

Witelson S F.
Hand and Sex Differences in the Isthmus and Genu of the Human Corpus Callosum. Brain 1989; 112: 799-835.

Las mujeres tienen una menor lateralización (especialización) de los hemisferios cerebrales.

Witkin HA. Helen B, Lewis M et al.

Personality through perception. Harper and Row, New York 1954.

Al enfocar las situaciones (sean intelectuales o perceptivas) el hombre es más independiente y analítico que la mujer.

Witleson
Hay datos que sugieren que hombres y mujeres tienden a pensar de modo diferente aunque esto no quiere decir que todos los hombres piensen de un modo y todas las mujeres de otro. En realidad es cada individuo el que usa su "estrategia mental" preferida.

Wolinski, George.
Hay que mejorar la condición femenina. Las cocinas son demasiado pequeñas, los fregaderos demasiado bajos y el mango de las cacerolas está mal aislado.

Woody Allen
El matrimonio es la muerte de la esperanza.
Marriage is the death of hope.

Wyatt (Barón Wyatt).
To the Point (1981), p.107.

Un hombre se enamora por los ojos, una mujer por los oídos.
A man falls in love through his eyes, a woman through her ears.

Zhou JN et al.
A sex difference in the human brain and its relation to transsexuality. Nature 1995; 378:68-70.

Las mujeres y los varones genéticamente transexuales tienen más pequeña una zona del cerebro, en la denominada stria terminalis.

Zohar, Talmud.
De la misma manera que a Adán, Dios modeló a Lilith, la primera mujer, pero, en vez de polvo puro, utilizó suciedad y heces.

Zweig, Stephan
María Antonieta.

Conocer la debilidad de un hombre, para una mujer astuta, es siempre lo mismo que tenerlo ya en sus manos; al vuelo, teje una red la bellaca para hacer bailar al oso episcopal hasta que sude oro.

En el centro de toda auténtica y verdadera comedia se encuentra siempre una mujer.

Pero cuando se trata de una moda, las mujeres, según se sabe, están siempre dispuestas a todo sacrificio,

Todo lo que ocupa a aquellos cerebros de colibrí, lo que llena aquellas cabezas de mujer, en general vacías, tiene que ser anunciado por el peinado.

Siempre y en todas partes, la mujer joven siente que se aprueba su alegre ociosidad

Cuando a la mujer no le sirve de nada el estar dispuesta a la pasiva entrega de sí misma, se presenta inevitablemente una sobreexcitación y falta de dominio, con un vivo exceso de vitalidad.

El tipo y porte de una mujer es más apreciado que su verdadero mérito

www.ingramcontent.com/pod-product-compliance
Lightning Source LLC
Chambersburg PA
CBHW080242290526
45790CB00005B/1668